Change
Chance

변화가 기회를 만든다

Change
Chance

체인지 챈스

서 이타 지음

> 시작하는 글

변화란 무엇인가
- 변화관리의 필요성

"모든 것은 변한다."
"변화 이외에 계속되는 것은 아무것도 없다."

변화에 관한 오래된 명언이다. 우리를 둘러싼 환경은 끊임없이 변한다. 모든 것은 제자리에 머물러 있지 않으며, 고정된 채 남아 있는 것은 없다.

기업을 둘러싼 환경도 끊임없이 변화한다. 어떤 기업도 현재 상태에 영원히 머물 수 없다. 기업의 세계에서 변화라는 단어에는 새로운 기술의 사용, 주요한 전략의 전환, 인수 합병, 프로세스의 변환, 시스템 설계, 다른 사업으로의 진출, 파괴적인 혁신, 기업문화 혁신 등의 의미가 있다.

많은 사례와 연구에서 변화를 시도한 기업의 70%가 실패했다. 눈에 훤히 보이는 실수를 저지르고 있으며 이런 실수를 범하는 대부분의 이유는 변화에 대한 이해 부족 때문이다. 변화하는 경영 환경에 대한 이해 부족으로 너무 많은 비용을 치르고 있다.

변화관리(change management)는 변화를 관리하는 것이다. 변화(變化)는 기업을 둘러싼 환경이 끊임없이 바뀌는 것을 말하며, 관리(管理)는 그 변화를 기업이 원하는 미래의 상태로 바꾸는 것이다. 현재 상태(current state)에서 미래의 원하는 상태(desired future state)로 바꾸는 것이다.

기업이 변화를 관리해야 하는 이유는 기업보다 외부 환경이 더 빠른 속도로 변하기 때문이다. 오늘날 기업의 외부 환경은 예측하기 어렵고 불확실할 뿐만 아니라 복잡하기까지 하다. 게다가 기술의 발전, 고객의 변화, 글로벌화, 새로운 경쟁자의 등장 등으로 시시각각 바뀌고 있다.

최근에는 인공지능(AI), 블록체인, 클라우드, 빅데이터 등 기술의 발전으로 인해 기존 산업의 구도가 급격하게 변모되고 있다. 변덕스런 고객들은 더 싸고, 더 빠르고, 더 편리한 서비스로 언제든 갈아탄다. 글로벌화로 세계가 하나로 연결되면서, 경쟁자가 언제 어디서든 등장할 수 있는 구조가 되었다.

이런 변화에 성공한 기업들은 변화관리에 대해 충분히 이해하고 있었다. 필자가 해외 논문 약 2,000여 편, 국내외 서적 다수를 검토한 끝에 얻은 결론이다. 또한 37년간의 직장 생활을 통해 경험한 사례이기도 하다.

변화를 성공으로 이끈 기업들에게는 공통점이 있었다. 핵심적인 7개 요소가 연결되고 서로 영향을 미치면서 성공으로 이끌었다. 이 요소들을 이해하고 변화를 시도해야 원하는 미래를 만들 수 있었다.

이런 핵심 요소들은 변화의 모델에 의하여 검증된 것이다. 변화의 프로세스는 일반적으로 경험하는 순서가 있다. 성공적인 변화에는 일정한 흐름이 있으며, 이 흐름은 여러 학자들이 사례를 통해 검증된 것이다.

기업이 변화에 실패하는 것은 직원들이 변화에 참여하지 않은 경우가 대부분이다. 반면에 변화에 성공하는 기업들은 직원들의 감성에 영향을 미쳐서 참여를 이끌어 냈다. 이성적 사고보다는 감성이 직원들의 참여 의지를 증대시켰다. 그리고 이 의지 덕분에 변화 과정에 나타나는 장애물을 극복할 수 있었다.

직원들을 변화로 이끄는 가장 효과적인 방법은 감정에 호소하는 것이다. 물론 전략이나 시스템, 변화 프로그램도 중요하다. 하지만 무엇보다 직원들이 변화의 의지를 갖도록 그들의 마음을 변화시키는 것이 관건이다.

이 책에서는 변화에 대한 아이디어를 얻기 위해 역사, 철학, 종교적 사례를 들었다. 역사 속에 살아 숨쉬는 사례를 통해 오늘을 비추어 볼 수 있다. 역사적 사실에서 변화에 대한 확신을 얻을 수 있다. 변화에 적응하지 못한 탓에 국가와 백성이 고통받은 사례가 얼마나 많은가.

철학은 변화에 대해 오래전부터 깊이 탐구해 왔다.

고대 그리스의 헤라클레이토스는 "만물은 흐른다."라는 말로 세상 모든 것이 끊임없이 변한다는 진리를 설파했다. 철학은 변화의 본질과 의미를 해석함으로써, 변화 속에서 어떻게 사고하고 행동해야 하는지 방향을 제시한다. 철학자들이 말하는 변화의 참뜻, 그들의 사상에서 변화의 아이디어를 얻을 수 있다.

종교 역시 변화에 관한 깊은 통찰을 전해 준다.

불교에서는 모든 존재가 끊임없이 변한다는 무상(無常)의 법칙을 가르치며, 이를 깨닫는 것이 변화에 적응하고 새로운 삶으로 나아가는 길이라 한다. 기독교에서는 회개와 거듭남을 통해 인간이 내면의 변화를 이루고 새로운 삶을 살 수 있다고 강조한다. 종교에서 '변화' 란 인간의 마음과 영혼이 새롭게 되는 과정이다. 이는 외부 조건보다 내면의 변화가 더 근본적인 변화를 이끈다는 메시지를 담고 있다.

직원들의 변화 없이 조직의 변화를 기대할 수는 없다. 구성원들이 기존의 사고방식과 일하는 습관을 고수한다면, 어떤 비전이나 전략도 실행 단계에서 힘을 잃게 된다. 위에서 일방적으로 지시를 내리는 것이 아니라 아래에서부터 서서히 스며들어야 변화가 조직 내에 든든히 뿌리내릴 수 있다. 직원 한 사람, 한 사람이 변화에 동참할 때, 비로소 조직 전체가 방향을 바꾸고 새로운 성과를 만들어 낼 수 있다.

개인의 작은 변화가 큰 변화를 일으켰다. 어떤 이는 단순히 걷기를 시작했고, 걷는 습관은 달리기로 발전했으며, 등산으로 이어졌다. 몸에 넘치는 에너지는 독서와 공부로 확장되었다. 이렇게 작은 습관의 변화가 삶 전반에 긍정적인 연쇄 반응을 일으키며, 결국 변화를 만들어 냈다.

변화가 성공하기 위해서는 세 주체가 있다. 리더, 직원, 기업문화가 그것이다. 이들 셋은 서로 연결되어 영향을 미친다. 세 주체가 조화를 이룰 때 변화는 단순한 시도가 아니라 조직의 새로운 표준이 된다. 변화에 성공하기 위해서는 리더와 직원이 모두 1장부터 7장까지의 내용을 제대로 이해해야 한다. 이것이 서로 영향을 주고받기 위한 기초 지식이기 때문이다.

끝으로, 어려운 환경에서도 학업의 중요성을 일깨워 주신 존경하는 아버님과 어머님께 깊이 감사드리고, 힘들 때마다 곁에서 용기를 북돋아 준 아내에게도 고마운 마음을 전한다.

차례

시작하는 글

변화란 무엇인가: 변화관리의 필요성   04

제1장 성공

01 성공하는 기업들의 습관   17
02 한 사람은 있다   22
03 속도보다 방향이다   30
04 직원들도 상사를 평가한다   36
05 작은 차이가 큰 차이를 낸다   42
06 다름을 인정하자   51
07 1만 배짜리 투자가 있다   54
08 생태계를 구축하자   59
09 환경만 바꾸자   67
10 강점으로 출발하자   74

제2장 모델

11 가장 많이 쓰는 모델   83
12 점진적 변화인가, 급진적 변화인가   88

13	상향식 변화인가, 하향식 변화인가	93
14	가장 단순한 변화관리 3단계 모델	98
15	현장에서 바로 적용하는 모델	101
16	가장 실용적인 변화관리 모델	106

제3장 장애물

17	변화관리의 70%는 실패한다	117
18	조직이 변화를 거부한다	121
19	변화당하는 것은 누구나 싫어한다	127
20	변화라는 간판을 내걸지 마라	131
21	친부 살인은 자산을 잃는다	134
22	내용이 허술하면 호프 데이로 끝난다	138
23	이 또한 지나가리라	140
24	스타트업이 변화에 실패하는 이유	143
25	인간의 뇌는 변화에 저항한다	148

제4장 역사

26 임진왜란은 왜 일어났나   155
27 이순신은 어떻게 23승을 거두었나   166
28 37년 만에 병자호란은 왜 일어났나   185
29 메이지 유신은 어떻게 성공했나   204
30 전쟁의 역사에서 본 변화   216

제5장 철학

31 니체의 낙타-사자-어린아이   235
32 키르케고르의 여행   242
33 헤겔의 정(正)-반(反)-합(合)   249
34 존 듀이의 경험   255
35 『주역』의 64괘   264

제6장 종교

36 사랑 빼고 다 바꾸자   279
37 거듭나지 않고는 천국을 볼 수 없느니라   290
38 부르심을 입은 자들에게는 모든 것이 합력한다   294

39 『반야심경(般若心經)』 303
40 돈오점수(頓悟漸修) 315
41 격의 불교(格義佛敎) 325

제7장 개인

42 달리기로 아이디어를 얻자 335
43 등산으로 자연의 소리를 듣자 342
44 독서로 고수를 만나자 349
45 골프로 사람을 사귀자 356
46 돈 관리로 마음의 평화를 얻자 362

제8장 완성

47 리더가 변화를 시작한다 373
48 직원이 변화를 실행한다 381
49 문화가 변화를 유지한다 386

참고 문헌 392

성공이란 무엇인가?
다른 사람에게서 최고의 장점을 찾는 것,
세상을 조금이라도 더 좋게 만들고 떠나는 것,
이것이 진정한 성공이다.
(What is Success?
To find the best in others:
To leave the world a bit better.
This is to have succeeded.)

- 미국의 시인, 랄프 왈도 에머슨
(Ralph Waldo Emerson)

제1장
성공

Change
Chance

성공하는
기업들의
습관

　변화에 성공하는 기업들에는 공통점이 있다. 리더와 직원이 각자의 역할을 충실히 하고 시스템에 의해 뒷받침된다는 것이다. 리더가 외부의 변화를 읽고 변화의 필요성을 설명하면, 직원들은 변화의 이유를 이해하고 자신의 업무에 적용한다. 리더와 직원이 만든 시스템은 기업문화가 되어 리더와 직원에게 긍정적인 영향을 미친다.
　이런 메커니즘에는 순서가 있다. 리더가 변화를 읽어 내고, 변화의 방향을 정하며, 변화의 필요성과 방법에 관해 직원들과 커뮤니케이션한다. 직원들은 변화에 참여하고, 변화를 위해 협력하며, 변화를 위한 훈련을 받는다. 리더와 직원들이 만들어 낸 결과물은 기업문화가 되어 다시 모두에게 영향을 준다.

각 변화의 요소들은 서로 연결되어 있다. 변화를 성공시키기 위한 목표에 연결되어 있는 것이다. 훌륭한 음악이나 미술 작품이 하나의 주제를 설명하기 위해 연결된 것과 마찬가지다. 변화관리도 예술 작품처럼 아름답게 조화를 이루어야 한다.

변화의 목표는 현재 상태에서 원하는 미래 상태로 바꾸는 것이다. 아름다운 소리를 내는 기타(Guitar)를 만드는 과정을 보자. 현재는 투박한 통나무에 불과하지만, 장애물을 극복하고 아름다운 소리를 내는 기타로 바뀐다. 통나무가 변화 과정을 통해 아름다운 소리를 내는 악기가 되는 것이다.

변화관리도 이와 마찬가지다. 현재 조용한 상태로 정지되어 있던 조직이 변화 과정을 통해 변화를 이겨내고 성장하는 조직으로 발전한다. '현재 상태'와 '변화 과정', '미래'로 이어지는 위의 이미지는 변화의 본질과 의미를 직관적으로 보여 주고 있다.

변화관리의 기초를 제공한 커트 레빈(Kurt Lewin) 교수는 이와 같은 과정을 그래프로 설명했다.

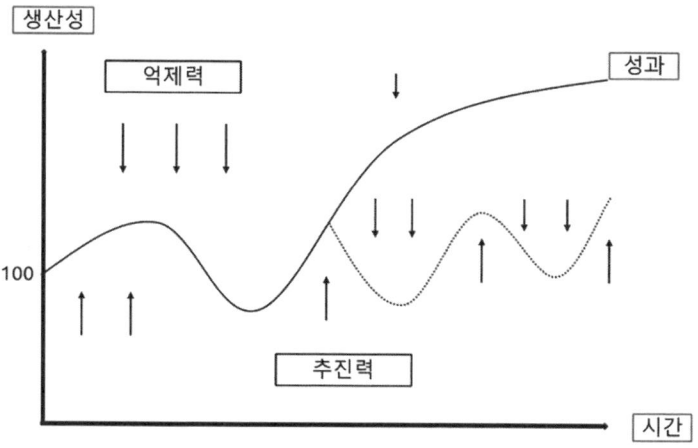

 그의 이론에 따르면, 회사에는 변화를 저지하려는 억제력과 변화를 도입하려는 추진력이 공존한다. 이 두 힘은 평상시에는 같다. 일반적으로 기업은 현재 상태를 유지하려는 경향이 강하기 때문에 변화의 억제력이 기업을 누르고 있다. 그러다가 기업이 위기감을 느끼고 변화의 필요성을 인식할 때, 변화의 추진력이 생긴다.

 변화의 추진력이 직원들을 설득하지 못하거나 프로그램이 빈약하면, 변화의 억제력을 이겨내지 못하고 가라앉는다. 이런 기업은 그래프에 나오는 점선의 과정을 거치면서 변화하지 못하고 과거 상태에 머문다. 반면에 기업의 변화 프로그램이 설득력이 있고 직원들이 변화에 참여하면, 변화의 추진력이 억제력을 이겨 내고 결실을 맺는다. 이는 그래프에서 실선의 과정을 거친다.

 이 그래프에서는 변화의 초기 단계에서 성과가 하락하는 것을 볼 수 있다. 그 이유는 변화에 대한 저항 때문이다. 변화관리가 장애물을 만난 것이다.

초기 단계에서 변화가 어려운 이유는, 새로운 변화가 동력을 받기까지 시간이 필요하기 때문이다. 직원들이 변화를 이해하고, 학습하고, 업무에 적용하여 성과를 내기 위한 시간이다. 직원들에게 경험 커브(experience curve)가 형성되는 시간이다.

변화 프로그램이 제대로 작동하면 초기에는 성과가 일시적으로 하락하지만, 이후 억제력을 극복하고 변화의 추진력이 강화되어 성과가 크게 반등한다. 이는 변화관리가 지속적으로 작동하며 효과를 발휘하는 것을 의미한다.

변화를 시도한 기업 중 약 30%만이 성공을 거둔다. 이들은 모두 7가지 핵심 성공 요소, 다시 말해 '한 사람, 방향, 커뮤니케이션, 참여, 통합, 교육, 문화'를 갖추고 있다. 이 중에서 초기 단계(한 사람, 방향, 커뮤니케이션)는 리더의 역할, 중기 단계(참여, 통합, 교육)는 직원의 역할, 장기 단계(문화)는 리더와 직원의 공동 역할에 해당한다.

변화에 성공하기 위해서는 순차적으로 연결된 7가지 핵심 성공 요소가 필요하며, 이 중 하나라도 빠지면 변화의 성과를 얻기 어렵다. 실제로 변화에 성공한 기업들은 이 7요소를 모두 충족한 경우이며, 이 모델은 독일 아샤펜부르크(Aschaffenburg) 대학교 토마스 라우어(Thomas Lauer) 교수의 이론을 바탕으로 재구성한 것이다.

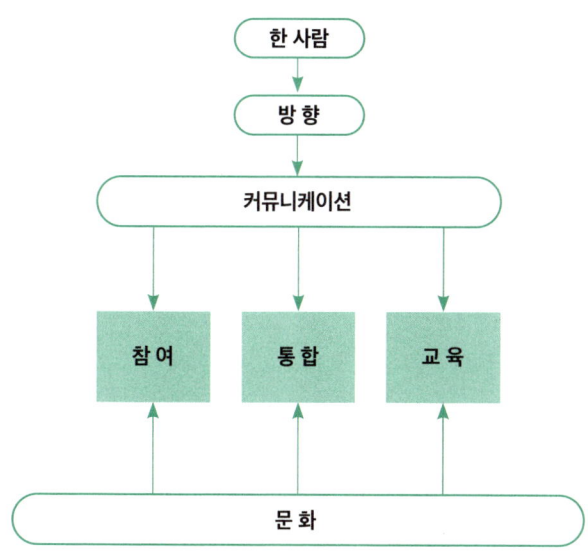

한 사람은 있다

영화 〈타이타닉(1997)〉은 제임스 캐머런(James Cameron) 감독의 명작이다. 깊은 바닷속에 숨겨진 슬프고도 아름다운 사랑 이야기이다. 이 세상 마지막 순간까지 함께했던 연인, 돈보다 사랑을 선택한 2030세대의 사랑, 지금도 그때의 감동이 밀려오는 듯하다.

110여 년 전, 뉴욕으로 가는 3등실 티켓을 들고 호화 유람선 타이타닉호에 탑승한 가난한 화가 지망생 잭 도슨(레오너드 디캐프리오), 원치 않는 결혼을 앞둔 상류층 여인 로즈(케이트 윈슬렛)가 주인공이다. 로즈는 갑갑하고 숨 막히는 삶을 비관해 자살을 시도하고, 잭이 그녀를 구한다. 그는 바다를 보면서 팔을 벌린 채 갑판 위에 그녀와 나란히 선다. "눈을 떠봐요(Open your eyes.).", "다시 한번 세상을 향해 문을 열어 봐요(Once more open the door.)."와 같은 명대사가 이어지고, 로즈는 난생처음 가슴 벅찬 해방감을 맛본다.

무도회에서의 즐거운 시간을 뒤로한 채, 타이타닉호는 빙하와 충돌하여 갑자기 침몰한다. 1등석 승객들은 구명조끼를 지급받아 구명정에 오르지만, 3등 선실은 순식간에 아수라장이 된다. 이 순간에 순순히 죽음을 받아들이는 노부부의 모습, 힘없이 죽음을 함께하는 아이와 엄마의 모습은 우리의 인생을 돌아보게 한다. 그리고 바이올리니스트가 등장하여 찬송가 〈내 주를 가까이 하게 함은(Nearer, my God, to Thee)〉을 연주할 때는 죽음을 떠올리게 된다.

꿈의 유람선 타이타닉호에서 거대한 빙산을 처음 발견한 사람은 배의 제일 앞부분, 높은 망루에 있던 갑판원이었다. 그는 벨을 세 번 울려 경고했다. 하지만 빙산이 너무 가까웠고, 타이타닉은 너무 컸으며, 선회 반경도 넓었기에 충돌을 피할 수 없었다.

1990년대 말에 한국은행이 통화안정증권(이하 '통안증권')이라는 채권을 발행했다. 시장에 풀린 돈을 흡수해서 물가를 안정시키기 위한 것이었다. 시중에 돈이 너무 많이 풀리면, 금리가 떨어지고 물가가 올라서 인플레이션이 발생하고, 자산 가격이 상승하여 부동산, 주식 시장이 과열된다. 그래서 한국은행은 시장에 넘치는 돈을 다시 걷어들이고자 통안증권을 발행한다. 주로 시장의 유동성을 흡수하여 은행의 대출을 억제하고 물가를 안정시키려는 것이다.

통안증권은 한국은행이 발행하기 때문에 리스크는 거의 없었는데, 이자율이 높은 편이었다. 이를 떠안은 은행들은 통안증권을 매각하여 그 자금으로 수익율이 더 높은 대출로 운영하려고 했다. 이런 니즈를 파악한 단자회사(短資會社, short-term investment finance company)가 시중은행에서 통화안정 증권을 구입하여 고객들에게 판매했다. 시중은행에서 통안증권을 고객들에게 다시 판매하면, 자금이 다시 시중은행에 흘러가서 대출 자금으로 쓰이게 되는 것이다. 이는 통안증권의 발행 취지에는 맞지 않았다.

그러나 영업 기회를 발견한 단자회사는 시장에 접근했다. 그 회사의 세일즈 포인트는 한국은행이 보증한 증권이라는 것이었다. 통안증권의 액면가가 커서 금액을 쪼개고 단자회사가 확인서를 쓰는 방식으로 판매했다. 이에 실태 파악에 나선 한국은행이 단자회사들을 조사하게 되었다. 어떤 회사는 통안증권을 판매한다는 사실 자체를 모르고 있었고, 다른 회사는 판매 사실을 알고서 검토 중이었다.

그런데 또 다른 단자회사는 자신들이 판매하고 있고, 법률적 검토를 마쳤으며, 고객들의 반응이 좋다고 했다. 이 회사에는 시장을 주시하고 깨어 있던 젊은 경영진이 한 명 있었다. 이 회사는 단자회사에 만족하지 않고 시중 은행으로 전환했다. 이후 이 은행은 새로운 금융 서비스를 제공하며 리딩 뱅크가 되었다.

앞의 두 가지 사례에서 보듯이, 변화를 이끄는 한 사람은 있어야 한다. 그 사람이 지금의 상태로는 안 된다는 사실을 인식하고, 변화의 이유를 설명하며 행동으로 옮길 수 있어야 한다.

변화를 도입하는 사람, 그 사람을 '리더'라고 부른다. 리더(leader, 指導者)는 영어로는 이끄는 사람이란 뜻이고, 한자로는 길을 가리키는 사람이다. 이끄는 사람은 무엇을 이끈다는 것인가? '변화'를 이끈다는 것이다. 변화를 이끌어서 현재 상태에서 미래의 원하는 상태로 바꾸는 것이다.

조직을 원하는 상태로 바꾸려면 리더가 변화에 대한 개념 능력(Conceptual Skill)을 갖추어야 한다. 사회심리학자 로버트 카츠(Robert L. Katz)의 역량 모형에 따르면, 개념 능력은 "조직 전체를 큰 그림에서 바라보고, 상황을 통합적으로 분석하여 전략과 방향을 설정하는 능력"이다.

변화를 조직 전체의 큰 틀에서 보고, 부서 간 연계, 외부 환경, 장기 목표까지 고려한 프로그램을 수립해야 한다. 비전을 제시하고 방향성을 유지하여 직원들이 흔들리지 않고 변화에 참여하게 해야 한다. 직원들이 "우리가 왜 이걸 하는지", "어디로 가야 하는지"에 의문을 가질 때, 명확히 설명하고 방향을 잡아주는 것이 한 사람, 리더의 역할이다.

카츠에 따르면, 리더의 역할에서 개념 능력만큼 중요한 능력이 대인관계 능력(Human Skill)이다. 대인관계 능력은 사람들과 협력하고 소통하는 능력을 말한다. 리더는 변화의 필요성을 설명하고, 직원들을 설득하여 변화에 적극적으로 참여하도록 이끌어야 한다.

아래 그림에서 보듯이 대인관계 능력의 면적이 개념 능력보다 더 넓다.

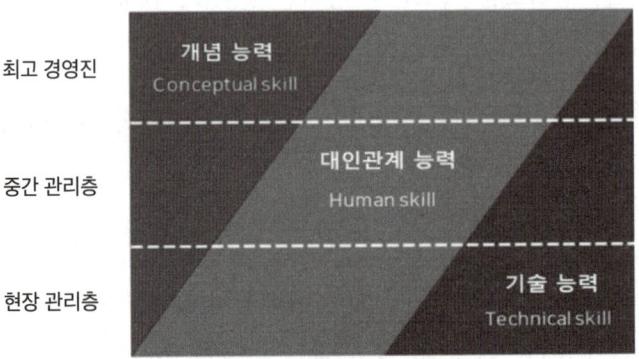

카츠(Katz)의 계층별 역량 모형

성공 요소로서 그 '한 사람'은 있어야 한다. 간단한 테스트를 통해 변화의 리더에 어느 정도 근접했는지 알아보자. 최대한 비판적으로 자신을 평가하자. 그리고 고민하고 노력하자.

변화 지향성 자기 평가표

1. 자신의 업무에서 과거에 새로운 개념을 도입한 사례가 있습니까?
   ① 여러 번　　　　② 몇 번
   ③ 한 번　　　　　④ 없다

2. 리더로서 최근에 실행한 변화에 대하여 변화의 배경과 목표를 직원들에게 자세하게, 명시적으로, 개별적으로 설명했습니까?
   ① 예　　　　　　② 부분적으로
   ③ 거의 못했다　　④ 전혀 못했다

3. 변화의 당사자인 직원들에게서 변화 계획에 대하여 대화 또는 프레젠테이션 자료로 의견을 들으셨습니까?

   ① 예   ② 부분적으로
   ③ 거의 못했다   ④ 전혀 못했다

4. 직원들의 의견을 신경 써서 듣지 못하는 경우가 있습니까?

   ① 자주   ② 가끔
   ③ 아주 드물게   ④ 없다

5. 직원들 중에 한 명을 생각해 보세요. 그 직원을 구체적인 언어로 칭찬하신 것은 언제인가요?

   ① 1일 이내   ② 지난주
   ③ 지난달   ④ 오래전

6. 최근 한 직원이 새로운 제안을 했는데, 그 제안은 직원 자신에게 직접적인 이익이 되는 것은 아니었습니다. 당신의 반응은 어땠습니까?

   ① 동의했다   ② 격려했다
   ③ 비판했다   ④ 거절했다

7. 당신의 근무 시간은 직원과 비교해서 어떻습니까?

   ① 더 길다   ② 똑같다
   ③ 더 짧다   ④ 훨씬 짧다

8. 당신이 누군가를 불공정하게 비난하는 실수를 했다고 가정해 봅시다. 그 상황에서 당신은 어떤 반응을 보일 것 같습니까?

   ① 즉시 인정했다   ② 마지못해 인정했다
   ③ 가끔 실수를 정당화했다 ④ 실수를 부인했다

9. 다른 직원의 사무실과 비교해서 당신의 사무실은 어떻습니까?

① 차이가 거의 없다　　② 약간 차이가 난다

③ 어느 정도 호화롭다　　④ 훨씬 호화롭다

10. 당신의 부서 직원 한 명 또는 여러 명이 만든 결과물을 다른 부서 관리자에게 설명한 상황을 생각해 보세요. 당신은 부서 직원의 이름을 말하며 칭찬했습니까?

① 문서에 이름을 올렸다　　② 발표하면서 말로 칭찬했다

③ 물어봐서 설명했다　　④ 하지 않았다

- 1번 보기: 4점
- 2번 보기: 3점
- 3번 보기: 2점
- 4번 보기: 1점

선택한 보기에 따라 총점을 내고, 아래의 평가 결과와 비교해 보세요.

- **35~40점**: 당신은 변화 리더입니다. 이미 변화를 도입하여 실행했거나 앞으로 할 것입니다.

- **25~34점**: 당신은 변화 리더로서 원하는 역할을 어느 정도 수행할 수 있습니다. 그러나 더 발전해야 할 부분이 있습니다.

점수가 적은 항목의 질문에 관심을 갖고, 더 높은 점수를 얻는 답에서 힌트를 얻으세요. 당신에게 어려운 항목에 대해서는 해결할 방법을 찾으셔야 합니다. 평가 목록을 더 자주 볼 수 있는 곳에 두고, 진행 상황을 확인하세요. 3개월 후에 동일한 평가표로 평가하고, 그 차이를 비교해 보세요.

- **25점 미만**: 당신은 변화 리더로서 준비가 부족하거나 환경이 허락하지 않는 상태입니다. 기업문화와 같은 요소가 그 원인일 수 있습니다. 변화 리더로서의 준비가 부족하다면, 귀하가 아마도 업무적 리더의 특성을 갖고 있기 때문일 수도 있습니다. 따라서 변화의 초기 단계보다는 변화가 어느 정도 안정화 단계에 접어들었을 때 제 역할을 할 수 있습니다.

당신의 상황이 변화가 필요한 상태라면, 변화 리더의 역량을 갖춘 사람을 데려와서 변화 프로그램을 시작해야 합니다. 또는 당신의 직원들 중에 한 명은 변화 리더의 능력을 갖고 있을 것입니다. 그들을 지원하여 변화를 이루어야 합니다.

당신 자신이 변화 리더가 되고자 한다면, 전반적인 교육을 받아야 합니다.

속도보다 방향이다

"인생은 속도가 아니라 방향이다(Life is not speed but direction.)."

독일 문학의 거장, 괴테(Goethe)가 남긴 말이다.

"골프는 거리가 아니라 방향이다."

한국 남자 골프를 미국 PGA투어로 이끌었고, 현재도 PGA 시니어 투어에서 활약하고 있는 최경주 프로의 지론이다.

삼성의 이건희 회장은 경영이 무엇이냐고 묻는 사람들에게 경영은 '방향성'이라고 답했다.

"경영은 종합 예술이라 할 수 있다. 변화에 대한 뚜렷한 방향을 제시하고, 변화를 조직 내에 전파할 수 있는 철학자의 경륜(經綸)이 필요하다."

필자는 직원들의 연수를 담당하는 인재개발부에서 근무했다. 인재개발부에서 근무하는 장점은 회사의 경영진을 자주 만날 수 있다는 것이다. 지점장 연수, 승진 직원 연수, 신입직원 수료식 등에 오셔서 소위 '훈화(訓話)'를 하신다.

은행의 신임 PB(Private Banker)를 위한 연수 프로그램이 있었다. PB는 고액 자산가를 대상으로 최고의 자산 관리 서비스를 제공한다.

하나은행이 한국에서 처음으로 PB시장을 개척하는 초기였기 때문에 경영진의 관심이 높았다. 고액 자산가들을 대상으로 금융 서비스를 제공하기 때문에 우수한 직원들을 선발하여 교육시켰다. PB 연수에 은행장이 오셨다.

"여러분은 앞으로 돈이 피보다 진한 것을 보게 될 것입니다."

부모와 자식 간에도 돈 때문에 소송하고 싸운다. 여러분이 업무를 모르거나 상담을 잘 못하면 어떻게 감당하겠냐는 것이다. 고액 자산가들 중에 증여, 상속 문제로 법적 다툼을 벌이는 사례가 많으므로 직원들이 정신 똑바로 차리고 공부하라는 것이다. 은행장님의 한마디에 연수에 임하는 자세가 달라지고, 연수 성과가 높아졌다.

이렇게 연수 효과를 본 이후, 은행장을 모시는 것이 연수 성과를 높이는 좋은 방법이라고 생각했다. 이번에는 RM(Relationship Manager) 연수에 훈화를 부탁드렸다. RM은 기업금융 전문가로 대기업 및 중소 기업의 대출 업무를 담당한다. 기업의 재무 부서 또는 재무 담당 임원(CFO, Chief Financial Officer)을 주요 거래 대상으로 삼는다.

은행장님이 RM의 역할에 대해 말씀하셨다.

"여러분은 기업의 섀도 CFO(Shadow CFO)가 되어야 합니다. 기업가 정신으로 기업과 같이 성장해야 합니다."

RM이 기존의 대출 거래, 그것도 금리에 의존한 대출 관행에서 벗어나서 거래 기업의 재무 담당 임원 역할을 해야 한다는 것이었다. '대출 거래로 이익만 얻으려 하지 말고, 기업과 동반 성장해야 한다'는 의미이다. 그러려면 거래 기업에 경영 자문을 할 수준의 실력을 갖춰야 한다.

한 번도 이런 얘기를 들어 보지 못한 RM들은 앞으로 어떻게 자신의 업무를 준비해야 할지를 명확히 알게 되었고, '섀도 CFO'가 너무 멋진 표현이라고 자랑스러워 했다. 퇴직한 지금도 이것을 기억하는 사람들이 있다.

비전(vision)이라는 말은 솔직히 말해서 막연하다. 뭔가를 본다는 것인데, 머리에 와 닿지 않는다. 단어의 용례를 다양하게 조사해 보면, 비전은 결국 방향 제시이고, 직원들에게 일에 대한 의미를 부여하는 것이다. 회사의 비전을 보면, 내가 무엇을 해야 하는지를 알게 되고, 하는 일에 대한 판단의 기준이 된다. 좋은 비전을 보면 나도 해보겠다는 의욕이 생긴다.

하나금융그룹의 기업 철학이자 비전은 "고객의 기쁨, 그 하나를 위하여"이다. 하나금융그룹은 금융으로 고객을 기쁘게 하고, 고객을 기쁘게 하는 것이 직원들의 일의 의미이다. 내가 단지 은행원이 아니라, 금융으로 세상에 좋은 일을 하고 있다는 자부심을 갖게 한다. '고객의 기쁨'이 업무의 기준이 되기 때문에, 직원이 자신의 업무에 자신감을 가질 수 있다. 이 정신이 오늘날의 하나금융그룹을 만들었다고 본다.

변화관리에서도 비전은 같은 역할을 한다. 변화의 방향을 보여주고, 직원들의 변화 의욕을 불러일으키는 것이다. 비전이 구체적이고 희망적이면, 뭔가를 하고 싶은 동기가 생긴다. 비전이 자신의 노력에 정당성을 부여하기 때문이다.

하버드 대학교의 존 코터(John Kotter) 교수는 비전을 5분 안에 설명할 수 있어야 한다고 했다. 회사에 있는 다양한 계층의 직원들, 다양한 부서의 직원들이 함께 이해할 수 있어야 한다. 단순하고 함축적이이야 한다. 짧고 압축된 문장, 비유적 표현이 효과가 높다. 좋은 비전은 직관적으로 느껴지고, 머릿속에 길게 남는다.

그런 의미에서, 세계적인 기업들과 한국 대표 기업들이 내건 비전을 소개한다. 이들의 비전을 통해 영감과 아이디어를 얻어 보자.

애플의 비전
지구상에서 최고의 제품을 만들고, 이 세상을 우리가 알고 있던 것보다 더 낫게 만드는 것(To make the best products on earth, and to leave the world better than we found it.)

마이크로소프트의 비전
전 세계의 사람과 기업이 자신의 잠재력을 모두 실현하도록 돕는 것(To help people and businesses throughout the world realize their full potential.)

페이스북의 비전
친구들과 가족들을 연결하고, 세상에 일어나는 일을 알게 하고, 그들이 중요한 것을 나누고 표현하게 하는 것(To stay connected with friends and family, to discover what's going on in the world, and to share and express what matters to them.)

구글의 비전
전 세계의 정보를 한 번의 클릭으로 연결하는 것(To provide access to the world's information in one click.)

시스코의 비전
우리가 일하고, 살고, 놀고, 배우는 방법을 바꾸는 것(Changing the way we work, live, play, and learn.)

도요타의 비전
미래의 모빌리티 사회를 선도하여, 인간을 가장 안전하고 책임 있는 방식으로 이동시킴으로써 전 세계인의 삶을 풍요롭게 하는 것(Toyota will lead the future mobility society, enriching lives around the world with the safest and most responsible ways of moving people.)

삼성전자의 비전

우리의 획기적인 기술 기계, 상품과 혁신으로 전 세계에 영감을 주고, 사람들의 삶을 향상시켜서 새로운 시대를 여는 것(Inspiring globally with our breakthrough tech gadgets, products, and innovation that improve people's lives by building a new time.)

현대자동차의 비전

모든 사람에게 이동의 자유를 주기 위해 노력하는 것(Hyundai Motor Company strives for freedom of movement for all.)

직원들도
상사를
평가한다

　같은 은행에서 30여 년을 근무하다 보니, 은행장님이 8번 바뀌었다. 그분들은 해마다 연초에 신년사를 보내셨다. 어떤 은행장님의 신년사는 매년 비슷했다. 신문에서 본 것 같은 내용이 신년사에 그대로 나왔다.

　반면에 매년 다른 신년사를 보내시는 분도 있었다. 신년사를 통해서 앞으로 바뀔 세상을 예측하게 했다. 직원들에게 미칠 영향을 상상하게 만들었다. 비서실 직원에게 뒷얘기를 들었는데, 신년사를 쓰기 위해 대학 교수님에게 외주를 주기도 한다고 했다.

　경영진의 실력은 무엇일까? 직장 생활을 통해서 깨달은 것은 '회의 주재 능력'이다. 능력 있는 분들이 주재하는 회의에서는 긴장감이 있고, 회의가 끝나면 배우는 게 있다. 회의 자료에 없는 새로운 정보를 얻는다. 질문이 날카롭다. 혼내려는 질문이 아니라 깨달음을 주는 질문이다. 회의가 끝나면 내가 무엇을 해야 할지 방향이 서고, 모르던 사실을 알게 된다. 이런 회의에 참석하는 것은 그 자체로 권력이다.

반면에 최악의 회의는 시간 낭비라는 생각이 들게 한다. 회의 자료를 돌아가며 발표하여 시간만 많이 걸리고 새로운 내용은 없다. 자료로 대체하지, 왜 사람을 동원하느냐는 불평이 생긴다. 회의가 끝나면 힘이 빠진다. 그다음부터 부하 직원을 보낸다.

경영진의 실력은 결재 과정에도 나타난다. 결재 과정은 1:1 실력 테스트다. 업무를 앞에 두고, 주고받아 보면 내공을 알 수 있다. 계급이 높으면 유리하다. 질문을 하기 때문이다. 하위 직원이 날카로운 질문을 막아 내고 결재를 받으면 성공이다.

직원도 상사를 평가한다. "업무를 잘 모르시네. 시야가 좁으시네. 마이너 이슈에 집착하시네." 이러면 상사에 대한 존경심은 낮아진다.

반면에 "실무자 수준의 디테일이 있으시네. 어떻게 이런 것을 다 아시지? 새로운 아이디어를 주시네. 역시 배울 게 있는 분이야." 이러면 그 상사에 대한 존경심이 저절로 생겨나게 마련이다. 이런 경험을 한번 하고 나면, 회사는 직급뿐만 아니라 실력도 그에 못지않게 중요하다는 생각이 든다.

커뮤니케이션(Communication)의 어원은 라틴어 Communicare이다. '나누고(to share) 협조하다(to make common)'라는 의미이다. 우리말로 의사소통(意思疏通, 뜻 의, 생각 사, 트일 소, 통할 통)이다. 뜻과 생각이 막히지 않도록 자유롭게 터서 통하게 한다는 것이다. 개인 간의 대화(對話)와 같은 단순한 의사 교환뿐만 아니라, 뜻과 생각이 서로 통해서 오해가 없도록 만드는 것이다. 다시 말해 두 명 이상의 개인 간에 양방향(two-way)으로 생각, 의견, 아이디어를 전달하는 것이다. 의사소통의 본질은 오해를 줄이고, 이해를 늘리는 데 있다.

변화관리에서 커뮤니케이션은 결정적인 성공 요소이다. 변화 리더의 커뮤니케이션 능력은 리더의 능력 그 자체이다. 리더의 올바른 커뮤니케이션은 변화의 방향을 분명하게 제시함으로써 변화로 인한 갈등과 저항을 해결한다.

리더가 변화를 읽고, 비전을 제시하여, 방향과 의욕을 불러일으키고, 직원들을 참여하게 만드는 것은 커뮤니케이션이다. 따라서 변화 리더에게 커뮤니케이션 능력은 성공 요소이면서 동시에 실패 요소이기도 하다.

변화 프로그램에서 커뮤니케이션은 정보와 메시지의 전달 방식에 따라 공식, 비공식 커뮤니케이션으로 나뉜다. 공식적인 커뮤니케이션은 정해진 어젠다가 있는 미팅, 경영진 회의, 부서장 회의 등이다. 사내 문서나 이메일도 공식적인 형태이다.

비공식적인 커뮤니케이션은 개인적인 이메일이나 대화, 공식 회의 앞뒤에, 회의장 주변에, 엘리베이터에서의 대화 속에 있다. 뒷담화, 이것이 직원들의 속마음이다.

커뮤니케이션은 변화관리의 촉매제이다. 변화관리 커뮤니케이션은 다음 두 단계로 나눌 수 있다. 첫째는 도입 단계로, 변화 프로젝트의 성공 여부를 가늠한다. 둘째는 실행 단계로, 실제로 변화가 진행된다.

단계별 내용을 도표로 정리하면 다음과 같다.

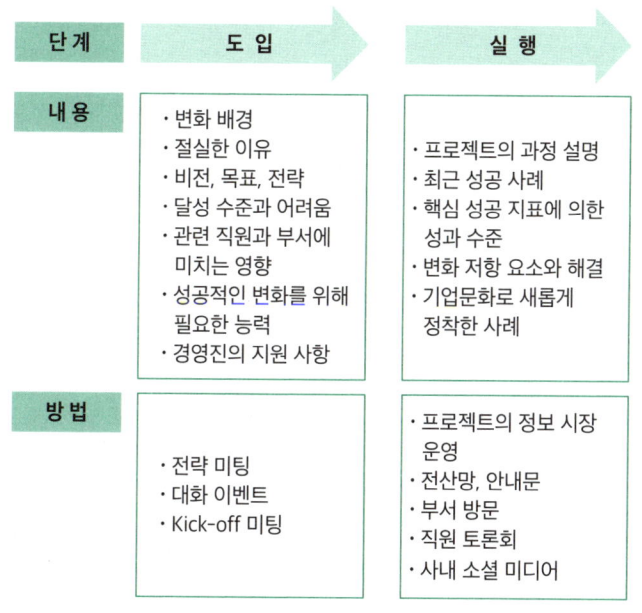

변화관리의 핵심 목표는 도입 단계에 변화를 시작하여, 직원의 변화 욕구를 불러일으키는 것이다. 이런 목적을 달성하기 위해서,

다음과 같은 정보를 제공해야 한다.

- 변화를 도입하게 된 배경
- 변화가 절실한 구체적인 이유
- 비전, 목표, 전략과 이것들이 현 상황에서 왜 적절한가
- 변화를 통해 기대하는 수준과 어려움
- 관련 직원에게 미치는 영향
- 성공적인 변화를 위해 현재 보유하고 있는 역량
- 최고 경영진이 현재 지원하고 있는 사항

이와 같은 내용의 커뮤니케이션은 변화의 분위기를 우호적으로 만든다. 변화관리 용어로 표현하자면, 변화 준비도(Readiness for change)를 높이는 것이다. 회사가 일방적으로 변화를 통보하면, 직원들은 자괴감을 느끼고 직원들의 심리적 저항은 커진다.

심리적 저항을 줄이는 좋은 방법이 대면(face to face) 대화이다. 이 단계에서 커뮤니케이션은 직원들과 직접 질문을 받고 답하는 기회를 가져야 오해와 저항을 줄인다. 이 도입 단계에서 워크샵 형태를 통해 직원들을 참여시키는 것이 중요하다. 모든 경영진이 참여하는 경영진 워크샵, 각 부서의 직원들이 참여하는 부서 단위의 워크샵 등이다. 100여 명 단위로 운영하면, 많은 직원이 참여할 수 있다. 이런 방식들은 앞으로 무엇이 변화하는지를 알리고, 향후 과제를 친근하게

느끼고, 아이디어를 얻고, 저항을 예방하는 데 그 목적이 있다.

변화의 실행 단계에서 커뮤니케이션의 목표는 직원들의 변화 의지를 유지하는 것이다. 그러기 위해서 실행 정보뿐만 아니라 정서적인 요소도 중요하다. 다음과 같은 내용이 중심이 된다.

- 변화 프로젝트의 계획과 비교한 현재의 프로세스 진행 설명
- 최근 성공 사례 공유
- 핵심 성과 지표를 기준으로 현재의 성과 제시
- 변화 저항에 대한 인정과 극복 사항
- 기업문화에 뿌리를 내리는 업무 방식들

작은 차이가
큰 차이를
낸다

직장 생활에 가장 큰 영향을 준 책 중에서 하나를 꼽으라면, 로버트 치알디니(Robert Cialdini) 교수가 쓴 『설득의 심리학』이다. 시리즈 3권을 모두 사고, 정독을 여러 번 했다. 세계적으로 500만 부 넘게 팔렸으며, 44개 국에서 번역되었고, 특히 우리나라에서 많이 팔렸다. 직장인이라면 한 번쯤 읽었을 책이다.

원서 제목은 'Influence'이다. 영향력이라는 뜻의 원제를 '설득의 심리학'으로 바꾸었다. 설득을 위한 여섯 가지 원칙이 핵심 내용이다. 상호성의 법칙, 일관성의 법칙, 사회적 증거의 법칙, 호감의 법칙, 권위의 법칙, 희귀성의 법칙이 그것이다.

이 중에서 '일관성의 법칙'이 이번 주제인 '참여'와 관련이 있다.

일관성의 법칙(Principle of Consistency)은 일단 어떤 입장을 취하면, 그 결정에 대한 일관성이 심리적 압력으로 작용하는 것을 말한다. 그래서 사람들은 자신의 감정이나 행동을 그 결정에 정당화하는 방향으로 맞춘다.

행동 경제학의 문을 연 리처드 탈러(Richard Thaler)는 저서 『넛지(Nudge)』에서 사소한 변화가 기폭제가 되는 사례를 많이 제시했다. 선거 관리 위원회에서 사람들에게 선거일 바로 전날에 투표할 의향이 있냐는 질문으로, 투표율을 25%나 끌어올렸다고 밝혔다. 또한 "향후 6개월 안에 새 차를 구매할 의사가 있습니까?"라는 간단한 질문만으로도 구매율을 35%나 높일 수 있다고 했다.

음식점에서 골치를 썩고 있는 노쇼(no-show)를 예방하기 위해서도 일관성의 법칙을 활용할 수 있다. 예약을 원하는 고객에게 "예약 변경이나 취소를 원하시면 미리 전화 부탁드립니다."라고 말하는 대신 "예약 변경이나 취소를 원하시면 미리 전화를 주시겠습니까?"처럼 고객에게 질문을 하는 것이다. 고객에게 질문하고, 잠깐 기다려 "네, 알겠습니다."라는 구두 약속을 받는 것이다. 치알디니에 따르면, 이런 방식으로 노쇼 확률이 30%에서 10%로 감소했다.

이런 종류가 문전 걸치기 기법(the-foot-in-the-door technique)이다. 사회 심리학자들은 이 기법의 영향력에 관심을 가졌다. 캘리포니아의 부자 마을을 집집마다 방문하여, 아름다운 정원에 '조심해서 운전합시다'라는 간판을 세우자는 것이다. 간판의 크기가 매우 크고, 모양새도 볼품이 없었으며, 글자도 들쭉날쭉했다.

대부분의 주민들이 그 요청을 거절했고, 17%만이 승낙했다. 반면에 특정 부류의 사람들은 전체의 76%가 요청을 받아들여, 볼품 없는 간판을 세웠다. 2주 전에 '나는 안전 운전자입니다'라는 작은 스티커를 차에 붙이고 다니기를 요청했고, 손쉬운 요청이라 자발적으로 응했던 사람들이다. 이들은 안전운행에 대해 터무니없는 요청에도 기꺼이 동의했다.

일단 작은 요청에 동의하게 되면, 나중에는 큰 요청에도 동의하게 될 가능성이 높아질 뿐만 아니라, 처음과는 다른 다양한 요청에도 쉽게 동의한다는 것을 보여 준다.

회사의 변화에서도 문전 걸치기와 같은 방법을 활용하여 직원들을 자연스럽게 변화 프로세스에 참여시킬 수 있다. 가능한 많은 직원들이 변화 프로그램에 참여할수록 직원들의 변화 의지가 높아지고 저항은 줄어든다.

직원들을 변화 프로세스에 참여시키는 방법에는 서베이, 소통공간, 워크샵 등이 있다. 서베이(survey)는 모든 직원의 목소리를 들을 수 있는 방법으로, 회사 분위기를 손쉽게 알아보는 도구이다.

초기 단계에서 서베이로 저항의 원인이나 저항 가능성을 가늠해 볼 수 있다. 그리고 변화에 대해 다루어야 할 주요 내용을 알 수 있다.

서베이를 정기적으로 실시하거나, 특별한 주제에 대하여 부분 서베이를 실시할 수도 있다. 서베이의 목표는 변화 프로그램이 추구하는 목표에 대한 직원들의 인식 수준, 제공되는 정보에 대한 만족도를 알아보는 것이다. 요즘은 구글 서베이(Google Survey)로 쉽게 조사하고, 그 결과를 즉시 확인할 수 있다.

조직 설계 분야의 권위자인 컬럼비아 대학교의 데이비드 나들러(David Nadler) 교수에 따르면, 현재 상태에 만족하지 않는 직원들에게 변화 의지를 갖게 하는 방법은 서베이에 응답하게 하고, 발표에 참여시키는 것이다. 직원들에게 얻은 정보를 분석하고 발표하게 하는 것이 외부 전문가의 리포트보다 신뢰도가 높다.

많은 직원이 참여할 수 있는 방법 중에 하나는, 소통 공간을 마련하는 것이다. 소통 공간은 bottom-up 형태의 변화관리 접근 방식이다. 조직 개발 전문가인 해리슨 오엔(Harrison Owen)에 따르면, 워크샵을 하는 방에서보다 휴식 시간에 대화가 더 활발하다. 그래서 워크샵 공간 옆에 대화할 수 있는 공간을 만들어 주는 것이 직원들의 참여도를 높일 수 있다.

이런 아이디어에 의해 개발된 것이 월드 카페(World Café)이다. 카페처럼 편안한 분위기를 만들고, 그룹으로 나뉘어 여러 가지 주제를 두고 토론하며 아이디어를 공유하는 대화 프로그램이다.

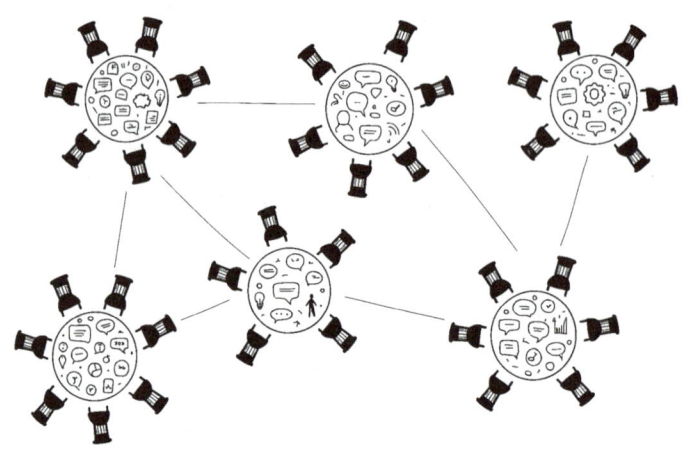

월드 카페(World Café) 운영 환경

하나의 방에 여러 개의 테이블을 설치하고, 각 테이블에 6~8명이 앉을 수 있는 의자를 세팅한다. 각 테이블에는 종이와 필기구를 구비하고, 가벼운 다과도 제공한다. 각 테이블에는 주관자인 호스트(Host)가 있어서, 주제와 관련된 질문을 준비하고 토론을 돕는다. 참가자(Traveler)들은 주관자의 질문에 대해 토론하고, 큰 종이에 메모하거나 그림을 그리거나 아이디어를 적는다. 첫 라운드에서 20~30분가량 토의하고 다른 테이블로 이동한다. 최종 라운드가 끝나면 전체 참가자를 모으고, 각 테이블 주최자가 테이블 토론의 주요 내용과 아이디어를 공유한다. 월드카페(World Café)는 모든 참가자가 평등하게 의견을 나누고, 다양한 의견이 순환하며, 집단적으로 문제의 해결 방안을 탐색한다. 워크샵에서 나온 의견은 다른 직원들에게도 참여를 확대하는 자료로 활용된다.

직원들에게 변화를 인식시키고 참여시키는 방법으로 변화를 상징하는 행사나 의식이 있다. 예를 들어, 삼성전자는 강력한 변화를 위한 행사를 실시했다. 경북 구미 사업장에서 500억 원에 해당하는 15만 대의 핸드폰을 불태우는 '애니콜 화형식'을 실시했다. 핸드폰 불량율이 11.8%로 치솟고, 휴대폰 판매점 사장이 불량품을 팔았다고 고객에게 뺨을 얻어맞은 사건이 계기가 되었다. 그 이후의 일은 우리 모두가 알고 있다.

참여는 변화관리의 핵심 성공 요소다. 참여를 통해서 새로운 변화를 가져온 중요한 사례를 보자. 변화관리의 선구자인 커트 레빈이 제2차 세계 대전 기간 동안 미국에서 실시한 '음식 혐오' 사례가 그것이다. 전쟁이 끝나갈 무렵, 소고기는 매우 귀했다. 미국 주부들은 소의 심장, 폐 등의 내장을 혐오스럽게 여겨서 먹지 않았다. 그래시 몇몇 주부에게 영양의 중요성과 소 내장 손질법을 가르쳤다. 이 프로그램에서 내장의 역겨움을 제거하는 방법과 영양가를 알게 된 주부들은 불쾌한 촉감, 주변의 시선에 당당히 대처할 수 있었다. 주부들의 편견과 거부감이 점점 제거되었다. 이 과정에 적극적으로 참여한 주부들은, 수동적으로 참여하여 정보와 지식이 부족한 주부들보다 더 빨리 변화해 나갔다. 이 사례는 오늘날 변화관리의 원형으로 간주되고 있다.

그러면 어떤 환경을 조성해야 활발한 참여가 일어날까?

참여를 활성화하는 것은 개방성, 즉 개방적인 분위기를 조성하는 데 달려 있다. 이런 방식이 '정원 가꾸기'이다. 변화관리에서 직원들에게 참여 환경을 만드는 것을 정원 손질에 비유한 것이다. 변화를 강요하거나 기계적으로 접근하지 않고, 환경을 조성하는 것이 핵심이다.

정원 가꾸기는 식물이 자랄 수 있도록 환경을 조성하는 데 중점을 둔다. 정원사가 나무를 심기 전에 토양을 준비해야 하는 것처럼, 변화 리더도 변화에 대비하여 이와 같은 준비를 해야 한다. 여기서 준비는 '변화의 이유, 이로 인해 얻을 수 있는 이점, 프로세스에 참여하는 방법' 등을 제시하는 것이다.

정원을 가꿀 때에는, 식물이 자라는 데 도움이 되도록 물 주기, 가지치기, 비료 주기 등 정기적인 관리가 필요하다. 마찬가지로, 조직이 변화하는 동안에도 지속적인 지원과 격려가 필요하다. 변화를 추진하는 리더는 직원이 새로운 업무 방식에 적응할 수 있도록 지속적인 지원과 참여 기회를 제공해야 한다.

좋은 정원사는 기상 조건이나 해충 문제와 같은 정원의 변화에도 대응하듯이, 변화관리에서 리더는 조직의 환경 변화와 직원들의 피드백을 기반으로 변화를 조정할 수 있는 유연성을 갖추어야 한다. 이러한 수용적인 자세는 예상치 못한 문제를 효과적으로 관리하는 데 필요하다.

정원 가꾸기는 하루아침에 이루어지는 것이 아니기 때문에 인내심이 필요하다. 마찬가지로 변화가 조직 내에 정착되기까지 시간이 필요하며, 점진적인 프로세스임을 인식해야 한다. 즉각적인 결과를 얻기 어렵기 때문에 인내와 끈기가 필요하며, 변화의 효과를 보기 위해서는 오랜 기간 지속적으로 노력해야 한다.

결국 잘 가꾸어진 정원에서 꽃이 피어나고 열매가 맺히듯이, 회사의 변화에서도 노력과 육성 기간이 지나면 긍정적인 결과가 나타나기 시작한다. '정원 가꾸기' 접근 방식은 조직의 인간적 측면을 존중하는 변화관리 방식이다. 경영진은 변화의 방향을 결정할 뿐, 변화를 실행하는 것은 직원들의 몫이다.

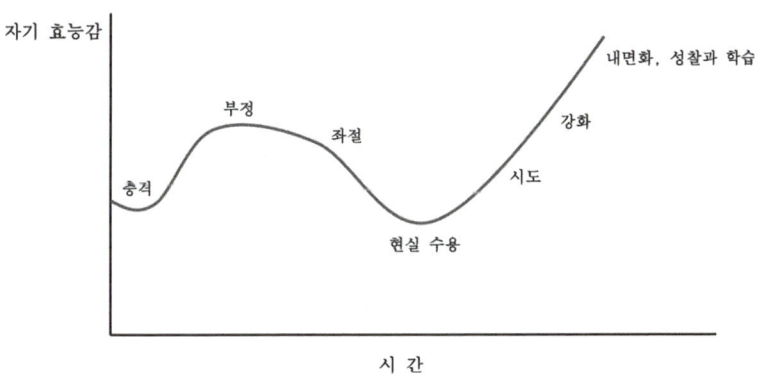

출처: Hayes and Hyde(1996), 심리의 반응 단계

이런 정원 가꾸기는 직원들의 심리 변화와 관계가 깊다. 이 그래프처럼 직원들은 변화의 과정에 따라 7단계의 심리적 변화를 겪는다.

이 그림은 상황의 변화에 따른 직원의 자기효능감(self-efficacy)을 나타낸 것이다. 자기효능감이란 어떤 목표에 대해 원하는 결과를 얻을 수 있다는 자신감이다.

직원들은 처음에 변화를 충격으로 받아들이고, 걱정과 두려움을 느끼며, 새로운 변화에 대응할 능력이 부족하다고 생각한다. 변화에 반응을 거의 안하고, 변화를 늦추려고만 한다.

변화를 부인하는 단계에서 직원들은 익숙한 습관에 집중하고, 현재의 안정에 위협이 되는 문제들에 관심을 갖는다. 불안감을 감추기 위해서 과거에 매달리고 변화의 필요성을 부인한다.

결국 변화가 현실이 되고, 변화를 되돌릴 수 없다고 느끼면서 직원들은 무기력과 우울감에 빠진다. 이 단계에서 이들은 이러지도 저러지도 못하는 중립 단계에 접어든다. 이때 느끼는 슬픔, 화, 혼란으로 인해 스트레스를 받고 변화에 등을 돌린다. 그러므로 이 단계에서 워크샵이나 오픈 스페이스와 같은 기회를 제공하여 변화에 참여시켜야 한다.

작은 것이라도 변화에 직접 참여할 경우에 직원들은 자신의 환경을 바꿀 필요가 있다고 인정하게 되고, 그 결과 변화를 필수적인 조건으로 간주하게 된다.

다름을
인정하자

  인수 합병(M&A, Merger & Acquisition)에는 고통이 따른다. 조직 간의 인수 합병은 같이 일하는 직원과의 이별이자, 낯선 직원과의 만남이다. '익숙한 것과의 결별', '낯선 곳에서의 아침'이다. 이것은 2000년대에 변화 경영을 주장했던 구본형 소장의 책 제목이다.

  필자가 경험했던 모든 인수 합병에는 인적 구조 조정이 공통으로 자리하고 있었다. 그도 그럴 수밖에 없는 것이, 두 회사가 합치게 되면 중복되는 업무를 줄여야 하기 때문이다.

  인수 합병 전에 실시하는 명예퇴직은 생산성 향상을 위한 수단일 뿐만 아니라, 통합에 반대하거나 비협조적인 직원들과의 이별이다.

짐 콜린스(Jim Collins)는 저서 『좋은 기업을 넘어, 위대한 기업으로』에서 조직을 통합할 경우에 같은 생각을 하지 않는 직원을 버스에서 내리게 해야 한다고 강조했다. 힘을 모아도 힘든데, 생각이 다른 사람들과 함께 가는 것은 불가능하다는 뜻이다.

은행에는 핵심 부서가 3개 있다. 통상 '3사'라고 부르는 '인사, 심사, 검사'가 그것이다. 은행의 인수 합병에서 이 부서들의 장(長)이 누가 되고, 조직원 구성을 어떻게 하는가에 관심이 많다. 합병의 성공 여부는 예술적인 인사 발령에 있다고 해도 과언이 아니다. 피(被)인수 은행 직원들의 마음이 떠나면 통합은 어렵다. 성공적인 통합을 위해서 인수 은행 직원들에게 역차별 인사를 실시하기도 한다.

하나금융그룹이 M&A를 통해서 배운 것이 있다. M&A는 한쪽이 주도할 때에 성공 확률이 높다는 것이다. 하나금융그룹은 인수합병을 위해 글로벌 컨설팅 업체인 맥킨지와 보스턴 컨설팅의 자문을 받았다. 맥킨지는 하나은행의 크기와 유사한 인수 합병 사례를 전 세계적으로 조사하여 보고했다. 세계적으로 성공한 인수 합병은 한쪽에서 주도적으로 리드했다는 것이었다. 국내 사례를 보아도, 대등한 인수 합병인 경우에는 갈등이 상당 기간 지속되는것을 볼 수 있다.

한쪽이 일방적으로 통합을 주도하는 이유는 장기적으로 유리하기 때문이다. 하나은행의 인수 합병 과정에서도 통합을 위해 대부분의 분야에 균형을 맞추지만, 주요 업무나 기업문화는 고수했다. 특히 전산 분야는 직원들이 매일 사용하는 것으로 업무 리더십을 갖기에 중요한 수단이다. 비록 피인수 은행의 시스템이 우수하더라도 인수 측 시스템을 사용한다. 현장 직원들의 업무 주도권과 리더십을 유지하기 위해서다.

이런 경험으로 비추어 볼 때, 조직 통합 여부가 성공의 열쇠이다. 인수 합병의 궁극적인 목표는 상대방과 한 몸이 되는 것이다. 그 출발은 상대방과 다름을 인정하는 것이다.
변화관리에서는 이것을 '다양성에 대한 수용성'이라 부른다. 이 수용성은 직원들 간에 존재하는 동질성과 이질성이 모두 가치 있고 중요하다고 믿는 것이다. 다양성에 대한 수용은 다른 직원들의 다양한 지식, 경험, 능력에 대한 개방적인 태도이다. 이런 태도는 조직이 통합할 때, 변화하는 환경을 수용하고, 직원 간의 상호 교류와 학습을 원활하게 만들고, 도전 의식을 갖게 한다.
사회적 교환 이론(Social Exchange Theory)에 따르면, 상대방을 인정하는 직원들은 조직에 도움이 되는 행동으로 되갚으려는 의무감을 갖는다. 이런 의무감이 조직에 대한 소속감과 정서적 애착을 갖게 하여 변화 의지를 높인다.

1만 배짜리
투자가 있다

어떤 증권회사 대표가 100배로 불어난 주식을 보았다고 했다. 삼성전자 주식 1주의 가격이 5,000원에서 50만 원이 된 것이다. 그는 1,000배의 수익을 낸 부동산을 보았다고 했다. 영종도 땅이 평당 800원이었는데 80만 원으로 뛴 것이다.

그런 그가 무려 10,000배짜리 수익을 내는 투자가 있다고 일러주었다. 그것은 바로 '교육'이었다.

군대에서 독도법(讀圖法: 읽을 독, 그림 도, 방법 법) 교육을 받을 때, 제일 많이 들은 말은 지도를 읽을 줄 모르면 소대원 40명을 다 죽인다는 것이다. 맞는 말이다. 전쟁 중에 어디로 가야 할지를 모르면 죽음의 길로 간다.

독도법(讀圖法)은 지도를 보는 방법을 뜻한다. 지도를 보는 순서는 다음과 같다.

1. 현재 위치 파악
2. 지도 정치
   (正置, 지도를 수평으로 놓고 지도상의 남과 북을 실제 남과 북에 일치시키는 것)
3. 진행 방향 설정

먼저 현재 자신의 위치가 어디인지 알아야 하고, 현재 위치와 지도상의 위치를 일치시키고, 가고자 하는 방향을 정하는 것이다. 이는 필자의 직장 생활에도 도움이 되었다. 자신이 처한 현 상황을 파악하고, 주변 환경과 자신의 상황을 맞추고, 어디로 가야 할지를 결정하는 것이다. 독도법 교육이 군 생활 내내 영향을 미쳤고, 사회생활에도 두루 유용했다.

변화 과정에서 교육의 목적은 직원의 업무 능력을 향상시키고, 변화에 대한 태도를 긍정적으로 바꾸는 것이다. 연구에 따르면, 조직의 변화 과정에서 직원들의 97%가 변화에 필요한 업무 연수를 받고 싶어했다. 그러나 실질적으로 40% 정도만 연수를 받은 것으로 나타났다. 이는 변화를 위한 교육 프로그램이 없거나, 교육 효과를 간과했기 때문이다.

능력이 부족한 직원은 변화를 받아들이기 어렵다. 변화에 적응할 자신이 없기 때문에 불안을 느끼는 것이다. 따라서 변화를 추진하기에 앞서 교육으로 직원 개개인의 역량을 강화하고, 심리적 안정감을 제공해야 한다.

직원들은 조직이 미래에 대한 지식과 기술에 투자하는가를 보고 회사를 평가한다. 자신의 능력을 개발하는 기회가 있는 회사에 애착을 갖게 마련이다. 특히 MZ 세대는 더욱 그렇다. 교육 훈련으로 직원들에게 더 많은 최신 교육, 고급 연수를 제공한다면, 직원들의 변화 의지는 높아진다.

교육이 성공하기 위해서는 필요한 요건이 사전에 구비되어야 한다. 연구에 따르면, 기업들 중에서 21%만이 변화를 시작하기 전에 직원 교육을 실시했다. 교육으로 준비되지 않은 직원들은 자신의 업무 변화에 두려움을 갖는다. 미리 준비하면, 직원들의 저항과 불만도 줄어든다.

변화관리를 위한 교육 연수의 형태는 크게 현장 연수와 집합 연수로 구분된다. 업무 현장에서 업무와 병행하는 것이 현장 연수이고, 업무 현장을 떠나서 연수원과 같은 장소에 모이는 것이 집합 연수이다.

변화관리를 위해서는 업무와 병행하는 연수가 효과적이다. 현장에서 업무와 동시에 일어나는 연수는 변화를 자신의 일처럼 느낀다. 직원들의 몰입도가 높다.

현장 교육	중간 형태	집합 교육
• 직무 연수 • 순환 업무 • 인턴십 • 업무 지원 • 멘토링 • 주니어 보드	• 프로젝트 • 위원회 운영 • 실무자 회의	• 업무별 연수 • E-learning • 독서 교육 • 세미나 • 워크샵 • 케이스 스터디 • 롤 플레잉 • 감수성 훈련

실제 사례를 들면, 하나은행과 외환은행의 통합 당시에 제일 먼저 내려진 조치가 각 은행 출신을 교차 발령한 것이다. 전산 시스템이 서로 달랐기 때문에 외환은행 직원들은 인근의 하나은행 지점에서 전산 업무를 배웠고, 그 직원들 위주로 인사 이동을 실시했다.

또 다른 조치는 은행장님의 지원하에 허브(HUB) 조직을 신설한 것이다. 허브는 Hub-and-Spoke, 즉 자전거 바퀴의 살이 모여 있는 중심축을 말한다. 미국의 한 항공사가 비인기 지역의 빈 좌석을 줄이기 위해서 허브 공항을 만들었다. 이곳으로 고객을 집중시켜서 수요가 많은 지역으로 고객을 운송해 공석 수를 줄였다.

여기서 아이디어를 얻어서 지역별 허브 지점을 만들었고, 허브별로 7~8개 지점을 배치했다. 허브의 구성은 통합 은행 업무에 중심이 되는 고액 자산관리 서비스(PB), 기업 고객 전담 서비스(RM), 외국환 업무에 탁월한 직원들을 교차 발령했다. 두 은행 직원의 업무를 서로 교차하여 그 분야의 업무 능력을 확장하고, 새로운 기업문화를 형성하는 것이 목적이었다. 이 제도는 통합이 완성될 때까지 유지되었다.

주니어 보드(Junior Board)는 회사의 중견 직원들에게 최고 경영진처럼 실제 의사 결정을 해보는 제도를 말한다. 시니어 보드(Senior Board)가 회사의 실제 중역 회의라면, 주니어 보드는 과장급 이하의 직원들로 구성된 청년 사원들의 중역 회의라고 할 수 있다. 정책 결정 기능은 없으나, 젊은 직원들의 아이디어 수용, 상하 직원들의 의사소통, 젊은 직원들의 경영 참여가 목적이다.

젊은 직원들에게 경영진의 관점에서 보게 하고, 회사를 종합적으로 이해하게 하고, 회사 환경을 느끼게 해 준다는 장점이 있다. 하나은행과 보람은행이 통합될 당시에 필자는 합병 사무국에서 연수 분야 통합 팀장이었다. 이때 많은 눈물을 흘렸고, 조직의 인수 합병은 정말 어려운 작업임을 몸으로 느꼈다. 그 후 인재개발부의 책임자로 있으면서 청년 중역 회의의 간사를 맡았다. 젊은 직원들의 의견을 듣고 은행장님이 코칭을 해 주시는 주니어보드는 매우 신선한 경험이었다.

생태계를
구축하자

    2002년 한일 월드컵에서 대한민국은 당당하게 4위를 했다. 당시에 4강 신화를 이끈 주역은 거스 히딩크(Guus Hiddink) 감독이다. 그동안 한국 축구는 체력은 강하나 기술이 부족하다는 것이 공통된 분석이었다. 하지만 히딩크는 월드컵 무대에서는 90분간 끊임없이 뛸 수 있는 체력이 중요하다고 보았다. 기초 체력을 강화하기 위해 네덜란드에서 피지컬 코치를 데려왔다. 체력 훈련이 지루하지 않도록 새롭고 다양한 훈련 방법을 도입했다.

    히딩크가 지적한 또 다른 문제점은 선수들의 의사소통 능력이었다. 수평적인 팀 문화가 필요했다. 연령과 상관없이 테이블에 섞여서 밥을 먹게 하고, 훈련 이후 마사지를 받을 때도 도착한 순서

대로 받게 하고, 선배가 후배들에게 심부름시키는 것을 금지했다. 전술 훈련을 할 때도 고참과 후배가 자주 대화할 것을 요구했다. 히딩크는 코치진에게 소통의 중요성을 강조했고, 본인도 선수들과 훈련하며 몸싸움하고, 부딪히며 함께 땀을 흘렸다.

히딩크 감독의 성공 요소 중에 빼놓을 수 없는 것이 능력 중심의 선수 선발이다. 경쟁을 통한 공정한 선수 선발로 특정 대학, 특정 인맥, 외부 정실 인사가 배제되었고, 서열이 무의미해졌으며, 훈련하지 않고 게으름 피우는 스타 선수들은 방출되었다. 이 과정에서 새로운 선수들이 발탁되었다.

이런 훌륭한 감독의 지혜와 노력으로 월드컵 4강 신화를 이룰 수 있었다. 그러나 히딩크가 떠난 이후에 한국 축구는 그 빛을 잃었다. 스타 감독이 떠나자 시스템도 떠났다. 이런 성공 모델이 지속되지 않는 이유는 무엇일까.

지속성은 시스템이 일을 하게 하는 것이다. 프로세스가 조직 안에 내재화되어 있어야 시스템이 지속적으로 유지된다. 변화의 과정은 현상 유지에 머물고 있는 개인이나 조직의 시스템을 바꾸고(unfreezing), 새로운 상태로 변화시키고(moving), 변화된 상태를 유지하는(refreezing) 것이다. 이런 과정이 지속적으로 순환되기 위해서는 변화를 위한 환경이 조성되어야 하는데, 이것이 바로 '기업문화(corporate culture)'이다.

아래 그림에서 보듯, 조직 문화는 조직의 가장 밑바닥에서 여러 성공 요소를 떠받치고 있다. 기업문화가 직원들의 참여, 통합, 교육에 직접적인 영향을 주고, 커뮤니케이션을 통해 방향과 한 사람에게도 중요한 영향을 미친다.

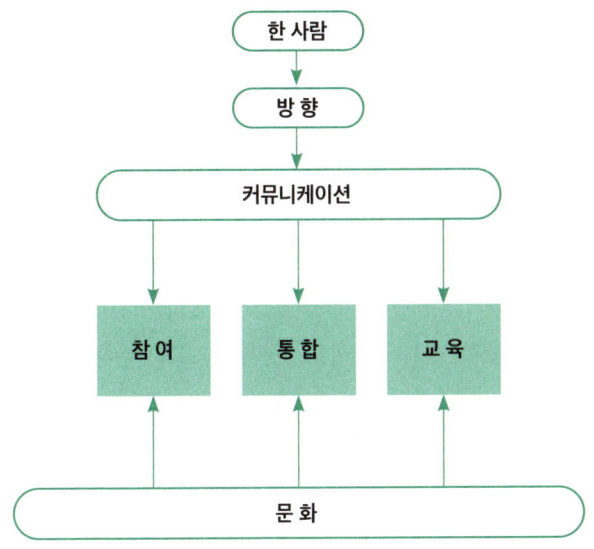

조직 문화 분야를 개척한 매사추세츠 주립 공과 대학(MIT)의 교수, 에드거 샤인(Edgar Schein)에 따르면, 조직 문화는 외부 환경에 대응하고 내부에서 문제를 해결하는 과정에서 만들어지고, 발견되고, 개발된 것이다. 이것은 조직에서 타당한 것으로 간주되어 왔기에 신입 사원에게도 업무 처리에서 인식하고, 생각하고 느끼는 올바른 지침이 되어 조직 내에서 자연스럽게 전수된다. 이렇게 공유된 가치는 구성원들이 바뀌어도 계속 유지되어 지속된다.

에드가 셰인(Edgar Schein)의 조직 문화 모델

샤인의 이론에 따르면, 조직 문화는 세 개의 층(3 Level of culture)으로 구성되어 있다. 가공물(Artifacts)은 조직의 외부 표면에 표시되어 가시적으로 관찰되는 요소들이다. 로고, 근무 복장, 고유한 용어, 제품, 서비스, 업무 매뉴얼, 제도, 정책 등으로 직원들뿐만 아니라 외부인들도 쉽게 알 수 있는 것들이다.

기업이 추구하는 가치(Espoused Values)는 철학, 신념이나 가치관이다. 기업의 홈 페이지나 채용 안내문에서 볼 수 있다. 기업의 미션, 비전, 핵심 가치, 인재상 등이다.

기본 가정(Underlying Assumptions)은 직원들이 무의식적으로 당연하다고 받아들이는 것이다. 조직 문화에 스며들어 있는 믿음, 인식, 생각, 감정이다. 직원들이 느끼는 가치와 행동의 실질적인 기준이다. 이것은 기업의 역사 속에 녹아 있는 성공 방식에서 나온 것이다.

기업문화는 한 기업의 역사에 녹아 있는 것이다. 직원들의 경험의 산물이며, 조직에 오랜 기간 점진적으로 구조화되고, 내재화된 것이다.

IBM의 회장을 지냈던 루이 거스너(Louis Gerstner)는 기업문화는 승부를 결정하는 하나의 요소가 아니라, 기업문화 자체가 승부를 결정한다고 했다. 경영학의 대가인 피터 드러커(Peter Drucker)는 기업문화는 프로그램에 의해서 갑자기 바뀌지 않기 때문에 기업문화를 만드는 것이 경영자의 역할이라 강조했다. 기업문화 조직 전반에 걸쳐 존재하고, 어느 특정 요소의 변화만으로 바뀌지 않으며, 이를 조성하는 데 많은 노력과 시간이 든다. 연구에 따르면, 제대로 된 문화 변화에는 평균 7~8년이 소요된다.

하나은행 설립 초기에 우수한 신입들이 모인 것은 기업문화 덕분이었다. 당시 시중 은행은 보수적이고 관료적이었던 반면, 하나은행은 자주적이고, 자율적이고, 진취적이었다. 신입 사원들은 임원들과 맞담배를 피웠고, 임원들은 신입 사원들의 말을 끝까지 들었다.

은행의 지점장실 문은 항상 열려 있었고, 직원 누구나 아무 때나 들락거릴 수 있었다. 최고 경영진은 '임원은 공부해야 한다. 공부하는 임원에게 기회가 있다'고 했다.

2014년 마이크로소프트의 CEO였던 사티아 나델라는 스탠퍼드 대학교의 경영 대학원에서 '기업을 변화시키는 것은 문화'라는 주제로 강연을 했다. 마이크로소프트의 '잃어버린 15년'을 끝내고 시가총액 세계 1위 기업으로 부활시킨 원동력은 바로 '문화'의 변화에서 시작되었다. 관성에 빠져 있는 기업을 바꾸려면 제도, 규율, 내부 보상 시스템을 바꾸는 것이 가장 빠른 방법이라 여기는 사람이 많다. 하지만 나델라는 손에 잡히지 않는 문화가 더 근본적이고 중요하다고 생각했다. 이것이 그의 전매 특허인 '문화 경영'이다.

나델라는 구성원들에게 성장에 대한 마인드셋을 제시했다. 우리는 누구나 부족하므로 자신이 완벽하며 모든 것을 안다는 생각(know-it-all)에서 벗어나, 모르는 것을 끊임없이 배워 나가겠다는 마인드셋(learn-it-all)을 가져야 한다는 것이다.

나델라에 따르면, 마이크로소프트의 문화를 형성하는 큰 방향은 다음 세 가지이다. 첫째는 다양성과 포용성(diversity and inclusion), 둘째는 고객에 대한 집착(customer obsession), 셋째는 하나의 회사(one company)이다. 나델라는 이 세 가지 모두를 달성하기가 어렵지만 자신부터 모범을 보이기 위해 노력하고 있다고 했다. 그는 CEO의 C는 문화(Culture)의 약자로, CEO는 조직 문화를 담당하는 큐레이터라고 말했다.

변화를 위한 문화를 조성해야 하는 중요한 이유가 있다. 변화를 위한 문화를 조성해 놓으면, 급격한 위기를 피할 수 있다. 회사의 구조가 외부 환경 변화에 적절하게 즉각적으로 대응하는 체계를 갖추기 때문이다. 변화를 조기에 감지하고 준비하여 대응하는 메커니즘이 작동하면, 변화의 추진력이 변화 억제력을 밀어 올린다. 그 결과 조직의 혼란과 저항을 줄이고 성과를 낸다.

끊임없이 변화를 지속하는 일은 어렵다. 그렇기 때문에 변화 수용성을 높이는 기업문화를 구축해야 변화에 적절하게 대응할 수 있다. 이를 위해서는 혁신적 문화(adhocracy culture), 자율성, 다양성을 갖추어야 한다.

혁신 문화는 전통적 관료제와는 다르게 유연한 조직 형태이다. 이 혁신 조직은 위험을 수용하는 문화로, 성공이 보장되지 않더라도 적극적으로 새로운 것을 시도하게 돕는다. 직원들의 실수에 관대하여, 직원들이 실패에 대해 두려운 마음이 없이 새로운 일에 도전하게 만든다. 새로운 시도로 인한 실수를 오히려 공개적으로 용인하고, 대화를 통해 원인과 개선점을 찾도록 권장한다. 혁신적 문화는 팀이 더 효과적이라는 것을 알기 때문에 협력을 통해 얻는 아이디어를 높게 평가한다. 협력은 직원 자신에게 직접적인 이득이 없어도 다른 직원들을 돕는 것이다.

자율성은 새로운 문제에 직면한 부서에 권한을 부여하는 것이다. 각 부서에 자율성을 부여하면, 시장 변화에 빠르게 대응하고 유연하게 변화를 수용할 수 있다. 자율성은 변화에 대응하는 문화의 한 축이다.

조직의 다양성은 직원, 교육, 전문성, 나이, 국가, 직원 성향 등에서 다양한 구성을 의미한다. 다양한 경험과 지식의 결합은 기업의 환경 변화에 대응하는 새로운 방법을 찾게 한다.

실제로 하나은행은 다른 은행과의 합병을 통해 다양성의 효과를 보았다. 보람은행과의 합병에서 보람은행의 PB 및 RM 제도를 확대할 수 있었고, 충청은행과의 합병으로 충청 지역을 거점으로 확보할 수 있었다. 그리고 서울은행과의 합병으로 서울신탁은행에서 축적한 신탁 업무를 확대할 수 있었다. 또한 외환은행과의 합병으로 외환은행의 강점인 외국환 업무를 강화했다. 이런 다양한 업무와 직원들의 결합으로 오늘날 3대 금융그룹으로 도약할 수 있었다.

환경만
바꾸자

경제학을 공부하면서 가장 많이 들은 말은 '다른 모든 조건이 동일하다면(all other things being equal : ceteris paribus)'이다. 이 말은 영국의 논리학자이자 수도자인 오컴의 영향을 받았다. 오컴의 면도날(Occam's Razor)에 따르면, 어떤 현상을 설명할 때 불필요한 가정을 해서는 안 된다. 가정은 가능한 적어야 하며, 피할 수만 있다면 피해야 한다. 불필요한 가설은 면도날로 잘라 버리라는 것이다.

이를 받아들인 경제학자들은 사회 현상을 증명하기 위하여 이론을 단순화했다. 인간을 합리적이며 이기적인 존재로 가정하고, 인간의 행동을 수치화했다. 그리고 합리적인 결정을 내리고 싶다면 감정을 배제하라고 역설했다.

이후 다른 모든 조건이 동일하더라도 인간의 행동에서는 심리가 중요하다는 학자들이 등장했다. 이들은 행동 경제학(behavioral economics)을 주창하면서 인간의 행동 분석에 심리학을 적용했다. 이들의 주장에 따르면, 인간은 제한적으로 합리적이고, 때론 감정적으로 행동한다. 이들은 인간의 의사 결정에서 주류 경제학이 무시한 감정의 중요성에 주목했다. 사람들이 이익과 손실을 평가할 때 객관적 수치보다 '주관적 가치'에 더 주목한다는 프로스펙트 이론(Prospect Theory, 1979년 다니엘 카네만(Daniel Kahneman)과 아모스 트버스키(Amos Tversky)가 제안한 행동 경제학 이론)을 중시하여, '사람은 절대치가 아니라 변화에 반응한다'고 믿었다. 『행복의 가설』을 쓴 심리학자 조너던 헤이트(Haidt)는 '감정이 머리이고, 합리성은 꼬리에 불과하다'고 지적했다.

이렇게 경제학과 심리학이 만나서 행동 경제학이 탄생했다. 행동 경제학에 토대를 둔 대표적인 책으로는 리처드 탈러(Richard Thaler)의 『넛지』, 칩 히스(Chip Heath)와 댄 히스(Dan Heath)의 『스위치』를 들 수 있다.

이 책들은 큰 장점이 있다. 제시된 아이디어들을 실행하는 데 비용이 거의 들지 않는다는 점이다. 여기에 등장한 변화의 방법들은 회사의 지원을 받지 못할 경우에 유용하다. 예컨대 기업의 CEO들은 자신의 인사권과 재무 결정력을 활용하여 변화를 추구할 수 있다.

인사권을 활용하여 직원들에 대해 상과 벌을 주고, 직원들을 새롭게 채용하거나 조직을 개편할 수 있다. 인센티브 체제를 바꾸거나, 특정 업무에 재무를 투입하는 등 다양한 방법을 활용할 수 있다. 그러나 우리 대부분은 그런 도구가 없다.

『넛지』에서는 남성 화장실의 소변기 앞에 파리 스티커를 붙인 사례로 유명하다. 그 결과 남성 소변기 밖으로 새는 소변량의 80%가 줄어들었다. 대부분의 화장실에 파리 그림이 그려졌다.

미국 텍사스주는 고속도로에 버려지는 쓰레기를 줄이기 위해 막대한 자금을 들여 광고 캠페인을 벌였다. 쓰레기를 아무데나 버리지 않는 것이 시민의 의무라고 강조했지만 효과가 없었다. 사람들은 아무리 옳은 일이라도 자신이 계몽이나 훈계의 대상이 되고 있다는 걸 싫어한다. 인간에게는 하라고 하면 더 안 하고, 하지 말라고 하면 더 하려는 청개구리 심보가 있다.

이에 텍사스주 당국은 발상의 전환을 했다. 텍사스주의 인기 풋볼팀인 댈러스 카우보이스의 선수들을 광고에 참여시켰다. 그들이 쓰레기를 줍고 맨손으로 맥주 캔을 찌그러뜨리며 텍사스를 더럽히지 말라고 경고하는 광고였다. 캠페인 1년 만에 쓰레기는 29%가 줄었고, 6년 후에는 72%나 감소했다.

『스위치』에도 이와 같은 효과를 본 사례들로 가득하다. 베트남 정부가 아동 구호 기관인 세이브더칠드런(Save the Children)에 빈곤 아동을 도와 달라고 부탁했다. 베트남의 아동 영양 실조를 퇴치해

달라는 것으로, 6개월 사이에 뭔가를 보여 주어야 했다. 영양 실조는 다양한 문제가 복합적으로 얽힌 결과였다. 베트남에서는 위생 설비가 형편없었고, 깨끗한 물이 충분히 공급되지 않았으며, 시골 사람들은 영양 실조에 대해 무지했다.

이 문제를 해결하기 위해 파견된 직원은 베트남 시골 마을을 돌아보고, 극빈층 아이들 가운데 보통 아이보다 몸집이 크고 건강한 아이들이 있는 것을 보았다. 아무리 극빈층 가정의 아이들이라도 영양 실조에 안 걸릴 수도 있다는 사실을 확인한 것이다. 일반적인 가정의 아이들이 2번 식사를 하는 것에 비해, 건강한 자녀의 어머니들은 하루에 4번 식사를 제공했다. 또한 논에서 잡은 새우와 게를 아이들의 밥에 섞어 먹였다. 형편없는 식품으로 취급되던 고구마 잎까지 섞어 먹였다.

직원은 영양 실조에 걸린 50개 가정을 10가구씩 나누어 매일 오두막에 모여 함께 식사를 준비하는 프로그램을 고안했다. 어머니들은 새우와 게, 고구마 잎을 가져 와서, 비누로 손을 씻은 다음에 요리를 했다. 주목할 점은 그들의 변화가 그 고장에 있는 것에서 비롯되었다는 사실이다. 자신의 힘으로 영양 실조를 퇴치할 수 있다는 점을 깨우쳐 준 것이다. 6개월 후에 65%나 되는 아이들의 영양 상태가 개선되었다.

이런 접근 방식은 『행복의 가설』을 쓴 조너선 하이트(Jonathan Haidt)가 제안한 것이다. 그는 우리의 감성적 측면을 코끼리로, 이

성적 측면을 코끼리에 올라탄 기수에 비유했다. 기수가 고삐를 쥐고 있기 때문에 리더로 보인다. 그러나 기수의 통제력은 약하다. 기수가 코끼리에 비해 너무 작기 때문이다. 코끼리가 기수를 압도한다. 덩치 큰 코끼리를 움직이려면 다른 방법을 써야 한다.

 베트남 사례에서 희망적인 부분은 같은 마을에서 영양 실조로부터 아이들을 보호한 어머니들의 요리 방식이다. 기수는 그 어머니들이었고, 코끼리는 희망이라는 감정이다. 기수의 역할은 방향 제시이고, 코끼리의 역할은 목적지로 움직이는 열정이다. 어머니들은 아이 건강을 개선시키는 방법을 알고 있었고, 그것이 어렵지 않을 뿐더러, 자신이 할 수 있는 일이라는 데서 희망을 얻었다. 요리 그룹을 조직함으로써 기수와 코끼리를 모두 얻은 셈이다.

 『스위치』에 나오는 사례를 하나 더 들어 보자. 샌프란시스코 병원에서 간호사들은 하루 800개에 달하는 약품을 관리하고 투여한다. 투약 관리는 의사의 처방과 환자의 약품 수령 사이에 있는 중간 단계다. 문제는 1,000번 투약할 때 1번 꼴로 실수를 저지른다는 것이다. 한 해에 발생하는 투약 실수가 250회에 이른다. 이런 실수는 환자에게 큰 피해를 주거나 생명을 위협했다.

 대개의 실수는 간호사들이 집중력을 잃었을 때 발생했다. 그들은 주의가 산만해지기 쉬운 환경에서 일하고 있었다. 투약 관리소는 각 병동의 한가운데 위치하고 있어 늘 북적대고 소란스러웠다. 병원 측은 시각적 상징을 이용하는 아이디어를 떠올렸다. '투약 조끼'라는 상징물을 간호사가 착용하게 하는 것이다. 그것을 착용하면, '지금은 저를 방해하지 마세요, 약을 나눠주고 있는 중'이라는 표시였다. 6개월 후, 투약 실수는 이전보다 무려 47%나 감소했다.

병원과 관련한 중요한 사례가 더 있다. 삼성 경제 연구소에서 발행하는 〈SERI CEO〉에 법의학자 이호 교수가 자신이 본 사례를 실었다. 오스트레일리아 멜버른에 안식년 교환 교수로 갔을 때, 지역 소식지에 난 기사였다. 멜버른 병원에서 간호사의 실수로 식염수 대신 염화칼륨을 주사하는 바람에 심정지가 일어나, 무려 다섯 명이 사망했다. 그런데 코로너(Coroner) 판사의 대응은 예상과 달랐다. 그는 제약회사의 약 라벨을 바꾸라고 권고했다. 식염수, 염화칼륨, 물을 표시한 라벨은 서로 구별이 되지 않았다. 누가 봐도 헷갈려 보였다. 문제를 일으키는 염화칼륨은 빨간색으로 표시하거나, 해골을 그려넣어 한눈에 알아보게 하라는 것이다.

이런 변화는 정말 멋진 일이다. 사람을 바꾸려고 하지 않는다. 행동만 바꾸게 하면 되는 것이다. 행동을 더 편하게 만들어 주는 것이다. 장애물을 치워 주는 것이다. 잘못된 행동을 조금 더 어렵게 만드는 것이다. 점진적 변화 설계(evolutionary change design)는 사람이 아니라 환경에 초점을 맞춘다.

조직을 개편하고, 직원을 교체하고, 비용을 엄청나게 투입하는 것이 아니다. 적용하기 쉽다. 필자는 이런 이론과 사례를 적용하여 효과를 본 경험이 있다. 하나은행 기관사업부장으로 근무할 때, 업무용 운전기사가 4명이 있었다. 부서의 자산 규모가 10조 원 정도라서 은행에서 업무 지원을 위해 기사를 배정해 주었다. 문제는 운전기사들이 한 달도 안 돼서 퇴직한다는 것이었다. 부서에 배정된 운전 기사는 경력이 거의 없었고 서울의 지리를 잘 몰랐다. 군대에서 제대하고 일자리를 알아보는 사람들이 대부분이었다.

주어진 제약 조건 하에서 퇴직을 줄이는 것이 필요했다. 운전기사 매뉴얼을 만들었다. 매뉴얼에 주요 방문 기관의 위치와 운전 경로를 그려 넣었다. 사고 발생 시 연락처와 조치 요령을 넣었고, 주차 요금의 정산 방법도 알려 주었다. 서울의 한강 다리 40여 개를 암기하게 했다. 매뉴얼을 작게 만들어 차량에 비치하고 참고하기 쉽게 했다. 1년 근무하면 소정의 추가 수당도 지원했다. 운전기사를 인간적으로 대하고, 인생 고민 상담도 해주었다. 그 결과 운전기사의 퇴직율은 현격히 줄었고, 2년 근무하는 직원도 생겼다.

강점으로
출발하자

은행을 퇴직하시고 음식점을 개업하신 분들이 있었다. 설렁탕 만큼은 잘할 자신이 있다고 하신 분, 생선회는 어려서부터 좋아해서 문제없다고 하신 분, 소고기의 유통경로를 잘 알기 때문에 고기집을 내신 분, 햄버거 프랜차이즈를 내고 카운터를 지키신 분도 계셨다. 대부분 중간에 접으셨다.

음식점을 중간에 그만둔 이유는 경영이 부실하기 때문이다. 음식점을 이용할 때와 운영할 때가 다른 것이었다. 음식을 평가하고 아는 척하기는 쉬운데 직접 운영하기는 쉽지 않다.

친구가 대표이사로 있어서 영입된 분도 있었고, 은행의 거래 고객이 도와 달라고 해서서 취업하신 분도 있었다. 제조업, 건설업,

유통업, 개인 회사 등 다양했다. 은행 업무에 질렸다며 새로운 업종으로 가신 분도 꽤 있었다. 담당 업무는 주로 재무 업무나 마케팅이었다. 대부분 중간에 그만두셨다.

그만둔 이유는 그 회사의 업무를 모르기 때문이었다. 의욕은 넘쳤으나, 업무의 본질을 몰라서 나중에는 능력 부족이 드러났기 때문이다. 잘 모르는 분야에서는 초보자였다. 또한 제조업, 건설업에서 원하는 업무는 법적인 책임을 지는 경우가 많았다. 은행 조직에서는 해 본 적이 없는 일이었다. 한마디로 위험한 일이었다.

은행 지점장 출신으로 NPL 회사를 차린 분도 있다. NPL(Non-Performing Loan)은 3개월 이상 연체된 대출 중 '고정', '회수 의문', '추정 손실'로 분류된 채권으로, 수익을 기대하기 어려운 대출이다. 은행은 이 부실 채권을 NPL 회사에 매각한다. 이분은 퇴직하면서부터 금융과 관련한 일을 해서 은행 근무 경험을 활용해야겠다고 생각하셨고, NPL 회사를 차려서 대성공을 거두었다.

자산 운용사나 캐피탈 회사에 스카우트된 분들도 있다. 이들은 은행의 네트워크를 이용하여 운용사나 캐피탈 회사의 상품을 은행과 연결해 준다. 이런 분들은 임기를 채웠을 뿐만 아니라 다른 회사로 이직한 경우도 있다.

은행원 출신들이 금융 관련 업계에서 성공하는 이유는 지극히 단순하다. 은행에서 쌓은 경험과 지식을 활용하기 때문이다. 전화 한 통으로 문제를 해결할 수도 있기 때문이다.

NPL 회사의 경우에, 무수익 여신에 대한 가치 평가, 미래 가치 산출, 입찰, 대출 및 관리는 은행 업무를 통해 이미 잘 알고 있다. 설령 모르는 일은 은행 여신 관리부나 기존 직원들에게 전화 한 통으로 물어볼 수 있는 인맥이 있다. 자산 운용사나 캐피탈 회사 업무도 후배들이 현직에서 근무하고 있어서 남들보다 쉽게 정보를 얻고 도움을 받을 수 있다. 돈을 버는 것은 풍부한 지식과 경험, 인맥을 총동원해도 어렵다. 그러니 초보자는 돈을 벌 수 없다.

수원의 영통 지역에 지점장으로 근무했던 적이 있다. 신설 지점이기에 새로운 상품과 접근 방법이 필요했다. 수원부터 용인, 양지 방향에 있는 주유소에 주목했다. 2000년 초에는 주유소 대출이 흔하지 않았다.

하나은행 본점 신용 관리부의 책임자에게 주유소 대출 취급 시 주의할 사항에 대해 물었다. 주유소 사장이 주유소 옆에 건물 짓고 살고 있고, 정유사에 근무한 경험이 있는 사람은 망하지 않는다고 했다. 주유소 옆에 산다는 것은 적어도 인건비는 절약하는 것이고, 정유사 경력이 있으면 기름값 정보를 알고, 싸게 사는 방법을 알기 때문이라고 했다. 망한 주유소들은 주유소 이외에 딴짓을 했기 때문이라고 했다. 주유소와 상관 없는 업종에 투자하거나, 경영에 관심 없는 사람들이라고 했다.

자신의 강점으로 출발하지 않은 경우에 위기를 맞을 가능성이 높다. 30여 년 은행업에 있었으니, 금융 이외의 일을 해보고 싶다거나, 세컨드 라이프는 자신이 좋아하는 일을 해보고 싶어서 도전한다는 것이다.

즐기는 일에는 돈을 내야 한다. 주식 투자를 재미로 하거나 치매 예방을 위해서 한다면 돈을 내야 한다. 등산, 골프, 여행, 관람 등 즐기는 것에는 돈이 든다. 돈을 버는 것은 전문 영역이고 프로들이 하는 것이다. 세상에서 가장 어려운 일이 돈 버는 것이다.

리서치 기관인 갤럽(Gallup)의 임원이 쓴 『위대한 나의 발견, 강점 혁명』에 따르면, 사람의 강점이란 한 가지 일을 계속해서 완벽에 가깝게 처리하는 능력이다. 계속해서 강점을 극대화하여 뛰어난 성과를 내는 사람이라는 것이다. 모든 사람은 자신만의 독특한 재능을 갖고 있으며, 그것은 변하지 않는다고 보았다. 모든 사람의 성장 가능성은 그들의 강점에 있다고 한다.

기업에서의 강점은 핵심 역량(Core Competence)이다. 이 개념은 미시간 대학교 비즈니스 스쿨의 프라할라드(C.K. Prahalad) 교수와 런던 비즈니스스쿨의 게리 하멜(Gary Hamel) 교수가 제시한 용어다. 기업 외부 환경에 치중하던 기존의 경영 전략을 지양하고, 내부에서 기업 성공의 원천을 찾으려는 노력이다. 자신 안에서 찾은 경쟁력으로 다른 경쟁 기업보다 우월한 능력이다. 남들에겐 없고 오직 나만이 가지고 있는 것이다.

핵심 역량은 자원 기반 관점(Resource Based View)에서 나왔다. 이 관점에 따르면, 기업들은 모두 이질적인 자원을 가지고 있기에 모두 이질적이며, 그에 따라 기업마다 다른 사업 전략을 갖추어야 한다. 따라서 기업 내부의 자원과 역량 그리고 장점을 파악하는 것에 집중해야 한다는 이론이다.

이것을 설명하는 사례로 혼다와 캐논을 들 수 있다. 혼다의 핵심 역량은 엔진 제조 기술이다. 이 기술을 기반으로 오토바이, 잔디 깎기, 자동차, 모터 보트, 제트기를 만든다. 캐논의 핵심 역량은 현미경이다. 이 기술을 바탕으로 카메라, 프린터, 의료, 반도체, 디스플레이 업종에 진출했다.

미국의 월마트는 자신의 강점으로 아마존에 성공적으로 대응하고 있다. 월마트는 아마존의 핵심역량인 이 커머스를 배우는 데 그치지 않았다. 경쟁자에게 없는 자신들의 강점을 더욱 강화했다. 그들이 찾은 강점은 오프라인 매장과 직원이었다. 제트닷컴 등 온라인 업체를 인수해서 온·오프라인을 모두 아우르는 옴니 채널을 구축했다. 월마트는 미국 국민의 90%가 월마트 매장 16킬로미터 이내에 살고 있다고 강점을 주장한다. 상대에게는 없는 자신만의 강점을 강화시킨 것이다.

월마트의 더그 맥밀런(Dug McMillon) CEO는 직원 교육을 대폭 강화했다. 월마트 아카데미를 만들고, 고객들에게 발생할 수 있는 수많은 경우를 예상해 가장 적절한 고객 응대를 준비했다. 아마존이 월마트를 도저히 따라오지 못하는 영역이 바로 '고객 대면 응대'이기 때문이다. 또한 온라인 주문을 한 고객들이 차량을 탄 채 물건을 픽업하게 하거나 주차장에 놓인 고객 차량의 트렁크로 물건을 실어다 주는 개인 고객 맞춤형 쇼핑 도우미 '퍼스널 쇼퍼'도 도입했다.

삼성 인력개발원을 맡았던 손욱 대표는 오늘날의 삼성은 핵심 역량을 강화한 결과라고 강조했다. 삼성은 핵심 역량을 개발하기 위해, 가장 잘할 수 있는 것을 선택하고, 근본 뿌리를 탐구하여 최고가 될 때까지 목숨을 걸고 추진했다. 한 가지에서 최고가 되면 다른 요소에 연결되어 다른 것에서도 최고가 될 수 있다.

조직의 변화를 위해서는 강점에서 시작해야 한다. 내 안에 있는, 나만이 갖고 있는 것을 찾아서 그것으로부터 시작해야 한다. 남의 것을 따라 하더라도 내 것을 바탕으로 받아들여야 한다.

하나금융그룹의 역사는 인수 합병의 역사이자, 강점 결합의 역사라 할 수 있다. 금융이라는 공통 분모 아래서 외환은행의 외국환이라는 강점이 연결되었고, 서울은행의 신탁 업무가 결합되었으며, 보람은행의 고액 자산 관리 업무가 추가되었고, 충청 지역으로 확대되어 오늘날의 하나금융그룹이 되었다.

우리나라의 「국민교육헌장」에도 이런 정신이 명시되어 있다는 것이 놀랍다.

"타고난 저마다의 소질을 계발하고, 우리의 처지를 약진의 발판으로 삼아, 창조의 힘과 개척의 정신을 기른다."

좋은 이론만큼 실용적인 것은 없다.
(There is nothing so practical
as a good theory.)

- 변화관리 분야의 개척자,
커트 레빈(Kurt Lewin) 교수

Change
Chance

가장 많이
쓰는 모델

변화를 어떻게 시작해야 할지를 안다면, 변화관리의 절반은 성공한 셈이다.

조직의 변화관리를 시작하기 좋은 방법 중의 하나는 위기감을 높이는 것이다. 사람들은 안전지대를 선호하기 때문에 변화에 저항한다. 이들을 안전지대로부터 나오게 하려면 위기감을 높여야 한다.

위기감을 높인다는 것은 무엇인가? 그 위기를 모르거나 모른 척하는 직원들에게 지금 변화하지 않으면 심각한 문제가 발생할 수 있다는 현실을 보여 주는 것이다. 안전지대에 안주하려는 직원들에게 지금의 위기 상황을 인식시켜서 변화를 받아들이는 틈을 만드는 것이다. 이 틈을 지렛대로 변화 프로그램을 가동하는 것이다.

위기감을 높여야 하는 또 다른 이유를 보자. 세계적인 투자가인 워런 버핏(Warren Buffett)은 조직이 망하는 이유를 ABC라고 했다. ABC는 오만(Arroganc)과 관료주의(Bureaucracy), 현실 안주(Complacency)의 영문 머리글자를 딴 것이다.

오만한 사람은 자신이 잘하고 있다고 믿기 때문에 변화가 필요없다고 생각한다. 관료주의는 안정을 추구하는 시스템이기 때문에 변화를 위험한 것으로 본다. 현실에 안주하는 사람은 현재의 상황에 만족하고 편안하기 때문에 변화를 거부한다. 회사에 ABC가 있다면 변화는 어렵다. 이 상황에서 변화의 틈을 만들려면 위기감을 불어넣어야 한다.

위기감을 불어넣기는 쉽지 않다. 직원들은 많은 경험을 통해서 변화가 얼마나 피곤한 일인지 알고 있다. 특히 MZ 세대는 이해하지 못하는 일에 대하여 동의하지 않을 뿐만 아니라, 반대 의견을 자유롭게 제기한다. 그러므로 직원들에게 위기감을 불어넣는 방법은 설득밖에 없다. 강요해서 될 일이 아니다.

직원들을 설득하는 방법은 사실과 논리이다. '사실(fact)'은 실제로 일어난 일이며, 객관적이고 검증이 가능하다. 직원들이 검색으로 확인할 수 있고, 받아들일 수 있는 것들이다. '논리(logic)'는 원인과 결과 사이에 존재하는 보편 타당한 관계를 의미한다. 직원들의 입장에서 보면, 조직과 자신 사이의 인과관계이다. 이 논리 관계가 타당해야 위기를 인정하고, 변화를 받아들일 준비를 한다.

이 같은 '사실'과 '논리'는 무엇을 말하는가?
변화의 'Fact(사실)'는 기술의 발전, 세계화, 경쟁자이다. 새로운 기술이 지속적으로 등장하기 때문에, 기술 변화에 대응하지 않으면 변화에 뒤처진다. 글로벌화로 인하여 전 세계가 하나의 시장이 되었고, 경쟁은 더욱 치열해졌다. 글로벌화가 의미하는 것은 새로운 경쟁자가 지속적으로 출현한다는 것이다.

한편 'Logic(논리)'은 세 가지의 외부 변수인 기술의 발전, 세계화, 경쟁자의 상황을 구체적으로 나열하고, 이 '사실'들이 어떻게 자신의 조직에 영향을 주는지를 논리적으로 연결하는 것이다.

변화에 성공하는 기업들은 매년 연초의 신년 계획 발표부터 위기감을 높인다. 매년 내용이 비슷하다. 그해가 가장 힘들다는 것이다. 그럼에도 불구하고 기업이 그해의 어려움을 Fact와 Logic으로 잘 연결해서 설명하면 직원들의 마음이 움직인다. 나도 뭔가 해야겠다는 생각을 하게 된다.

이러한 구조를 가장 잘 제시한 전문가는 미국 하버드 대학교 경영대학원의 존 코터 교수다. 그는 저서 『변화를 리드하라』에서, 조직의 변화관리에 실패하는 것은 위기 의식을 불어넣지 못했기 때문이라고 밝혔다. 코터 교수의 변화관리는 기본적으로 비상 경영 또는 위기 경영이다. 그가 언급한 '직원들의 위기감을 높이는 방법'은 다음과 같다.

직원들의 위기감을 높이는 방법

- 경쟁 기업에 비해 가장 취약한 부분을 드러내라.
- 하위 조직 단위로 평가하지 말고, 전체 조직의 성과를 평가하여 직원들이 책임감을 갖게 하라.
- 경쟁 기업과 비교하여 고객 만족과 재무제표가 취약한 데이터를 만들어서 되도록 많은 직원에게 알려라.
- 불만 고객, 불만 공급업자, 불만 주주의 의견을 정기적으로 듣도록 직원들을 독려하라.
- 외부 컨설턴트를 이용하여 경영진 회의에 불만 데이터를 제시하고, 솔직한 토의가 되도록 만들어라.
- 경영진이 근거 없이 낙관적인 이야기를 하지 않도록 하라.
- 회사의 문제점들에 대한 솔직한 토론 내용을 사내 뉴스레터나 경영진의 연설문에 넣어라.
- 골프장 회원권, 콘도 회원권, 일등석 항공권 등의 사치성 자산을 매각하라.
- 매출, 이익, 생산성, 고객 만족 목표를 쉽게 달성하지 못하도록 과도하게 설정하라.

존 코터의 변화관리 8단계

① 위기감을 조성하라(Create urgency.).
② 변화를 주도할 그룹을 형성하라(Form a powerful coalition.).
③ 변화를 이끌 비전을 제시하라(Create a vision for change.).
④ 변화에 대한 비전을 공유하라(Communicate the vision.).
⑤ 직원들의 권한을 넓혀 줘라(Empower action.).
⑥ 단기적인 성공 사례를 만들어라(Create quick wins.).
⑦ 변화 속도를 늦추지 마라(Build on the change.).
⑧ 변화를 정착시켜라(Make it stick.).

점진적 변화인가,
급진적 변화인가

    기업이 변화를 추진하는 이유는 기업의 현재 상태와 외부 상태 사이에 차이(gap)가 발생하기 때문이다. 외부 환경에 해당하는 새로운 기술의 출현, 세계화로 인한 시장의 변화, 새로운 경쟁자의 출현이 그 차이를 유발한다.

    기업은 변화하는 외부 환경에 대응하면서 자신이 원하는 미래(desired future)를 만들기 위해서 변화를 시도한다. 자신이 원하는 미래를 만드는 방법으로 점진적(incremental) 변화와 급진적(transformational) 변화가 있다.

    점진적 변화와 급진적 변화에 대한 명칭은 다양하다.

점진적 변화 incremental	급진적 변화 Transformational
진화적 변화 Evolutionary	혁명적 변화 Revolutionary
지속적 변화 Continuous	불연속적 변화 Discontinuous
지속적 흐름 Continuous flow	단편적 변화 Episodic
계획된 변화 Planned	예상치 못한 변화 Unplanned
거래적 변화 Transactional	변혁적 변화 Transformational
전술적 변화 Operational	전략적 변화 Strategic
선택적 부분 변화 Local option	시스템 전체 변화 Total system

점진적 변화는 서서히, 조금씩, 누적적으로, 좁게 변화하는 것이다. 외부 변화에 지금 당장, 갑자기, 급격하게 대응할 필요 없기 때문이다. 점진적 변화는 구체적인 부분에 대하여 조직의 전략과 구조를 개선하고, 조정하고, 발전시키는 변화를 점진적으로 하는 것이다.

점진적 변화관리의 목적은 '생산성 향상, 비용 절감 그리고 직원의 업무 능력 향상' 세 가지로 요약할 수 있다. 그 대표적인 방법은 다음과 같다.

1. 생산성 향상을 위한 신기술 도입 및 응용
2. 비용 절감을 위한 업무 프로세스 개선
3. 직원의 업무 능력 향상을 위한 교육 프로그램 도입

외부의 변화 요구에 점진적으로 대응하는 방식은 현재 하고 있

는 것을 더 잘하는 것이다. 예를 들면, 강력한 경쟁자의 출현으로 어쩔 수 없이 경쟁자의 방식을 따라 하는 경우이다. 경쟁자의 가격 하락 전략에 대응하기 위하여 상품의 생산량을 늘려서 가격을 낮추는 경우다.

이 점진적 변화는 조직을 근본적으로 바꾸는 것이 아니다. 조직의 현재 프레임(frame) 안에서 일어나기 때문이다.

컬럼비아 대학교의 버크(Burke) 교수에 따르면, 조직 변화의 95%는 점진적 변화이고 대부분의 기업은 외부 환경변화에 점진적으로 대응한다. 점진적 변화는 조직 프레임 내에서의 변화이기 때문에, 점진적 변화를 통해서는 근본적인 조직 변화를 기대하지 않는다.

반면에 급진적 변화는 경쟁의 판을 바꾸거나, 게임의 룰을 바꾸는 것이다. 기업의 조직을 완전히 바꾸기 때문에 다른 일을 하는 것이다. 따라서 기존의 기업이 갖고 있는 프레임을 깨거나 변형시켜야 한다.

급진적 변화는 다가올 미래(coming future)의 기회나 위기를 미리 예상하여 기업의 본질을 재정의하는 것이다. 급진적 변화는 일하는 방식, 새로운 목표 설정, 조직 구조의 변화를 의미한다. 그렇기 때문에 과감하게 시작하고, 속도가 빠르며, 적용 범위가 넓다. 최대한 빨리 효과적인 방법을 찾으려고 하기 때문에 직원뿐만 아니라 조직 전체에 영향을 미친다.

급진적 변화의 간단한 사례를 보자. 식품 제조 기업이 새롭게 각

광받는 반려견 푸드 시장으로 진입한다고 가정하자.

우선 최고 경영진이 그 시장에 들어갈지를 검토하고 결정해야 한다. 기존의 식품을 계속 생산할 것인가, 반려견 푸드의 포장 용기를 캔으로 만들 것인가, 유리 제품으로 만들 것인가를 정해야 한다. 그 캔은 자체 조달할 것인가, 외부에서 구입할 것인가에 따라 공급망이 달라진다. 그 이외의 의사 결정 사항이 꼬리를 문다.

또 다른 급진적 변화의 형태로는 조직 재설계(reengineering), 조직 구조 조정(restructuring), 기업 혁신(corporate innovation), 기업 인수 합병 등이 있다.

이와 같은 급진적 변화는 인력 구조 조정, 주력 사업 교체, 신규 사업 진출, 중복 사업의 통폐합 및 축소를 통해 미래의 환경 변화에 대응하는 것이다.

조직이 급격한 변화를 선택하는 이유는, 새로운 기술의 출현으로 자신의 상품과 서비스가 더 이상 쓸모가 없게 되었거나, 상품과 서비스에 대한 수요가 급격히 감소했기 때문이다. 고객들이 더 이상 그 기업의 상품과 서비스를 찾지 않아서, 생산 설비가 남아돌기 때문이다. 기업이 크게 성장했으나, 조직이 관료화되어 조직 운용에 소요되는 비용이 지나치게 많기 때문이다. 급격한 변화를 선택하지 않으면 기업 경쟁력을 유지하지 못하고, 결국에는 생존하지 못하기 때문이다.

점진적 변화에 실패하여 어쩔 수 없이 선택하는 급격한 변화는 고통을 수반한다. 조직 통폐합, 업무 재조정, 인력 구조 조정은 같이 일하던 동료와의 이별을 의미한다. 익숙하게 처리하던 업무가 바뀌고 자신의 자리도 안전하지 않다. 그러나 이런 고통스러운 변화를 통해 조직은 성장의 기회를 갖는다.

하나금융그룹은 인수 합병으로 성장한 기업이다. 직원들은 하나은행을 HSBC로 불렀다. Hana은행, Seoul은행, Boram은행, Chungcheung은행의 앞 글자를 따서 만든 이름이다. 거기에 KEB 외환은행까지 통합하여 KHSBC로 성장했다. 5개 은행이 합쳤다는 것은 많은 직원이 떠났다는 뜻이다. 인수 합병 과정에서 인력 구조 조정은 당연한 수순이었다. 옆에서 같이 근무하던 직원이 떠나는 모습은 지금도 가슴을 먹먹하게 한다.

인수 합병이 끝나면, 인수 후 통합(PMI, Post Merger Integration) 과정이 기다리고 있다. 은행의 각 지점들을 통폐합하고, 업무를 통합하고, 조직을 재편하고, IT 전산을 통합하고, 각종 문서를 단일화한다. 직원들은 조직 문화를 위한 팀워크 연수에 참가하고, 낯선 업무에 대한 교육 연수를 받고, 낯선 직원들과 친숙해져야 한다. 이 변화와 혼돈이 3년 내지 10년까지 이어진다.

상향식 변화인가, 하향식 변화인가

조직의 변화를 누가 주도할 것인가는 중요하다. 상향식(Bottom-up) 변화는 직원들이 주도한다. 상향식 변화는 직원들이 중심이 되어 조직의 문제점을 진단하고 변화를 실행한다. 직원들이 조직 변화의 모든 과정에 참여하고 결과를 도출하므로 변화에 대한 저항을 줄일 수 있다. 직원들이 주도적으로 참여하기에 변화의 과정을 통해서 배운 지식과 교훈이 조직 내에 실질적으로 적용된다.

상향식 변화는 과정 중심(process-driven)의 변화관리다. 품질 개선과 비용 절감이 목표인데, 이를 달성하기 위하여 직원들을 참여시키는 것이다. 이런 측면에서 과정 중심의 변화관리는 사람 중심의 변화관리이다. 직원들의 속마음을 이해해야 변화를 지속적으로 이끌 수 있다. 변화에 대한 직원들의 이해, 설득, 동기 부여, 주인 의식(ownership)이 중요하다. 과정 중심의 변화관리는 이런 항목에 공을 들여야 하기에, 준비 기간이 길고 속도도 느리지만 성공률은 높다.

상향식 변화의 장점은 직원들이 변화에 애착을 가진다는 점이다. 직원들이 중심이 되어 참여하기 때문이다. 반면에 조직 변화가 주로 직원 레벨에서 이루어지므로, 조직 전체의 목표와 변화 방향이 불일치하거나 의사 결정이 늦어질 수 있다. 또한 경영진의 지원이나 관심이 부족할 경우에는 관련 부서와의 협력과 의사소통에 어려움을 겪을 수 있다.

상향식(Bottom-up) 변화의 구체적인 사례

1. 도요타의 Kaizen(개선) 형태의 프로그램
2. 고객 만족(customer satisfaction) 향상 프로그램
3. 애자일(agile) 팀 운영
4. 직원이 주도하는 혁신 연구소(innovation lab) 운영
5. 해커톤(hackathon) 운영
6. 린(lean) 재고 관리 프로그램
7. 유연 근무제 도입
8. 사무 자동화 도입
9. 품질을 떨어뜨리지 않는 비용 절감 프로그램 도입
10. 액션 러닝(action learning) 팀 운영
11. 지식 공유(knowledge sharing) 플랫폼 운영
12. 일과 삶의 균형(work-life balance) 프로그램 도입

하향식(Top-down) 변화는 경영진이 시작하고 주도한다. 경영진이 조직 변화를 결정하고 프로세스를 진행하기 때문에 조직 전체에 강력한 영향을 미친다. 경영진이 직접 변화 전략, 목표와 실행 계획을 조직의 위계 질서를 통해 실행하므로 변화가 신속하게 진행된다. 경영진이 직접 변화를 주도할 만큼 긴급한 경우에 활용한다.

하향식 변화는 결과 중심적(results-driven) 변화관리라 할 수 있다. 조직 변화를 위한 뚜렷한 목표가 있고, 그 목표를 달성하는 과정에서 취해야 할 구체적인 행동 지침이 있으며, 그에 상응하는 책임이 주어진다. 목표를 측정할 수 있는 핵심 성과 지표(KPI, Key Performance Indicators)를 설정하여 목표 달성 여부를 수치화한다. 데이터를 중심으로 실시간 피드백을 받고, 변화를 추진할 자료를 제시하기 때문에 변화의 추진력을 얻는다.

하향식 변화의 장점은 변화의 방향을 명확하게 설정하고, 조직 목표와 일치시키기 수월하다는 것이다. 의사 결정이 경영진 레벨에서 이루어지므로 일관성 있는 추진도 가능하다. 구체적인 목표가 있고 눈에 보이고 측정가능한 지표를 관리하기 때문에, 변화 추진 과정에서 길을 잃지 않고 변화를 지속할 수 있다. 단점은 변화의 의사 결정 과정에 배제된 직원들이 변화에 저항할 가능성이 높다. 또한 변화를 실행할 직원들의 지식과 현장의 목소리가 변화 프로세스에 충분히 반영되기 어려운 면이 있다.

하향식 변화를 시도할 때, 경영진이 외부 컨설팅 업체를 통해 변화 프로그램을 도입하기도 한다. 이 과정에서 세계적인 컨설팅 회사들이 우리의 경영 전략, 인사 급여, 전산 시스템 분야 등에 영향을 크게 미쳤다.

하향식(Top-down) 변화의 구체적인 사례

1. 기업 인수 합병(Merger & Acquisition)
2. 조직의 구조 조정(Restructuring)
3. 조직 재설계(Reengineering)
4. 전략적 제휴(Strategic Alliance)
5. 합작 투자(Joint Venture)
6. 기업 혁신(Corporate innovation)
7. 전사적 디지털 전환(Digital Transformation)
8. 기업의 사회적 책임(Corporate Social Responsibility)
9. 전사적 품질관리(Total Quality Management)
10. 6 시그마(Six Sigma)
11. 전산 시스템 교체(IT System Upgrade)
12. 국제표준기구 9000 품질 보증 및 관리(ISO 9000)

변화관리 과정에서 현실적으로 상향식 변화와 하향식 변화를 혼합한 하이브리드(hybrid) 형식을 취하게 된다. 변화관리의 계획과 실행은 경영자와 직원의 상호 작용으로 구성되기 때문이다. 따라서 이 두 가지 방법을 보완하여 추진해야 한다.

가장 단순한 변화관리 3단계 모델

변화관리의 모델을 최초로 제시한 사람은 미국의 조직 심리학 교수인 커트 레빈이다. 그의 이론에 따르면, 조직 체계에는 두 가지 힘이 존재한다. 현재 상태를 유지하려는 힘과 현재 상태를 바꾸려는 힘이 그것이다.

이 두 힘은 반대편에서 마주보고 있다. 두 힘이 동일하게 균형을 맞추면, 관성에 의해 변화가 일어나지 않는다. 변화를 위해서는 조직의 관리자들이 변화의 힘을 증가시키거나, 변화에 저항하는 힘을 줄여야 한다. 아니면 둘 다를 해야 한다.

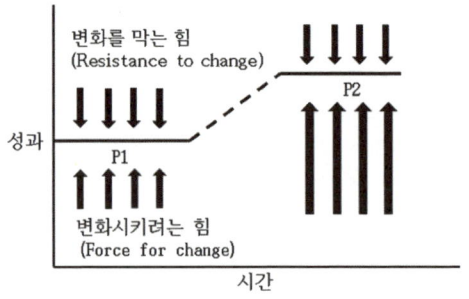

출처: Robbins & Judge(2014), 저자 수정

그림에서 보듯, P1은 균형 상태로 변화가 일어나지 않는다. 변화시키려는 힘(Force for change)과 변화에 대한 저항(Resistance to change)이 동일하다. 조직이 P2의 성과를 내기 위해서는 변화시키려는 힘을 강화하고 변화에 대한 저항을 감소시켜야 한다. 아니면 두 가지 모두 해야 한다.

레빈 교수는 외부 요인에 의한 변화의 힘보다는 기업 내부의 '변화에 저항하는 힘'을 줄이는 것이 더 중요하다고 강조했다. 내부의 저항을 줄여야 직원들의 참여도가 높아지고, 변화의 지속성이 증가하기 때문이다. 그는 기업이 목표를 달성하기 위한 3단계 변화 프로세스를 제안했다.

레빈의 3단계 모델은 다음과 같다.

1. 해빙(Unfreezing)
2. 이동(Moving)
3. 재결빙(Refreezing)

1단계: 해빙(Unfreezing)

변화시키려는 힘과 저항하려는 힘의 균형을 깨는 단계이다. 이 단계에서는 변화의 필요성을 알리고, 변화를 위해 무엇이 필요한지를 설명해야 한다. 이를 통해 직원들이 변화를 이해하고 수용하게 함으로써 행동과 태도를 바꾸도록 유도한다. 또한 경영진은 변화를 적극적으로 지원하고, 직원들이 느끼는 걱정과 불안을 파악하여 이를 해소해 주어야 한다.

2단계: 이동(Moving)

변화를 실행하는 단계이다. 이 단계에서는 새로운 정책, 제도, 업무 방식 등을 도입하고, 직원들이 변화 과정에 직접 참여하게 한다. 그들이 기존의 익숙한 사고방식을 버리고 새로운 관점을 배우며 적용하도록 돕는 것이다. 이를 위해 교육과 훈련을 제공하고, 변화 과정에서 발생하는 어려움을 지원하며, 소소한 성공 사례를 공유하여 구성원들이 변화의 효과를 직접 체감하게 한다.

3단계: 재결빙(Refreezing)

변화된 상태를 유지하는 단계이다. 이 단계에서는 변화된 방식이 새로운 기준으로 자리잡도록 조직의 제도와 문화를 정비해야 한다. 변화 과정에서 도입된 새로운 업무 방식, 규칙, 가치관을 조직의 표준 운영 절차에 통합한다. 정책, 제도, 평가 및 보상 시스템도 새 기준에 맞게 재정비한다. 또한 변화를 지속할 방법을 마련해 과거로 되돌아 가지 않게 하고, 변화로 얻은 성과와 성공 사례를 공유하여 변화의 결과를 유지해야 한다.

레빈 교수는 재결빙을 하지 않으면, 직원들이 과거의 습관으로 되돌아간다고 경고했다. 재결빙이 되면, 새로운 기준으로 업무를 해도 다른 직원들에게 어색하지 않고 편안하게 일할 수 있다. '내가 변화된 행동을 하면, 다른 직원들도 같은 행동을 할 것'이라는 신뢰가 형성되는 것이다.

레빈의 변화관리 3단계 모델은 다른 변화관리 모델들에 상당한 영향을 미쳤다. 존 코터(John Kotter)의 8단계 변화관리 모델, 워터맨과 퀸(Waterman & Quuin)의 7-S 모델, 샤인(Shein)의 문화변화 모델, 하이아트(Hiatt)의 ADKAR 모델, 버크와 리트윈(Burke & Litwin)의 원인 결과 모델은 모두 레빈의 모델을 응용하거나 확장한 결과물들이다.

현장에서 바로 적용하는 모델

　실행 연구(action research) 모델은 레빈의 3단계 모델을 현장에서 활용할 수 있도록 확장한 모델이다. '실행'은 현장에서 적용한다는 뜻이고, '연구'의 의미는 계획이다. 따라서 먼저 실행하고 계획한다는 의미를 담고 있다. 변화 프로그램을 실행하고, 그 실행을 관찰하여 다시 계획하고, 실행하는 과정을 순환하는 것이다.

　이 실행 연구의 뿌리에는 집단 역학(group dynamics)이 자리하고 있다. 기업에 속한 직원들은 개별적인 인간이 아니라 직원들 간에 서로 주고받는 상호작용에 의해서 영향을 받는 존재다. 그 상호작용에 집단이라는 힘이 작용하는데, 그 힘을 집단 현상으로 만들어 내는 것이다. 집단 현상을 형성해 가는 과정이 곧 '실행 연구'이다.

실행 연구, 즉 '실행과 계획'은 쉽고 논리적이다. 부서 이동이나 승진으로 새로운 부서를 맡은 경우에 쉽게 적용할 수 있다.

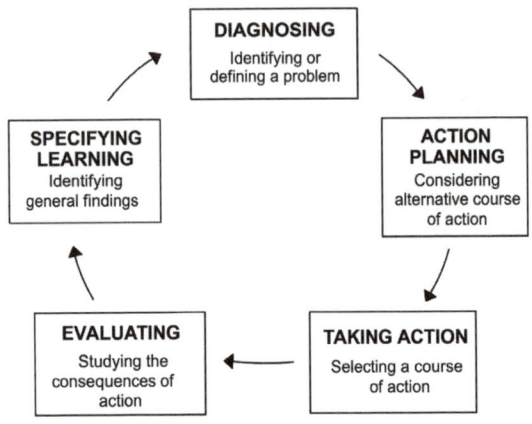

1단계: 진단(Diagnosing)

조직이 처한 문제의 본질을 이해하고, 변화의 필요성을 발견하는 단계이다. 올바른 진단 없이는 효과적인 계획도 실행도 불가능하며, 이 단계가 전 과정의 성패를 좌우한다.

조직에서 어떤 문제가 발생하고 있는지 현상을 파악하고 문제를 인식하는 단계이다. 정량적, 정성적 데이터를 수집하고, 다양한 직원들의 의견을 듣고 공감대를 형성한다. 표면적 증상이 아니라 근본 원인(Root Cause)을 찾아야 한다. 마치 의사가 환자를 진단하듯이 문제 증상을 파악하고 원인을 알아내는 것이다.

2단계: 실행 계획(Action Planning)

문제의 진단 결과를 반영하여 조직 변화의 방향을 설정하고, 구체적인 계획을 수립하는 단계이다.

원하는 미래 모습(future state), 즉 목표를 제시하고, 목표를 달성하기 위한 방법론을 선택한다. 구체적인 행동 주체와 자원을 확보하는 단계이다. 필요 인력, 시간, 공간, 도구 등의 자원을 확인하고 준비한다. 예상되는 문제와 대처 방안을 검토하고, 장애 요인을 예측하고 대안을 마련해야 한다.

변화 효과를 측정하기 위한 도구를 선정한다. 관찰, 설문, 기록, 테스트의 측정 도구를 선정하여 데이터 수집 방법과 분석 방법을 설계한다.

3단계: 실행(Taking Action)

2단계에서 수립한 계획을 현장에서 실제로 수행하는 단계이다. 실행 단계에서는 직원들의 참여가 중요하다. 직원들의 참여와 협력을 이끌어내기 위해 명확한 의사소통과 피드백 구조가 필요하다.

초기에는 전면적 도입보다는 파일럿 형태로 작은 규모의 실행이 효과적이다. 실행 중 문제가 발생하면, 초기에 바로 피드백을 반영하여 수정할 수 있어야 한다. 실행은 단기 프로젝트가 아니라 지속 가능한 변화로 연결되어야 하며, 조직문화와 연동되도록 설계해야 한다.

4단계: 평가(Evaluating)

실행의 결과를 분석하고, 그에 따른 피드백과 개선 방향을 도출한다. 성과와 한계를 파악하고, 향후 실천 방향을 설계한다. 다음 사이클로 연결되는 핵심적인 단계이다.

가장 쉬운 평가 방법은 변화 관리 전과 후(before and after)의 효과를 비교하는 것이다. 변화 프로그램의 초기 단계에 설정한 평가 기준과 비교하는 것이다. 정량적 자료(예 점수, 수치 변화)와 정성적 자료(예 인터뷰, 관찰 기록)를 함께 분석한다.

중요한 평가 포인트는 문제의 본질이 얼마나 개선되었는가이다. 단기적인 변화뿐만 아니라 장기적인 지속 가능성도 고려해야 한다. 의도하지 않았던 긍정적 또는 부정적 결과도 중요한 평가 대상이다.

이 단계에서 얻은 통찰은, 다음번 실행 계획 단계에 반영되어 지속적인 실천적 개선이 가능하게 한다. 그런 의미에서 평가 단계는 실행 연구의 본질인 순환적 학습과 변화의 핵심 축이다.

5단계: 학습 구체화(Specifying Learning)

실행과 평가를 거친 후, 무엇을 배웠는지 구체적으로 정리하고 체계화하는 단계이다. 이 단계는 단순한 반성을 넘어서, 실행을 통해 얻은 통찰을 명확히 하고 다음 실천에 적용할 수 있도록 지식화하는 데 목적이 있다.

이 단계에서 해야 할 질문으로는 "무엇이 효과적이었는가?", "무엇이 실패했는가?", "왜 그렇게 되었는가?"이다. 단순히 결과를 나열하는 것이 아니라 원인과 맥락을 연결해 의미를 부여해야 한다.

암묵적 지식을 조직 내에 명시적 지식으로 바꾸는 단계이다. 실행을 통해 알게 된 것을 언어화·문서화하여 공유 가능한 형태로 바꾸는 것이다.

개인 수준에서 조직 수준으로 학습을 내재화한다. 직원 개인의 수준에 머무는 교훈에서 팀, 조직 전체 집단의 학습으로 확산하여야 한다. 가장 쉬운 방법은 영구 보관용 보고서, 사례 발표, 매뉴얼 등으로 남기는 것이다.

가장 실용적인 변화관리 모델

실용적 변화관리 모델은 서울대학교 경영전문대학원의 배종훈 교수의 강의 내용을 재구성한 것이다. 배 교수는 '변화관리론' 수업에서 변화에 대한 저항을 줄이면서, 변화관리 이론을 현실에 맞게 적용하는 방법을 강의했다.

이 모델의 장점은 기업이 이미 가지고 있는 강점을 활용한다는 것이다. 기업이 가지고 있는 범위 내에서 변화를 이끌어 내는 방식이다. 기업이 이미 만든 과거를 긍정하면서 새로운 것을 받아들이기 때문에 실용적이다.

> ### 실용적 변화관리 모델 요약
>
> 1단계: 문제의 정의 및 진단(Genesis of Problem)
> 2단계: 변화 아이디어 찾기(Sourcing)
> 3단계: 협력자 활동(Connecting)
> 4단계: 비전, 참여와 주인 의식(Vision, Engagement & Ownership)
> 5단계: 변화 유지 (Sustaining)

1단계: 문제의 정의 및 진단

"성과 차이(Performance Gap, PG)를 위한 것인가,

기회 차이(Opportunity Gap, OG)를 위한 것인가."

- PG는 남들만큼 하자는 것이다. 목표를 효율성에 두고서 동종 업계 1위 기업만큼은 하자는 것이다. 벤치마킹을 통해 경쟁자만큼은 하자는 것이다.
- OG는 남들보다 더 잘하자는 것이다. 새로운 일을 찾고, 남들이 안 하는 것을 하려는 것이다. 비지니스 모델을 설계하여, 신상품이나 신제품을 개발하는 것이다.

2단계: 변화 아이디어 찾기

변화의 아이디어를 기업이 이미 가지고 있는 강점(Bright Spot)에

서 찾는 것이다. Bright Spot은 조직 내부에 존재하는 강점이자, 직원들이 인정하고 공감하는 요소이다. 지금 내부에 가지고 있는 강점을 활용하여 시스템을 재설계하는 것이다. 잘하고 있는 것을 더 잘할 수 있게 만드는 것이다. 내가 갖고 있는 범위 내에서 변화를 이끌어 내는 것이다.

이 방식은 다른 회사의 Best Practice를 통해 아이디어를 얻는 것이 아니다. 기존 직원을 교체해서 변화를 시도하는 것도 아니다. 존 코터처럼 직원들에게 겁을 주어 위기 의식을 조성하는 방식도 아니다.

이 방식을 격의(格義)라고 한다. 외부의 변화를 받아들일 때 자신의 것을 버리고 받아들이는 방식이 아니라, 자신의 장점을 바탕으로 받아들이는 방식이다. 외부의 변화를 받아들일 때 자신의 언어로 재해석하는 것이다. 이것은 중국이 인도 불교를 받아들일 때, 도가와 유교 사상을 바탕으로 받아들인 데서 유래했다.

3단계: 협력자 활동

2단계에서 변화의 아이디어를 찾았다면, 이제 그 아이디어를 확산시킬 협력자를 확보해야 한다. 변화를 확산하는 방법으로 말콤 그래드웰이 저술한 『티핑 포인트』를 활용했다. 티핑 포인트(Tipping Point)는 임계점, 한계점, 비등점처럼 어떤 순간에 급격한 변화가 일어나는 지점이다. 티핑 포인트의 특징은 소수의 직원에 의해 전염

되고, 작은 변화가 큰 변화를 낳고, 어느 시점이 되면 변화가 급격하게 일어나는 것이다. 이러한 변화를 일으키는 세 부류가 '커넥터, 메이븐, 세일즈맨'이다.

(1) 커넥터(Connector, 연결자)

직원과 직원을 연결시키는 데 탁월한 능력을 가진 사람이다. 많은 직원을 알고 있고 사교성이 좋아서, 직원들과 친분을 맺고 대화를 즐긴다.

커넥터는 다양한 사회적 네트워크에 걸쳐 있고, 서로 다른 집단 간에 다리를 놓아 준다. 아이디어나 트렌드가 퍼지도록 돕는 촉매제 역할을 한다. 한마디로 마당발이며, 입소문의 주요 원천이다.

(2) 메이븐(Maven, 전문가)

지식과 정보를 축적한 해결사이다. 회사의 다양한 정보를 잘 알고 있으며, 문제 해결을 위한 솔루션을 제시한다. 호기심이 많고 잡학다식하며, 새로운 기술이나 트렌드에 민감하게 반응하고 깊이 탐구한다.

정보 수집과 공유에 열정적이며, 알고 있는 내용을 자발적으로 전달한다. 직원들의 신뢰를 받고 있어 말에 영향력이 있으며, 메시지를 강요하지 않고 자연스럽게 전파한다. 커넥터의 역할도 겸할 수 있다.

(3) 세일즈맨(Salesman, 설득자)

세일즈맨은 타인의 마음을 움직이는 능력이 탁월한 직원이다. 이들은 단순히 말을 잘하는 게 아니라, 감정, 태도, 열정, 분위기로 사람을 끌어당긴다.

다른 직원들이 거부감을 느끼지 않게 자연스럽게 설득한다. 에너지, 열정, 카리스마가 있어서 감정적으로 끌어당긴다. 공감 능력이 뛰어나서 상대방의 감정을 잘 읽고, 말보다는 비언어적 방법으로 상대방을 쉽게 설득할 수 있다.

회사에 변화가 확산되려면, 커넥터가 직원들을 연결하고, 메이븐이 정보를 제공하며, 세일즈맨이 정보에 확신을 주고 설득해야 한다. 이 세 그룹의 직원들이 변화의 티핑 포인트를 만든다.

4단계: 비전, 참여와 주인 의식

비전은 변화관리의 성패를 좌우한다. 비전은 직원들에게 변화해 나갈 방향을 제시하고 설득하는 역할을 하기 때문이다. 직원들에게 회사가 지금 어디에 있고, 어디로 갈 것인지를 보여 주는 것이다. 비전은 회사의 변화를 의미 있게 만들어서, 직원들을 변화에 참여시키고, 동기 부여를 하고, 완성될 때까지 변화를 유지시킨다.

이 비전은 단순해야 효과를 낼 수 있다. 비전은 한마디로 KISS해야 한다. 'Keep It Short and Simple'한 메세지로 표현해야 직원들 간에 의사소통이 쉽고, 리더가 커뮤니케이션하기 수월하다.

커뮤니케이션하는 방법은 생생하게 보이게 하고, 다양한 소통 채널을 활용하는 것이다. 지루해서 읽지도 않는 회사 사보를 생생한 기사로 바꾸고, 의례적인 회의를 변화에 대한 흥미로운 토론장으로 바꾸고, 모든 의사소통 채널을 활용하는 것이다.

직원들을 변화에 참여시키는 것은 설득이다. 직원들은 현재 상황을 이해하고 납득할 때 행동을 바꾸는 이성적인 존재이다. 이때 '손실 회피 이론'을 활용하면 효과적이다. 즉, 변화를 통해 얻는 이익보다 변화하지 않아서 잃는 손해를 강조하는 것이 설득력 있다.

또 다른 방법은 감정에 호소하는 설득이다. 변화의 필요성을 열정적으로 표현하고 공감대를 형성하면, 직원들은 더 쉽게 마음을 열고 참여하게 된다.

이런 설득 과정을 통해 직원들이 변화에 참여하면, 심리적 주인의식(psychological ownership)이 생긴다. 이는 조직에 대한 유대감으로, 변화 프로그램을 자신의 일처럼 느끼는 상태를 말한다. 심리적 주인 의식을 가진 직원은 변화에 책임감을 갖고 적극적으로 시간과 노력을 투입한다.

5단계: 변화 유지

변화관리의 목적은 행동의 변화이고, 그 행동이 지속되어야 변화관리가 완성된다. 이를 위해서는 작고 구체적인 솔루션이 효과적이다.

예를 들어, 소규모 행사를 통해 직원들의 참여를 유도하는 것이다. 심볼, 슬로건, 성공 사례, 의식 등은 변화 메시지를 자연스럽게 퍼뜨리는 수단이다. 우수 직원의 성공 사례를 공유하고, 티셔츠 같은 상징물을 활용해 긍정적인 감정을 이끌어 낼 수 있다. 소규모 행사를 통해 직원들의 참여를 유도하는 것이다. 소규모 행사는 문제 해결이 아닌 긍정적인 홍보 전략이다. 즐겁고 자발적인 분위기를 만드는 것이 중요하다

또한 변화가 정착되는 단계에서는 자발적인 소집단 활동이 유용하다. 온라인과 오프라인의 소규모 팀은 집단 학습과 참여를 촉진하며, 사회관계망 서비스(SNS)는 공식 조직보다 더 큰 영향력을 발휘한다.

고장 나지 않으면, 고치지 마라.
(If it ain't broke, don't fix it.)

- 미국 지미 카터 대통령 행정부
예산 관리국장, 버트 랜스(Bert Lance)

제3장
장애물

Change
Chance

변화관리의
70%는
실패한다

세계적인 컨설팅 회사인 맥킨지의 보고서에 따르면, 변화를 시도한 기업의 70%가 실패했다. 하버드 대학의 비어(Beer)와 노리아(Nohria) 교수가 공동 연구한 논문에서도 변화를 시도한 기업의 70%가 기대한 결과를 얻지 못했다. 또 다른 연구에서도 직원의 20%만이 변화를 수용하고, 20%는 반대하며, 나머지 60%는 아예 관심이 없다고 했다.

회사가 변화에 실패하는 이유는 사람과 구조에 있다. '사람'은 회사의 직원들을 의미하고, '구조'는 변화 프로그램을 말한다. 직원들이 변화에 참여하지 않거나, 변화 프로그램의 완성도가 낮으면 실패할 가능성이 높다.

직원들이 변화에 참여를 망설이는 이유는 변화에 대한 두려움 때문이다. 직원들은 변화가 구체적으로 어떤 결과를 가져올지 모를 때 본능적으로 불안을 느낀다. 이미 익숙한 업무 시스템이 바뀌거나, 자신이 지금까지 쌓아온 회사에서의 역할이 바뀌거나, 새로운 기술에 대한 자신감이 부족하거나, 회사가 추진한 변화를 믿지 못할 때, 직원들은 변화에 저항(resistance)한다.

변화에 저항하는 직원들은 회사가 추진하는 변화를 평가절하하고, 기존 상태를 유지하려는 태도를 보인다. 이들은 침묵과 무관심으로 일관하거나, 변화 과정을 소극적으로 지켜보는 방식으로 저항한다.

직원들은 겉으로는 변화를 따르는 듯 보이지만, 실제로는 기존 방식을 고수하거나 협조하지 않는 태도를 보이기도 한다. 저항이 강한 경우에는 변화의 비효율성을 지적하며 공개적으로 불만을 표현하거나, 회의에서 노골적으로 반대하고, 문제점을 부각시키며 변화를 방해한다. 때로는 자신의 업무 처리를 의도적으로 지연시키기도 한다. 이들은 변화의 필요성을 알면서도 두려움과 불안, 업무 능력 상실이나 역량 부족에 대한 걱정으로 인해 변화에 저항한다.

직원들이 변화에 소극적인 또 다른 이유는 변화 프로그램의 완성도가 낮기 때문이다. 변화 프로그램이 변화의 필요성을 분명하게 설명하지 못할 경우에 직원들이 변화에 소극적이 된다. 변화 프로그램은 지금 회사의 문제가 무엇이고, 변화를 통해 얻으려는 것은 무엇이며, 변화의 범위는 어디까지이고, 변화가 회사에 어떤 도움이 되는가에 대하여 충분히 설명해야 한다.

변화에 대한 지원이 부족하면 직원들의 참여도는 낮아진다. 예산, 인원, 교육이 충분하지 않다고 느낄 때 직원들은 변화를 꺼린다. 특히 경영진이 적극적으로 나서지 않으면 변화는 기대하기 어렵다. 경영진의 지원과 솔선수범이 직원들에게 신뢰를 준다.

변화의 성과를 정량적 또는 정성적으로 측정할 지표가 있다면 변화 프로그램이 성공할 가능성이 높다. 변화를 통해 얻게 될 개선의 기준이나 측정 도구가 없다면 변화를 지속적으로 추진하기 어렵기 때문이다. 변화 추진 과정에서 누가 책임지고, 어떤 권한으로 결정하는지를 명확히 하고, 최종 목표를 달성하는 과정을 직원들이 볼 수 있어야 한다.

변화 프로그램이 조직의 미션, 비전 또는 전략적 목표와 일치하지 않을 경우에도 직원들은 변화에 주저한다. 변화의 방향이 회사의 핵심 가치와 충돌하면 변화 프로그램의 정당성과 근거를 의심하고, 변화의 효과를 부정한다. 회사의 장기적 목표와 변화 프로그램을 연결하여 직원들이 스스로 이해하도록 도와야 한다. 경영진은 직원들과의 충분한 대화를 통해 현재의 경영 환경을 고려할 때 변화관리 프로그램이 어떻게 미래의 전략적 목표와 부합할지를 명확하게 설명할 수 있어야 한다.

변화관리가 성공하려면 직원의 변화 의지와 변화 프로그램의 실행 도구, 이 두 가지가 모두 갖추어져야 한다. 의지 없이 도구만 있어서는 실행이 어렵고, 도구 없이 의지만 있어도 방향을 잃는다.

변화에 대한 직원들의 두려움과 불신은 다음과 같은 반응으로 나타난다.

<변화에 대한 직원들의 반응>

저항 이유	저항 방식
변화를 원하지 않는다. 변화가 직원에게 도움이 안 된다. 변화가 조직에 도움이 안 된다. 변화의 목적을 모르겠다. 변화를 이해할 수 없다. 변화에 참여하지 못한다. 현재 조직 문화에 맞지 않는다. 자신의 업무 능력이 부족하다. 변화에 대한 자신감이 부족하다. 불안을 느낀다. 현재 하는 일이 많다. 나에게 불리하다.	화를 낸다. 업무를 천천히 처리한다. 하던 대로 한다. 사회관계망 서비스(SNS)에 올린다. 동료들을 선동한다. 변화가 실패하길 바란다. 나쁜 소문을 퍼뜨린다. 변화를 무시한다. 변화를 부정한다. 험담한다. 핑계를 댄다. 강하게 저항한다.

출처: Cameron and Green(2020), 저자 수정

조직이
변화를
거부한다

앞 장에서는 변화에 저항하는 직원의 개인적인 면을 다루었다. 이번 장에서는 조직의 '보이지 않는 힘'에 관해 이야기하고자 한다. 기업의 경우에 보이지 않는 힘은 기업문화이다. 기업문화는 한 순간에 만들어지는 것이 아니라 오랜 시간에 걸쳐 조직의 역사, 경험, 환경 등이 복합적으로 작용하면서 형성된다. 기업문화의 대가인 에드거 샤인에 따르면, 기업문화는 "조직의 구성원들이 외부 환경에 적응하고, 내부에서 통합하는 과정에서 형성되고 공유되어 당연하다고 여기는 신념"이다.

이 신념이 변화의 걸림돌이 되기도 한다. 변화에 장애가 되는 요소는 관성, 관료주의, 성공 경험이다. 기업문화에 이런 요소들이 자리 잡으면 변화 프로그램이 작동하기 어렵다. 우선 이런 장애 요소에 대한 이해가 필요하다.

생텍쥐페리(Saint-Exupéry)는 『어린 왕자』에서 '어떤 대상을 볼 때 마음으로 보지 않으면 잘 보이지 않아. 가장 중요한 것은 눈에 보이지 않는 법이거든.'이라며 눈에 보이지 않는 것의 중요성을 강조했다.

회사 내부에는 '보이지 않는 힘', 즉 관성(inertia)이 존재한다. 물리학에서 관성은 물체가 현재의 운동 상태를 유지하려는 성질이다. 마찬가지로 조직에서도 현재의 구조, 프로세스, 의사결정 방식 등을 바꾸지 않으려는 힘이 있다. 조직의 관성은 다음과 같은 형태로 나타난다.

"지금까지도 잘 해왔다."
"이거 바꾸면 일만 더 늘어난다."
"실적에 문제 없는데 굳이 왜?"

관성은 오랜 기간에 걸쳐서 회사에 축적된 관습과 절차이다. 이러한 관습과 절차는 평상시에는 안정감과 신뢰감을 주지만, 변화가 필요한 경우에는 장애물이 되기 마련이다. 조직의 구조가 안정적일수록 외부로부터 자신의 시스템을 지키려는 관성이 강하다.

물리학에서 물체의 질량이 클수록 관성도 커지는 것처럼, 규모가 크고 업력이 오래된 기업일수록, 최고 경영자의 영향력이 클수록 관성이 강하다. 개인이나 조직이나 고집(inertia)이 강해진다.

공유 정신 모형(Shared Mental Model)에 따르면, 사람들은 기존의 인식 틀 안에서 현실을 해석한다. 더 나은 방법을 모색(Doing things better)하거나 다른 방식으로 하려고(Doing things differently) 시도하지 않는다. 조직은 관성적으로 움직이며, 성과가 악화되거나 최고 경영자 교체와 같은 극단적 상황이 되어야만 변화에 관심을 갖는다.

관료주의(Bureaucracy)가 팽배한 회사는 변화에 성공하기 어렵다. 관료주의가 지배하는 회사에서 최고의 가치는 규정을 준수하고 위계질서를 유지하는 것이다. 관료제에서는 권한을 중앙에 집중시키고, 명령 체계를 명확히 하고, 업무를 표준화하고, 규정과 절차를 공식화한다. 관료주의의 목표는 회사의 질서를 유지하고, 안정적인 조직을 만드는 것이다. 그러므로 기존의 룰을 따르면 어떤 비난도 받지 않는다.

대표적인 조직 형태는 군대, 정부 기관, 공기업, 제조업 기반의 대기업 등이다. 계층 구조가 뚜렷하고, 명령 이행이 우선이며, 상명하복의 체계이며, 규율 중심으로 운용되고, 규정과 절차가 많고, 연공서열이 강조된다. 변화보다는 통제와 일관성을 강조하고, 안정성과 형평성을 중시하고, 형식적인 절차가 중요하며, 유지와 관리를 우선시한다.

물론 관료주의가 무조건 나쁘다는 것은 아니다. 관료주의에는 장점이 있는데, 안정성과 비용의 효율성이다. 일하는 방식이 매뉴얼화되어 반복 업무를 빠르고 일관되게 처리할 수 있으며, 역할과 책임이 명확하여 중복이나 혼선이 줄어들고, 규정과 권한에 따라 의사 결정이 내려지므로 혼란이나 리스크 비용이 적고, 감시 및 통제 시스템이 견고하여 예산 낭비를 줄이는 데 효과적이다.

이런 안정적인 조직 체계로 인하여 변화관리에는 어려움이 있다. 관료 조직은 새로운 방식이나 유연한 사고가 필요한 변화 상황에서는 빠르게 대응하지 못한다. 상명하복 체계에서 하위 조직은 위에서의 결정을 기다려야 하므로 반응이 느리다. 관료주의하에서 직원들은 책임지지 않으려는 경향이 강하기 때문에 새로운 시도를 꺼린다. 이들의 생각은 다음과 같다.

"위에서 시키는 대로만 하자."
"나는 그냥 따르기만 하면 된다."
"좀 더 지켜 보자. 내가 먼저 하지는 말자."

경쟁 가치 모형(CVF, Competing Values Framework)을 개발한 미시간대학의 캐머런(Cameron)과 퀸(Quinn) 교수에 따르면, 관료주의는 보수적이고 신중한 유형으로 조직의 감시자 역할에 충실하다. 조직의 감시자로서 조직의 상황 분석, 직원의 규율 준수 여부, 업무의 수행 정도와 같은 관리적인 조직 운영에 유리하다. 또한 관료 조직은 조직 체계와 현재의 흐름을 유지하며 분쟁을 최소화하려고 한다. 이런 구조에서는 직원들이 기존 관행에 이의를 제기하거나 외부 변화에 의견을 내기가 어렵다.

성공 경험이 많은 회사도 변화를 꺼린다. 성공을 이끈 현재의 전략, 시스템, 프로세스가 효과적이라는 신념 때문이다. 새로운 시도는 과거의 성공을 어떻게든 건드리기 때문이다. 변화가 기존의 성공 공식을 깨뜨릴 수 있다는 두려움 때문에 조직은 변화보다 현재의 상태를 유지하려고 한다.

성공 경험에 지나치게 집착하면 새로운 아이디어나 외부 변화를 무시하게 된다. 외부 변수를 과소평가하고 자신은 과대평가하기 때문이다. 많이 알려진 사례가 노키아(Nokia)이다. 경쟁 회사인 애플에서 아이폰을 출시했음에도 시장의 변화를 알아차리지 못했다. 자신들의 3G 폰과 아이폰의 GSM을 테스트하고 자기네 제품이 훨씬 우수하다고 판단했다. 1.5m 높이에서 낙하 시험(drop test)을 실시한 결과, 아이폰은 부서졌으나 노키아 제품은 견뎌냈다. 노키아는 자신의 강점인 내구성을 가장 중요한 기준으로 내세웠다. 현재의 성공과 자기 확신으로 경쟁사의 장점에 소홀한 결과이다.

하버드 대학교 심리학과의 엘런 랭어(Elen Langer) 교수는 이런 현상을 '성공의 함정(Success Trap)'이라 불렀다. 이것은 과거의 성공 경험에 사로잡혀서 변화에 대응하지 못하고 몰락해 가는 현상을 가리킨다. 이러한 함정에 빠지는 이유는 외부 변화에 대해서 과거의 성공 방식으로 충분히 극복할 수 있다고 믿기 때문이다. 또한 과거의 성공에 주도적 역할을 한 직원들이 자신의 위치를 유지하기 위해 변화를 외면하기 때문이다.

기술 분야에도 첨단 기술의 함정(Trap of High-Tech)이 존재한다. 고도의 기능을 만들어낸 조직일수록 자만심에 빠져서 자신의 기술로 세상을 바라보는 것이다. 그 결과 회사의 문제를 자신의 기술로만 해결하려고 든다.

개인적인 일에서도 성공의 함정에 빠진 경우를 자주 본다. 존경하는 선배님께서 자신의 두 딸에게 만나지 말아야 할 남편감을 제시했다. 자수성가자, 예술가, 졸부, 이 세 부류이다. 자신의 성공 사례에 갇혀서 남의 말을 듣지 않고 고집이 세다는 이유에서다. 연애할 때는 매력적이지만 결혼하면 피곤하다.

변화당하는 것은 누구나 싫어한다

사람들은 대부분 변화가 필요하다고 인정하면서도 '나 빼고 전부 바뀌어야 한다'고 한다. 왜 이런 이중적인 생각을 할까. 이와 관련하여 미국 MIT 슬론 경영대학원의 피터 셍게(Peter Senge) 교수는 이렇게 말한 바 있다.

"사람들은 변화 그 자체가 아니라, 변화당하는 것에 저항한다 (People don't resist change. They resist being changed.)."

직원이 변화당하는 것에 저항하는 이유는 체면을 상실하기(loss of face) 때문이다. 기존 직원의 입장에서 보면, 회사의 변화는 이전의 방식이 잘못되었다는 것을 의미한다. 자신의 업무가 바뀐다는 것은 지금까지 쌓아 올린 자신의 노력이 부정당한다고 느끼기 때문이다. 새로운 기술 도입을 그동안 쌓아 올린 자신의 지식과 기술이 이제는 필요없다는 신호로 해석한 것이다.

캘리포니아 주립 대학교 버클리(UC Berkly) 경영대학원의 헨리 체스브로(Henry W. Chesbrough) 교수가 오픈 이노베이션(Open Innovation)을 제시했다. 이 오픈 이노베이션이 실패하는 이유도 체면과 관계가 있다.

오픈 이노베이션은 회사에 필요한 기술이나 아이디어를 외부에서 조달하는 혁신 프로세스다. 미 항공 우주국(NASA)이 이 혁신 프로그램을 실행하는 과정에서 내부의 저항에 부딪혔다. 엔지니어들이 외부 솔루션을 받아들이면서, 자신의 무능함을 드러내는 것 같다고 인식했기 때문이다. 이는 조직 내부에서 자신의 체면이 깎이면 변화에 방어적 태도를 취한다는 것을 보여 주는 사례이다.

직원들은 자신이 만들고 유지해 온 시스템에 감정적, 심리적 애착을 갖고 있다. 따라서 그들은 변화로 인해 여기까지 쌓아온 경력이 손상을 입는다고 생각하면서 방어적인 태도를 취하게 된다. 새로운 시스템에서 결점을 찾고 과거 시스템에서는 장점을 찾는다.

회사의 변화는 나의 자리에 대한 위협이다. 누군가 자신의 밥그릇에 손을 대는 것이다. 회사는 조직 개편으로 변화를 시작한다. 내 자리가 없어질 수도 있는 것이다. 조직에서 밀려나 본 경험이 있는 사람은 이해할 것이다.

부서를 책임지는 부서장의 입장에서는 직원들 보기가 부끄럽다. 자신이 노력해 온 업무가 부정당한다고 느낀다. 회사 전체에 알려진다고 생각하니 잠이 안 온다. 부하 직원들을 챙겨 주지도 못하고 각자 도생의 길로 가야 하는 상황이다. 힘 없는 부서장이 된 것 같아서 직원에게 미안할 따름이다. 임원의 입장에서는 더 심각하다. 연말을 기약하기 어렵다.

이런 결과를 예상하는 부서나 관계자는 극렬하게 반대한다. 가능한 모든 자료를 동원하고, 사내 인맥을 동원해서 자신과 자신의 업무를 방어하려고 한다. 변화를 바라지만 자신이 그 표적이 되는 것은 피하려고 한다.

변화를 당한다고 느낄 때, 직원들은 심리적으로 저항한다. 회사의 변화로 인하여 선택의 자유를 잃기 때문이다. 인간은 일반적으로 위험을 맞닥뜨리면 자유를 잃는다고 느끼고, 그 위험에 즉각적으로 대응함으로써 또 다른 자유를 얻고자 한다. 변화시키려는 대상에 대하여 조건 반사적으로 반대 행동을 한다.

심지어는 변화가 자신에게 이익을 주는 좋은 기회임에도 불구하고, 직원들은 자신의 선택의 자유를 위해 불이익이 되는 길을 선택하기도 한다. 예컨대 흡연자들은 담배를 끊으라는 말을 들으면, 이전처럼 담배를 계속 피거나 오히려 더 많이 핀다. 이렇듯 인간은 자유가 위협받거나 줄어들면 심리적으로 저항한다.

변화를 당한다는 것은 주체가 아니라 객체가 된다는 것이다. 객체가 된다는 것은, 나는 선택권이 없고 이유나 맥락을 모른 채 따라가야만 한다고 느끼는 것이다. 이런 경우에 직원들은 이렇게 생각한다.

'내가 결정하지 않았어.'
'내 의견은 중요하지 않아.'
'이 변화로 누가 이득을 보는 걸까.'

변화라는
간판을
내걸지 마라

교육 연수 프로그램에서 '변화' 하면 생각나는 것에 대하여 연수생들이 자신의 의견을 발표한 적이 있다.

'변화' 하면 떠오르는 것들

피곤하다	또 해야 하나	회사는 안 변하면서
개고생	말로만 하는 것	또! 회의
쓸데 없이 왜	무조건 하는 것	어디로 발령 가나
왜 하는지 모르겠다	언행 불일치	어느 부서가 광 파는 거야
또 시작이다	너나 변해라	

이는 '피곤, 불신, 책임 전가, 무의미, 사내 정치'로 요약할 수 있다.

왜 이런 반응이 나오는 걸까?

직원들은 이미 경험을 통해서 알고 있다. 일만 늘어나고 성과가 없었고, 변화를 외치던 리더들이 변하지 않았고, 거창하게 떠들다가 흐지부지 끝난 사례가 많았기 때문이다. 회사가 변화를 추진하면서 '변화 또는 혁신'이라는 간판을 내걸면, 직원들은 즉각 이런 반응을 보인다.

따라서 간판을 걸지 않고 변화의 효과를 내는 것이 현명하다. 큰 변회를 한 번에 추진하는 대신에 작은 변화부터 시작하는 것이다. 직원이 자신의 업무 중에서 쉬운 것부터, 작은 것부터 시작하게 돕는 것이다. 변화를 본격적으로 시도하기 전에, 변화의 이유와 목적을 명확히 밝혀서 직원들을 변화 과정에 참여시키는 것이다. 명확한 목표와 이유는 변화를 업무 부담이 아니라 성장의 기회로 여기도록 돕는다. 이해를 동반한 변화는 직원들을 참여로 이끈다. 직원들이 이해하지 못하는 변화는 저항을 낳지만, 이해를 동반한 변화는 직원들을 참여로 이끈다.

변화에 관한 설명과 설득 없이 갑작스럽게 추진하는 변화는 직원들에게 투쟁-회피 반응을 유발한다. 변화를 위협으로 인식하여 스스로 방어 메커니즘을 작동시킨다.

대표적인 사례가 정치권에서 주로 도입하는 '혁신 위원회'이다. 어떤 정당에서 변화와 혁신을 내걸면, 그 대상자는 공개적으로 변화의 타깃이 된다. 변화의 대상으로 낙인 찍히면, 당사자는 정치인생에 치명상을 입기 때문에 거칠게 저항할 수밖에 없다.

킴벌리 클라크(Kimberly-Clark)는 '세계 최초'라는 타이틀이 많다. 세계 최초의 기저귀 하기스, 세계 최초의 생리대 코텍스, 세계 최초의 티슈 크리넥스를 개발한 혁신 기업이다.

유한양행과의 합작 투자로 설립한 유한 킴벌리는 21년 연속으로 한국에서 가장 존경받는 기업으로 선정된 바 있다. 1984년에 '우리 강산 푸르게 푸르게' 캠페인을 시작한 이래, 국유림과 공유림에 5,700만 그루의 나무를 심고, 2030년까지 지속 가능한 제품으로 매출의 95% 이상을 달성한다는 환경 경영 목표를 세웠다. 최근에는 하기스 네이처 메이드 기저귀, 에코그린 물티슈, 플라스틱 프리 생분해 생리대, 씬테크 기저귀에 10년간 6,000억을 투자하는 등, 환경 분야에서 독보적인 국내 1위 기업이다.

이런 혁신 기업에 '혁신 위원회'와 같은 조직은 없다. 대신에 리버스 멘토링으로 젊은 직원들의 의견을 듣는다. 맘 프러너(Mom(엄마)과 Entrepreneur(사업가)의 합성어)를 활용하여 주요 고객층인 주부들의 의견을 청취한다. 유한 킴벌리는 '직원 경험(Employee Experience)'을 미래를 위한 중요한 가치로 보고, 실패를 두려워하지 않는 조직 문화를 구축하는 것을 목표로 삼고 있다. 150년 역사를 갖고 있는 혁신 회사에 '혁신 센터'가 없다.

21

친부 살인은 자산을 잃는다

후임자가 전임자의 유산을 완전히 갈아엎는 경우가 있다. 조직을 개편하고, 사람을 바꾸고, 전략을 수정하고, 브랜드를 바꾸고, 광고 모델도 바꾼다.

변화관리에서 전임자의 역사를 지우는 것을 '친부(親父) 살인'이라 부른다. 직원들은 승진이나 인사 발령으로 후임자가 되기도 하고, 전임자가 되기도 한다. 이런 과정에서 어떤 직원들은 자신의 역사를 쓰기 위해 전임자의 과거에 손을 댄다.

전임자의 유산을 지우는 이유는 자신의 존재를 부각시키기 위해서이다. 전임자의 기여를 인정하면 자신의 권위가 약해지고 아이디어가 빛이 바랜다고 생각하는 것이다. 그는 자신이 시도하는 변화가 '과거의 지속'으로 간주될 경우, 영향력과 능력이 부족한 사람으로 인식되는 것을 우려한다. 외부에서 영입된 사람이거나 회사에서 인정받으려는 욕구가 크면 클수록 전임자를 지우고 자신의 역사를 쓰려고 한다.

후임자는 전임자와 직접적으로 비교되는 것을 싫어한다. 후임자는 자신을 전임자와 분리함으로써 자신의 미래를 만들려고 한다. 후임자가 자신을 전임자와 분리하는 전형적인 방법이 있다. 기존 사업을 중단하고 신사업을 발표하며, 전략이나 정책을 변경하고, 조직을 개편하고, 부서 이름을 바꾸고, 브랜드를 변경하고, 핵심 인물을 교체한다.

그러나 친부 살인은 회사의 자산을 잃게 만든다. 전임자와 후임자가 적대적인 경우에는 더욱 그렇다. 경쟁과 불화로 주도권이 바뀌면, 전임자를 무조건 부인하려고 한다.

어떤 회사에서는 새로운 대표이사가 취임하면서 기존의 광고 모델을 바꿨다. 대중의 존경과 인기를 한 몸에 받고 있었음에도 시대적 흐름에 맞지 않다고 교체했다. 이후에 모델의 인기가 오히려 더 높아지자 이 회사는 비난을 받았다. 어떤 금융 회사는 신임 대표이사가 기존 프로골프 선수의 후원을 중단하고 새로운 선수를 직접 선정하기도 했다.

중국 공산당이 덩샤오핑〔鄧小平〕 사후(死後)에도 건재한 이유는 전임자의 유산을 제도적으로 유지했기 때문이다. 서울대학교 국제대학원의 조영남 교수는 중국 공산당이 집단지도(集體領導, collective leadership) 체제를 운영하여 정책의 일관성을 유지한다고 설명했다. 중국 공산당은 집단 지도 체제를 뒷받침하는 중요한 제도로 정치국과 정치국 상무위원회를 두고 있다. 권력 기구인 정치국 상무위원회에는 7명의 상무위원이 있다. 이들은 '삼중일대(三重一大)', 다시 말해 세 가지 중요한 업무와 한 가지의 대규모 결정은 반드시 집단지도 방식으로 정한다. 중대한 정책 결정, 중요한 간부 임면, 중요한 프로젝트 배정과 대규모 자금 사용이 그것이다. 상무위원 중에서 '총서기'는 중앙 공산당을 대표하여 전체 개혁의 방향과 중요한 경제 정책, 당무(黨務)와 인사권을 갖는다. 현재의 주석은 차차기(次次期) 국가 주석을 지명한다. 현재의 주석인 시진핑(習近平)도 전전(前前) 주석인 장쩌민(江澤民)의 지명을 받았다.

이런 시스템에서는 후임자가 판을 갈아엎을 이유가 없다. 차차기에 선임될 주석도 이 상무위원 중에서 나오고, 주요 정책과 프로젝트도 그 자신이 상무위원으로서 결정한 일들이기 때문이다.

중국 공산당이 집단 지도 체제를 도입하기 전에는, 일인 지배의 독재가 파벌 투쟁을 낳았고, 이 투쟁이 승자독식(winner-takes-all)의 원리에 따라 생사를 건 싸움으로 전개되었다. 승자가 반대파를 대규모로 숙청하는 악순환이 발생했다. 집단 지도 체제를 운영한 덕분에 파벌 간의 타협이 가능했고, 정치가 안정을 찾았다는 것이 조영남 교수의 평가이다.

　하나금융그룹의 경우, 후임 회장이 전임자의 유산을 물려받아 그룹을 더욱 성장시켰다. 전임자인 김정태 회장님이 영업의 달인으로 그룹을 이끌었고, 그에 못지않은 영업의 달인인 함영주 회장님이 외환은행과의 통합을 성공적으로 완수했다. 전임자와 후임자의 올바른 방향성과 조화가 오늘날 하나금융그룹을 성장시켰다.

내용이 허술하면
호프 데이로
끝난다

"잘못된 계획은 실패를 계획하는 것이다(If you fail to plan, you are planning to fail.)."

미국 건국의 아버지, 벤저민 프랭클린이 한 말이다. 경영자에게 필요한 능력은 설계 능력이다. 건축가가 건물을 짓기 전에 전체 과정을 설계하듯이, 변화관리 경영자는 변화 과정을 디자인해야 한다. 변화는 본질적으로 불안정한 과정이다. 그 불안정을 잡아주는 것이 바로 탄탄한 변화관리 계획이다.

변화를 설계하는 능력은 경영자의 핵심 역량이다. 변화관리 계획에는 변화 방향(비전) 설계, 커뮤니케이션 설계, 직원 참여 설계, 협업 설계, 교육 설계, 기업문화 설계가 포함된다. 이런 설계 계획

없이 변화를 시도하면 일회성 이벤트로 끝나는 경우가 많다.

단기적인 이벤트의 형태는 경영진과의 타운홀 미팅, 선언문 발표, 청년 중역 회의(Junior Board), 콜센터 방문, Kick-off 행사, 아이디어 공모전, 베스트 실천 사례 공유, 워크샵 등 다양하다. 그중에서 가장 많이 시도되는 이벤트는 '호프 데이(Hof Day)'이다.

변화관리를 위해 직원과의 대화를 강조하며 '호프 데이'를 한다. 부서별, 직급별, 지역별 '호프 데이' 일정을 정하고, 메세지를 전달한다. 사진 찍어서 올리고, 댓글 달고, 사진 콘테스트, 사내 방송, 퀴즈 이벤트를 기획하며, 인터뷰 영상도 제작한다. 홍보팀이 바쁘다. 하지만 전체 변화 과정을 설계하지 않으면 이러한 노력은 일회성 행사로 끝난다.

'호프 데이'처럼 형식적으로 끝나는 행사 중 하나가 보여 주기식 현장 방문이다. 현장 경험이 부족한 경영진이나 외부 출신 경영자들이 현장 방문을 계획한다. 하지만 현장의 프로세스를 보기보다 방문 횟수를 강조하거나 언론 홍보용으로 활용하는 경우가 많다. 직원들은 다 안다.

이 또한
지나가리라

　변화가 초기 단계에서 실패하는 이유는 직원들의 냉소주의(冷笑主義, Cynicism) 때문이다. 직원들은 변화의 이유나 기대 효과를 들어도 냉소적으로 반응하며 비난, 비평, 불평의 형태로 저항한다. '비난'은 회사에 책임을 돌리고 참여를 거부하는 태도이며, '비평'은 변화의 단점을 깎아내리는 방식이다. '불평'은 변화 자체를 불필요하다고 여기며 불만을 표현하는 것이다.

　옥스퍼드 사전에 따르면, 냉소주의자는 타인의 동기와 선의를 근본적으로 불신하고, 세상 사람들을 오직 자기 이익을 좇는 존재로 간주하는 부정적이고 회의적인 시각을 가진 사람이다. 그들이 즐겨 쓰는 표현을 보자.

> 전에 해 봤는데, 안 돼요.
> (We tried before and it didn't work).
> 얼마나 가는지 두고 봅시다.
> (Let's just wait and see how long this one lasts.)
> 그거, 비용 줄이려는 거예요.
> (It's just about cutting costs.)
> 어쨌든 우리 의견은 중요한 것 같지 않아요.
> (It's not like our opinions matter anyway.)
> 그냥 지켜보세요, 무슨 일이 일어나는지.
> (Just watch, what will happen.)
> 될 대로 되라.
> (Let it happen as it happens.)
> 이대로 망하게 냅두자.
> (Let it be ruined like this.)
> 이 또한 지나가리라.
> (This too shall pass.)
> 아직 아무것도 변한 게 없어요.
> (Nothing ever changes around here.)
> 본사에서는 현장에서 무슨 일이 일어나는지 몰라요.
> (Headquarters don't really know what's happening on the ground.)

경영 전문 학술지 〈AMR〉(Academy of Management Review)에 따르면, 직원들이 변화에 냉소적인 태도를 보이는 이유는 공정, 정직, 진실이라는 회사의 원칙들이 무너졌다고 믿기 때문이다. 변화를 촉진하는 과정에서 이런 원칙이 무너지면, 직원들은 회사의 변화를 액면 그대로 받아들이지 않는다.

직원들의 냉소주의는 정서적인 반응이다. 냉정한 판단이라고 하기보다는 회사에 대한 불신과 분노에 가깝다. 더구나 회사에 대하여 평소에 정신적인 괴로움을 겪거나 혐오감을 느끼는 경우에 냉소적이 되기 쉽다.

냉소주의자들은 회사를 폄하하는 행동을 한다. 회사의 미래에 대해 비관적인 시나리오를 만들고 회사의 부족한 부분과 문제점을 강하게 비판한다. 예컨대 회사의 변화 프로그램이 깊이가 없이 피상적이고, 문제의 소지가 있으며, 회사의 목표에서 벗어났고, 순진한 발상이며, 회사의 이익만을 위해 계획되었다며 무시한다.

하버드 대학교 경영대학원의 데이비드 가빈(David Garvin) 교수는 직원들의 냉소주의를 '군대의 벙커(Bunker)'에 비유했다. 그들은 마치 벙커에서 방어하듯이 회사의 변화에 고개를 숙이고 반복적인 공격에도 움직이지 않는다. 회사의 변화 계획을 무시하고, 그 주변에만 머물면서 상황이 지나갈 때까지 기다린다.

회사 내에 일단 냉소적인 분위기가 조성되면 비슷한 생각을 하는 직원들이 가세하면서 냉소주의가 확대된다. 그러므로 변화의 초기에 냉소주의를 막는 것이 중요하다. 경영진이 변화의 초기 단계에서부터 설득하고 지원하며 변화에 앞장서서 안내해야 한다. 처음부터 회사를 의심하고 부정적인 태도를 취하는 직원은 없다.

스타트업이 변화에 실패하는 이유

스타트업(Start-up)은 변화관리로 성공한 회사들이다. 그들의 성공 과정을 살펴보자.

첫 번째 단계는 고객을 찾는 것이다.

창업자는 사업 아이디어를 사업 모델로 설계하고, 고객에게 필요한 내용에 대해 가설을 설정하고, 테스트하고, 최소 요건 상품(MVP, Minimum Viable Product)을 만들고, 그 상품을 고객에게 제안한다.

두 번째 단계는 고객의 검증을 받는 것이다.

가설을 테스트하고, 초기 상품으로 고객의 이익 여부를 검증한다. 고객에게 이익이 없다면 첫째 단계를 수정하거나 더 많은 가정을 설정하여 테스트하고, 이익이 확실해질 때까지 반복한다.

스탠퍼드 대학교의 스티브 블랭크(Steve Blank) 교수는 '고객과의 지속적인 교류와 그에 따른 반복적인 수정'이 스타트업의 장점이라 보았다. 그에 따르면, 계획을 여러 번 실험하고, 고객의 피드백을 받아 영감을 얻고, 최소 요건으로 생산하고, 기존 계획을 반복하여 수정하는 것이 핵심이다. 잦은 실험으로 실패를 경험하고, 지속적으로 고객으로부터 배우는 방식이다.

농업용 로봇을 개발한 미국의 블루 리버 테크놀로지(Blue River Technology)의 사례를 보자. 창업자 조지 헤로드(Jorge Heraud)와 리 레든(Lee Redden)이 원래 개발하려던 것은 기업용 잔디 깎는 로봇이었다. 그런데 10주에 걸쳐 100명의 예상 고객과 만난 결과, 처음에 목표로 삼은 고객인 골프장들은 자신들의 기술에 관심이 없었다. 그래서 어쩔 수 없이 새로운 고객을 찾아 나섰다. 그들이 만난 것은 농부들이었다. 농부들은 화학용 잡초 제거제를 사용하고 있었는데, 그들은 로봇이 골치 아픈 잡초 제거를 도와주길 원했다. 잡초 제거용 자동 로봇의 거대 시장을 발견한 것이다.

이 로봇에 초점을 맞추고, 10주 동안 프로토 타입의 로봇을 만들어 테스트했다. 그리고 9개월 후에 300만 달러의 펀딩을 받고, 또다시 9개월 후에는 생산 준비를 마쳤다. 블루 리버는 머신 러닝을 이용한 '시 앤 스프레이 셀렉트(SEE & SPRAY SELECT)'라는 기술 개발에 성공했다. 분당 5,000장의 사진을 촬영하고, 인공지능(AI)이 0.02초 만에 잡초를 구별하여, 잡초가 자란 부분에만 제초제를 분사하는 자동화 로봇 기술을 개발했다. 이로써 화학 제초제 사용량을 10분의 1로 줄였고, 농촌의 노동력 부족을 해결할 수 있었다. 지금은 미국 최대의 농기계 생산 기업인 존 디어(John Deere)와 협력하여 사업을 확대하고 있다.

이런 접근 방식의 배경에는 수많은 실패 사례가 성공의 원천으로 자리하고 있다. 기존의 방식은 계획된 상품을 팔고 나서 고객들로부터 피드백을 받는 것이다. 몇 개월 또는 몇 년이 지난 후에야 고객들이 필요 없다고 하거나, 그들이 원하지 않는 상품임을 알게 된다. 권투 선수 마이크 타이슨(Mike Tyson)은 시합 전에, 계획이 화려한 상대편 선수를 향해 한마디를 던졌다.

"턱을 한 대 맞기 전까지는 모든 사람이 계획을 갖고 있다(Everybody has a plan until they get punched in the mouth.)."

스타트업들은 고객들과 빠르게 소통하며 빠른 실패를 거듭해서(from failure to failure) 성공에 이른다. 이와 유사한 방법이 애자일(Agile) 방식이다. 고객과의 끊임 없는 교류를 통해 작업 방식을 조금씩 발전시켜 나가는 것이다. 자신의 경계 안에 있는 것이 아니라 회사 밖으로 나가서 잠재적 사용자, 구매자, 파트너에게 묻는다. 애자일은 민첩하게 고객을 만나는 것이다.

서울대학교 경영대학원의 윤석화 교수는 병원 응급실을 사례로 들었다. 그는 미국 메릴랜드(Maryland) 대학교에서 박사 학위를 취득했는데, 학위 논문의 배경이 '볼티모어(Baltimore) 병원의 응급실

상황'이었다. 병원 응급실은 변화가 많고 불확실성이 높은 공간이다. 뷰카(VUCA), 즉 변동성(Volatile)과 불확실성(Uncertainty), 복잡성(Complexity), 모호성(Ambiguity)이 동시에 존재한다. 이 공간에는 명확한 공동의 목표가 있고, 전문 분야 의사가 있고, 다양한 환자가 있다. 응급 상황은 환자의 상황에 따라 다양하다. 응급 환자가 2명이나 3명으로 증가하면 상황은 더 복잡해진다. 외과 의사, 마취과 의사, 간호사가 환자들의 상황에 맞게 바뀌어야 한다. 환자의 상황에 맞추어 대응해야 하는 것이다.

캐나다 토론토 대학교 경영대학원의 로저 마틴(Roger Martin) 교수는 스타트업의 성장과 쇠퇴 과정을 4단계로 요약한 바 있다. 1단계는 창업자의 비전을 실현하는 단계이고, 2단계는 그 실현 방법(mechanism)을 굳건히 하는 단계이다. 그리고 3단계는 고객 피드백이 쇠퇴하는 단계이며, 마지막 4단계는 회사에 방어적 루틴이 확산되는 단계이다.

1단계에서 스타트업 창업자는 비전을 갖고 특정 시장을 겨냥한 상품과 그 시장을 공략하기에 적합한 조직을 구성한다. 미개척 시장에 진입하여, 경쟁하고, 시장을 확대하여 사업 계획을 실행한다.

2단계에서는 창업자의 아이디어와 비전을 달성한 방법을 운영한다. 비전을 실행하고 운영 메커니즘을 만들어서 내재화한다. 이 메커니즘은 예산 책정 및 자원 할당, 고용 및 교육, 행동 요령, 전략 개발, 제품 개발, 규범 등 조직의 모든 레벨과 분야에서 판단의 기준이 된다. 운영 메커니즘은 회사가 성장하면서 더욱 강화된다. 이 운영 시스템은 의도하지 않더라도 직원들의 생각과 행동에 영향을 미친다.

이후 3단계에 이르러 운영 메커니즘이 엄격해지면서 고객의 불만 사항과 피드백을 무시하는 현상이 나타난다. 가장 위험한 것은 견고한 운영 메커니즘이 시장의 신호를 무시하고 직원들의 귀를 막아 버리는 일이다. 고객에게 더 이상 질문하지 않고, 새로운 증거들이 주변에 있는데도 방관한다.

그리하여 4단계에서 방어적 루틴이 강화된다. 변화가 실패하는 것은 직원들의 신뢰감 부족이나 게으름 때문이 아니라, 조직 시스템의 거부 때문이다. 새로운 변화 계획은 제아무리 실현 가능성이 높다 하더라도 조직 시스템인 메커니즘과 필연적으로 충돌하게 되어 있다. 경직된 시스템은 문제를 제기하는 사람을 공격하고, 과거를 칭송하고, 고객을 탓한다. 하버드 대학교 경영 대학원의 시카르 고쉬(Shikhar Ghosh) 교수에 따르면, 스타트업의 75%가 망하는 이유는 1단계를 잊어버리기 때문이다.

인간의 뇌는 변화에 저항한다

뇌는 인간의 변화에 영향을 준다. 우선 우리 뇌에 대해 알아보자. 뇌의 무게는 1.4kg로 체중의 2.5% 정도에 불과하지만, 인체 에너지의 약 20%를 소비한다.

뇌의 기본 단위는 신경세포인 뉴런(neuron)이다. 뉴런은 세포체(細胞體, 세포 몸통, cell body), 세포체에 달린 수상돌기(樹狀突起, 나무의 가지 모양, dendrite), 세포체에서 뻗어 나온 축삭(軸索, 막대기 모양, axon)으로 이루어졌다. 뉴런은 서로 연결되어 감각 신호와 운동 신호를 전달한다. 이 연결 부위를 시냅스(synapse)라고 한다. 인간의 뇌에는 약 1,000억 개의 뉴런이 있고, 각 뉴런은 평균 1,000개의 다른 뉴런과 연결되어 100조 개의 시냅스를 형성한다(1,000억 개 × 1,000개 =

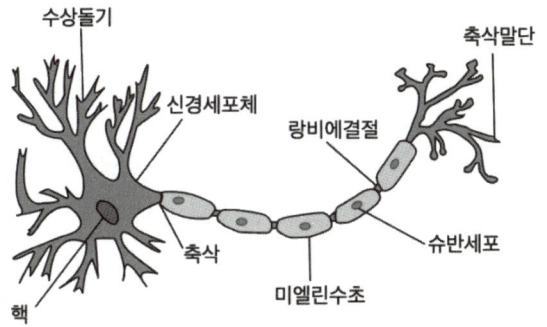

출처: 나무위키, 뉴런(Neuron, 신경세포)의 구조

100조 개). 이런 신경세포의 연결망을 뉴런 네트워크 또는 커넥톰(connectome = connection + map)이라 부른다.

미국에서 활동하고 있는 한국계 뇌과학자 세바스찬 승(한국 이름은 승현준)은 다음과 같은 말로 인간의 무한한 잠재력을 강조했다.

"당신은 당신의 커넥톰이며, 당신은 당신의 유전자보다 위대하다."

이제 뇌와 변화관리의 관계를 살펴보자. 신경 과학(neuroscience)의 관점에서 볼 때, 변화에 대한 뇌의 저항은 뇌의 경로 효율성, 뇌의 화학 작용, 뇌의 보상 시스템으로 나누어 볼 수 있다.

뇌는 자주 쓰는 신경의 경로를 더 강화하는 경로 효율성(pathway efficiency)의 원리에 따라 작동한다. 캐나다의 심리학자 도널드 헵(Donald Hebb)은 뉴런이 반복적으로 활성화되면 이들 사이의 연결이 강화되고, 강화된 연결은 더 강하게 활성화되어 빠른 통신망을 구축한다는 '헵의 규칙(Hebb's Rule)'을 제시했다. 이 규칙에 따르면, 경험에 의해 강화된 시냅스는 시간이 지나면서 고착화된다.

변화는 새로운 신경 경로를 만드는 과정이다. 새로 만들어지는 경로는 이미 활성화된 경로보다 효율성이 떨어지고 많은 에너지를 소모한다. 뇌는 본능적으로 에너지를 절약하려 하기 때문에 익숙한 신경 경로를 따라가며 기존의 행동 방식을 반복하려고 한다. 이러한 반복은 새로운 판단보다 기존 결정을 따르도록 유도해 습관으로 굳어진다.

뇌는 변화를 감지하면 스트레스 호르몬인 코르티솔(cortisol)을 분비한다. 이는 뇌의 편도체가 변화를 잠재적 위험으로 판단해 공포 반응을 유도하는 생존 본능에서 비롯된다. 코르티솔은 변화를 위협으로 인식해 변화를 거부하게 한다.

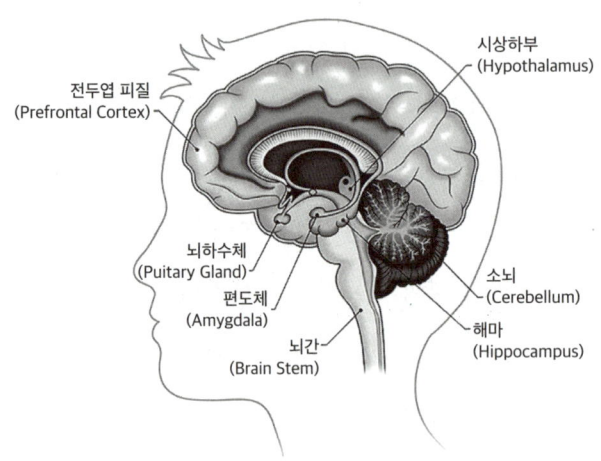

인간 뇌의 주요 구조(Major Structures of the Human Brain)

또한 뇌의 보상 시스템은 변화의 불확실성을 위험 요소로 간주한다. 반대로 익숙한 행동은 예측 가능하고 안전한 보상으로 평가하기 때문에 '기분 좋은 화학 물질'인 도파민(dopamine)을 분비한다. 뇌는 에너지를 절약하고 위험을 회피하도록 진화해 왔기 때문에 익숙하고 안전한 길을 선택함으로써 도파민을 얻으려 한다.

아인슈타인(Albert Einstein)은 '같은 몸인데 왜 머리와 얼굴을 씻을 때, 샴푸와 비누로 나누어 쓰는가?'라며 항상 비누로만 씻었다. 또한 옷장에는 똑같은 옷이 10벌 있어서 아침에 무엇을 입을지 고민하지 않았다. 애플의 스티브 잡스(Steve Jobs)도 검정 터틀넥만 200벌 구비했고, 메타의 마크 저커버그(Mark Zuckerberg)도 회색 티셔츠만 입었다. 이들은 옷 갈아 입는 일에 에너지를 쓰지 않았다.

성을 쌓는 자는 망할 것이며,
끊임없이 이동하는 자만이 살아남을 것이다.

- 돌궐족(Turk) 톤유쿠크(Tonykuk) 장군의 비문

제4장
역사

Change
Chance

임진왜란은
왜
일어났나

임진왜란(壬辰倭亂)은 임진년인 1592년에 일본이 조선을 침공한 (Japanese invasion of Korea) 전쟁이다.

조선은 오랜 평화에 안주했고, 주변국의 변화에 관심이 없었다. 오랜 평화가 오히려 내부 분열을 키웠고, 그 분열이 전쟁의 징후조차 무시하게 만들었다. 왕과 조정 대신들은 설마 전쟁이 일어나겠느냐며 안일하게 생각했다.

"Hope for the best, Plan for the worst.
(잘되기를 바라더라도 최악의 경우에는 대비하라.)"

조선은 전쟁에 대비할 수 있는 충분한 시간이 있었지만, 최악의 경우에 대비하지 않았다. 그 결과 조선은 너무 큰 피해를 입었고, 백성은 말로 다할 수 없는 고난을 겪었다.

임진왜란은 단지 과거의 사건이 아니라, 오늘날 기업이나 개인에게도 똑같은 교훈을 준다. 변화와 위기는 예고 없이 찾아오며, 대비하지 않으면 감당할 수 없는 일이 벌어진다. 임진왜란은 그 점을 가장 명확하게 보여 주는 살아 있는 교과서다.

외부 환경

일본에서는 도요토미 히데요시〔豊臣秀吉〕가 오랫동안 지속되던 전국 시대를 끝냈다. 긴 전쟁을 통해 수십만의 정예 부대를 얻고 나서 중국을 집어삼키고, 인도를 점령할 꿈을 꾸기 시작했다.

그 꿈의 배경에는 강력한 영주들이 있었다. 15세기 후반, 서양은 상인들을 앞세워 일본으로 밀려들었다. 그 영향으로 일본에서는 상업 도시가 발달했고, 새로운 신흥 세력이 등장했다. 신흥 상인 세력은 봉건 체제를 위협했다. 도요토미 히데요시는 신흥 상인 세력의 관심을 나라 밖으로 돌리고, 이미 구축한 막강한 군사력을 활용할 방안을 생각했다. 또한 통일 전쟁 이후에 실업자가 된 사무라이들에게 새로운 영지를 제공하려 했다.

당시 일본에는 총이 있었다. 1543년 규슈 남쪽 섬에 폭풍으로 표류해 온 포르투갈 상인으로부터 처음 총을 얻었다. 규슈섬의 영주가 총을 두 자루 구입해서 한 자루는 집안의 가보로 보관하고, 다른 한 자루는 무기를 만드는 장인에게 주어 똑같이 만들도록 했다.

1575년 오다 노부나가(織田信長)-도쿠가와 이에야스(德川家康) 연합군이 나가시노 전투에서 다케다 가쓰요리(武田勝頼)를 물리쳤다. 일본 역사상 처음으로 철포(조총) 부대가 주력군으로 나선 전투였다. 오다 연합군의 철포는 3,000자루, 다케다의 철포는 655자루였다. 철포를 적극 수용한 오다 노부나가는 다케다의 주력군인 기마 부대 1만 5,000명을 이겼다.

포르투갈은 은을 얻기 위해 철포를 일본에 팔았다. 전쟁이 끊이지 않는 일본에 철포를 팔고, 그 기술을 가르치면 막대한 이익을 얻을 수 있다고 생각했다. 누구에게 철포를 팔 것인가를 결정하는 것은 선교사들이었다. 선교사들은 포교와 동시에 무역 중개업자였다. 철포가 필요한 다이묘들은 선교사들의 말을 들을 수밖에 없었고, 다이묘들이 기독교를 받아들이기 시작했다.

이 시대적 흐름을 읽고, 적극적으로 받아들인 인물이 오다 노부나가였다. 그는 선교사들을 환영했고, 신학교와 교회 건설을 허가하고 후원했다. 선교사들이 가져온 진귀한 물건과 정보에 귀를 기울였다. 선교사들을 통해 얻은 철포와 철포 기술로 전국을 통일하는 전기를 마련한 것이다.

도요토미의 조선 침략 명분은 복수(復讐, revenge)였다. 1274년과

1281년에 원나라와 고려 연합군이 일본을 침공한 것에 대한 복수인 것이다. 일본이 쓴『정한록(征韓錄)』에 따르면, 고니시 유키나가〔小西行長〕가 조선에 보낸 서한에서, '조만간 조선의 왕궁을 함락시키고, 곧장 명나라로 쳐들어가 옛날 원나라가 우리나라로 난입한 복수를 하려 한다'고 기록하고 있다. 유성룡이 지은『징비록(懲毖錄)』을 보면, '옛날 고려가 원나라 군대를 안내하여 일본을 쳤으니, 일본이 이 원한을 조선에 갚고자 하는 것은 당연하다.'고 했다.

도요토미의 전쟁 선언문에서는 정당한 전쟁, 즉 '정벌(征伐)'이라고 노골적으로 표명하고 있다.『도요토미 히데요시보(豊臣秀吉譜)』에는 다음과 같은 대목이 나온다.

"예부터 중화는 우리를 여러 번 침략했으나, 우리가 외국을 정벌한 것은 진구코고〔神功皇后〕가 서쪽 삼한을 정벌한 이래 천 년 동안 없었다. 나는 비천한 신분으로 태어났지만 출세해 관백(關白: 천황을 대신하여 정치하는 직책)에 올랐으니, 무엇 하나 부족한 것이 없었다. 대장부가 어찌 백 년 인생을 헛되이 끝낼 수 있으랴! 이에 조카 히데쓰구가 제국의 수도를 지켜 일본국 안의 일을 관장케 하고, 나는 명나라로 들어가 황제가 되려 한다. 지난해 조선에 서한을 보내어 이 뜻을 전했으나 이제껏 답서를 보내지 않으니 벌하지 않을 수 없도다. 그러매 명나라를 치기 전에 우선 조선을 징벌할 것이다."

일본 에도 막부의 학자가 쓴『조선 정벌기(朝鮮征伐記)』에 따르면, 히데요시는 임진왜란이 발발하기 전부터 대륙 침공의 뜻을 품고 있었다. 오다 노부나가는 부하의 세력이 커지는 것을 용납하지 않았다. 따라서 히데요시는 자신의 공훈에 대한 보상으로 일본 내의 영토가 아닌 조선을 달라고 했다. 히데요시는 노부나가에게 서일본, 조선, 명나라 순서로 정복 계획을 보고했다.

대륙 침공을 선언한 도요토미 히데요시는 다이묘들에게 부대를 편성하고, 대한해협을 건너갈 배를 만들게 했다. 1592년 3월, 전쟁의 전초 기지가 될 나고야성〔名護屋城, 일본 중부의 나고야(名古屋)와는 다름〕이 완공되었다. 히데요시가 거주하던 오사카성 다음으로 거대한 규모로, 일본 전역에서 동원된 28만여 명의 병력이 여기에 집결했다.

내부 환경

1392년 조선이 개국한 이후로 200년 동안 직접적인 전쟁이 없었다. 평화가 지속되어 국방에는 관심이 없었고, 문관을 우위에 두는 제도와 정책을 시행해서 일선 군 사령관과 지휘관을 대부분 문관들이 담당했다.

당시 조선은 명종 대에 외척 세력들이 권력을 남용하여 자행한 학정(虐政:모질 학, 정사 정)의 잔재들을 정리하고, 붕당(朋黨: 벗 붕, 무리 당: 정치 집단) 정치의 기반을 닦고 있었다. 선조의 붕당 정치는, 성리학 지식으로 무장하고 화려한 언변을 자랑하는 신진 사림들 간에 때로는 협력하고 때로는 견제하는 파트너들의 정치이다. 하지만 붕당 정치는 제대로 자리매김하지 못하고 세력 경쟁으로 변질되었다.

선조 시대에 정권을 독점한 사림 세력은 학맥과 사상적 차이로 붕당이 형성되었다. 동인(東人)은 주리론(主理論: 우주의 근본을 '이(理)'로 보는 학설)에 사상적 배경을 둔 이황, 그의 제자 류성룡과 김성일, 조식의 제자 장인홍, 서경덕의 제자 허엽 등의 영남학파(嶺南學派, 경상도 지역)였다. 서인(西人)은 주기론(主氣論: 우주의 근본을 기(氣)로 보는 학설)에 근거를 두고 형성된 이이, 윤두수·윤근수 형제, 김계희, 정철, 성혼 등의 기호학파(畿湖學派: 경기도, 충청도 지역)였다.

주리론자들로 구성된 '동인'과 주기론자들로 구성된 '서인' 간의 정쟁은 시간이 흐를수록 극단으로 치달았다. 두 당의 대립을 줄이기 위해 대사헌 이이가 중재했으나, 1584년 49세의 나이로 이이가 사망하자 동인과 서인의 대립이 더 심해졌다.

동인이 조정을 장악하고 있었는데, 정여립의 모반 사건이 발생하여 권력은 다시 서인으로 넘어갔다. 서인의 정철이 위관이 되어 사건을 조사하면서 동인의 인사들을 제거했다. 이 사건이 기축옥사(己丑獄事)로, 무려 1,000명에 육박하는 사람이 죽임을 당했다. 그 결과 서인이 조정을 장악했다. 그러나 정철이 건저의 사건(建儲議事件: 왕세자 책봉 분쟁)으로 실각하자 다시 동인이 정권을 잡았다. 정철의 실각 이후 동인은 서인에 대해 대대적인 숙청 작업을 벌였고, 이때부터 인조 반정이 있기까지 30여 년간 집권하게 된다.

조선은 문관 중심의 사회였다. 군 지휘관까지 문관이 담당하여 한쪽으로 너무 치우쳤다. 더 큰 문제는, 문관이 병법을 배우지도 않고 경험을 쌓지도 않은 채로 현장에 배치된 것이다. 문관이 병법도 모르고 훈련도 받지 않았으니 군대를 제대로 이끌 수 없었다.

갑자기 전투 지휘관을 맡게 된 문관 사대부들은 전투가 시작되자마자 겁먹고 도주하거나 어이없이 지는 경우가 빈번했다. 류성룡은 조선에 진정한 장수 하나만 있었어도 왜적을 격퇴할 수 있었을 텐데, 수만 군사를 지휘할 장수 하나가 없었다고 한탄했다.

율곡 이이가 상소문을 올렸다.

"예부터 나라가 중엽에 이르면 안일에 젖어 쇠약해지게 마련입니다. 조선도 200년이 되어 이제 중엽으로 쇠퇴해 가는 시기입니다. 우리나라는 오랫동안 평화를 누려 태만함이 날로 더해 안팎이 텅 비고, 군대와 식량이 부족한 상황이어서 하찮은 오랑캐가 침범해도 온 나라가 술렁이는 상황입니다. 큰 적이라도 침범해 오면 아무리 지혜로운 자라도 계책을 써볼 수 없을 것입니다."

1555년, 명종 10년에 을묘왜변(乙卯倭變)이 있었다. 왜선 70여 척이 강진, 진도, 영암, 해남 등 전라도 해안 일대를 쑥대밭으로 만들고 약탈한 이 사건은 왜란의 징조를 미리 보여 주었다.

그러나 조선 조정에서는 전쟁을 준비하지 않았다. 군사 체제, 군사 동원, 군사 훈련, 무기 정비, 성곽 축성, 군량미 비축 등을 점검하지 않았다. 비변사(備邊司)를 설치한 것이 전부였다. 비변사는 외적의 침입 등 비상사태가 발생할 경우에 군사 문제를 협의하는 문무 합의 기구(文武合議機構)였다.

선조 23년인 1590년에 일본 사신이 와서 조총, 칼, 창과 공작 두 마리를 바쳤다. 선조는 조총을 군기시(軍器寺: 병기를 제조하던 관청)에 두라는 명령을 내렸다. 군기시에서 조총을 연구해서 복제품 170자루를 제작했으나, 정작 조정에서는 관심이 없었다. 신무기를 적국으로부터 입수하고도 그 중요성을 알아보지 못했다.

1592년 봄에, 조정에서는 신립 장군과 이일 장군을 각각 지방으로 보내 방위 태세를 점검하게 했다. 각 지방 관청이 무기와 군수 물자를 서류상으로만 써놓고, 실제 준비는 하지 않고 있다는 보고가 있었기 때문이었다. 류성룡이 점검을 다녀온 신립 장군을 따로 만나서 지방의 방비 태세를 묻자, 그는 걱정할 필요가 없다고 대답했다. 왜적들이 조총을 갖고 있으니 가볍게 생각할 일이 아니라는 류성룡의 지적에도 "비록 조총이 있다고는 하나 그게 쏠 때마다 사람을 맞힐 수 있습니까!"라며 일축했다.

조선의 대응

일본 전국을 통일한 도요토미 히데요시는 '명나라를 공격하고자 하니, 조선은 길을 빌려주어야 한다'고 협박했다. 하지만 조선은 받아들일 수 없었다. 끊임없이 통신사의 파견을 요구하는 일본의 태도를 심상치 않게 여긴 조선은 1590년 3월, 서인인 황윤길과 동인인 김성일을 일본에 통신사로 파견했다. 이 두 사람은 이듬해 3월에 한양으로 돌아왔다.

- **황윤길:** 저들은 틀림없이 공격해 올 것으로 봅니다. 도요토미는 눈빛이 반짝이고 지략이 풍부한 사람으로 보였습니다.
- **김성일:** 공격의 낌새를 발견하지 못했습니다. 도요토미는 쥐 같이 생긴 몰골로 두려워할 만한 인물이 못 됩니다.

서인인 통신 정사 황윤길은 일본이 많은 병선을 준비하고 있어 반드시 침략할 것이라고 주장했다. 반면에 동인인 김성일은 침략할 조짐이 없었을 뿐만 아니라 도요토미는 두려워할 만한 인물이 못 된다고 한 것이다. 서정관으로 동행한 허성은 동인이었으나 황윤길과 의견이 같았고, 김성일을 수행한 황진 역시 황윤길에 동의했다.

류성룡이 김성일에게 물었다.

"그러다가 왜군이 쳐들어 오면 어쩌려고 그럽니까?"

김성일이 답했다.

"나라고 어찌 왜적이 쳐들어 오지 않는다고 단정하겠소? 다만 온 나라가 의혹될까 두려워 그것을 풀어주려는 것이오."

서인 강경파인 조헌이 일관되게 왜침론을 폈다. 그는 대궐 앞에 자리를 깔고, 지부상소(持斧上疏)를 올렸다. 지부상소는 자신의 말이 틀리면 목을 쳐달라는 의미로 도끼를 메고 와서 올리는 '목숨을 건' 상소이다. 또한 선위사 오억령은 "일본이 다음 해에 조선의 땅을 빌려 명나라를 정복하려 한다"는 보고를 했다가 묵살당하고 도리어 파직을 당했다.

통신사가 도요토미 히데요시의 답서를 받아왔다.
"사람의 한 평생이 백 년을 넘지 못하는데, 어찌 답답하게 이 곳에만 오래도록 있을 수 있겠습니까? 국가가 멀고 산하가 막혀 있긴 하나 한번 뛰어 곧바로 대(大)명국에 들어가, 우리 풍속으로 400주의 명나라에 억만 년토록 제도의 정화를 시행하는 것이 나의 마음입니다.
내가 대명국에 들어가는 날, 사졸을 거느리고 군영에 임한다면 이웃으로서의 맹약을 더욱 굳게 할 것입니다. 나의 소원은 삼국에 아름다운 이름을 떨치고자 하는 것뿐입니다."

상반된 보고를 접한 조선 관료들은 동인과 서인으로 갈라져 자기 당의 인물을 비호했다. 조선 조정은 전쟁설을 퍼뜨려 민심을 혼란스럽게 할 필요가 없다는 판단에 따라, 김성일의 주장을 받아들였다. 전쟁 준비를 하고 군대를 키웠는데, 전쟁이 일어나지 않으면 세금 낭비로 비난을 받게 된다. 전쟁에 대한 중압감과 책임을 지고 싶지 않았고, 민심이 나빠질까 걱정했다. 이렇게 김성일의 의견은 동인의 공식 의견이 되었다. 전쟁은 그렇게 쉽게 나는 게 아니라고 하면서.

그래도 혹시나 하는 두려움이 있어서 이순신, 송상현 등을 남쪽 최전방에 배치하고 전국에 축성, 성곽 보수 등을 명했다. 그런데 이마저도 김성일이 「시폐 10조」를 올려, "섬나라 왜놈들보다 더 무서운 것은 민심의 이반입니다. 축성 등으로 백성의 원성이 날로 높아집니다."라고 비판하면서 폐기되었다.

임진년인 1592년 봄, 부산포의 왜관(倭館)은 이미 텅 비었다. 전쟁을 대비해 조금씩 모두 철수했다. 왜관에 머무르고 있던 왜인들이 본국으로 소환된 것이다. 그때서야 조선 조정은 일본의 대대적인 침략을 감지하고 무기를 정비하고 성을 구축하기 시작했다. 하지만 이미 때는 늦었다.

1592년 4월 13일 오후 5시, 일본의 20만어 병력은 9개 부대로 나뉘어 조선으로 쳐들어왔다. 일본은 서양에서 건너온 조총을 대량 생산하여 전쟁을 준비했고, 오랜 전쟁을 통해 연마한 병법, 무술, 축성술, 해운술 등을 갖춘 상태였다.

이순신은
어떻게
23승을 거두었나

　조선에는 이순신이 있었다. 국민들이 가장 존경하는 위인으로, 광화문 사거리에 그의 동상이 있다. 외적의 침략에 맞서 나라를 구하고, 백성을 사랑한 성웅(聖雄)이다.

　오늘날 우리에게는 보고 배울 롤 모델(Role Model)이 필요하다. 이순신이 스승이 되면, 어려움을 만나도 힘을 얻고, 두려움을 만나도 용기를 얻는다.

　변화는 두려움을 동반한다. 이순신은 이를 모두 극복하고 모든 전투에서 승리했다. 그의 전투 방식은 적의 상태, 자연 환경, 아군의 상황에 따라 매번 달랐다. 오늘날 급변하는 환경을 '이순신 정신'으로 대응한다면, 극복하지 못할 변화는 없다.

이순신은 1545년 3월 8일 한양 건천동(현재 중구 인현동~을지로 4가)에서 태어났다. 21세에 결혼하고, 인생 진로에 대한 고민 끝에 무인(武人)의 길을 걷기로 했다. 문(文)을 숭상하고 무(武)를 멸시하던 시대에 이순신은, 자신의 능력과 적성, 가정 형편, 인문적 소양, 군사 놀이에 대한 흥미, 무인이었던 장인의 영향 등으로 무인의 길을 선택했다. 28세에 무과 시험에 응시했으나, 시험 도중에 말이 고꾸라져 왼쪽 다리가 부러지는 사고가 발생하여 낙방했다. 4년 뒤에 재도전하여 합격했다. 이순신은 결혼하여 두 아들을 얻고, 과거에 합격할 때까지 10년간 힘든 세월을 보냈다. 이 시기에 몸을 단련하고 마음을 수양했다.

　무과 합격 이후 1년이 다 되도록 변변한 보직을 받지 못하다가, 겨우 종9품으로 함경도 삼수 고을의 권관(權管, 변방의 소대장 격임)으로 임명되었다. 3년 후에 종8품으로 승진하여 한양으로 돌아왔다. 훈련원의 봉사로 8개월 간 근무하고, 충청병사의 군관(참모)이 되어 충청도 해미로 이동했다. 이때 35세로 세 아들의 아버지가 되었다. 9개월 후에 종4품의 만호(萬戶, 지방 군영의 장수)로 승진하여 전남 고흥군 도화면 발포로 이동했으나, 한양 훈련원 시절에 앙심을 품고 나온 군기 검열관에 의해 18개월 만에 파직되었고, 종8품으로 강등되었다. 39세에 조선의 최북단인 경원 고을에서 국경 수비를 담당하는 권관으로 이동했다.

　부친이 73세로 돌아가시고 삼년상을 마쳤을 때, 이순신의 나이가 42세였다. 탈상을 마치고 조산보 만호로 승진하여 함경도 경흥 고을에 부임했고, 녹둔도의 둔전(屯田, 주둔한 군대가 경작하는 밭)을 관리하는 벼슬을 겸했다. 녹둔도는 두만강이 바다로 들어가는 입구에 위치한 삼각주에 있었다. 여진족이 녹둔도를 기습하여 조선군 10명이 전사했고, 주민 106명이 잡혀간 사건이 발생했다. 이때 이순신이 그 후미를 습격하여 주민 60여 명을 되찾아왔다. 여진족이 포로를 데려가느라 느려지고 분열된 틈을 노려 소수의 기병으로 습격한 것이다. '후퇴하는 적은 쫓는 것이 아니나'라는 병법에도 불구하고, 찰나의 빈틈을 놓치지 않은 판단력과 책임감을 발휘한 것이다.

여진족이 물러가자, 조선 측 장수들이 전사하고 곡물을 탈취당한 자신의 허물을 없애려고 부하 이순신을 모함하여 하옥시켰다. 그러나 이순신은 선조의 특명으로 처벌을 면제받고 백의종군(白衣從軍, 벼슬 없이 군대를 따라 싸움터로 감) 이후 복직했다. 이것이 첫 번째 백의종군이다.

47세에 전라좌도 수군 절도사로 발령을 받았다. 전라 좌수사는 여수에서 수군 5개 부대를 직접 지휘하고, 순천, 보성, 광양, 흥양, 낙안의 5관을 관할했다. 군선은 대맹선 7척, 중맹선 18척, 소맹선 12척, 예비 소맹선 28척이었다. 1555년 을묘왜변을 계기로 조선 군선은 맹선에서 판옥선으로 바뀌었다. 이순신은 여수에서 좌의정 류성룡이 보낸 병법서 『증손전수방략(增損戰守方略)』을 공부했다.

'수전, 육전, 화공전 등 모든 싸움의 전술이 낱낱이 설명되어 있는데 진실로 만고에 훌륭한 책'이라고 『난중일기』에 적었다.

이순신은 대단한 집안 출신이 아니었다. 할아버지는 중종 때 사림파에 동조하여 기묘사화로 벼슬길이 막혔다. 아버지는 음보라는 벼슬을 했으나 가난한 평민으로 살았다. 가난을 벗어나지 못하자, 어머니는 시집 식구를 모두 데리고 친정 동네인 충청도 아산으로 이사했다. 외가인 충남 아산 백암리가 이순신의 두 번째 고향이 된 이유이다.

외부 환경

1592년 4월 13일 왜군이 부산에 상륙했다. 일본이 임진왜란을 준비한 병력은 총 30만 명 규모다. 선발 부대 13만, 후발 부대 6만, 수군 9,000명, 나고야에 주둔한 예비 부대 10만 명이다. 제1진의 고니시 유키나가(小西行長)는 조선의 가운뎃길인 조령을 넘고, 제2진 가토 기요마사(加藤淸正)는 동쪽 길인 죽령을 넘고, 제3진의 구로다 나가마사(黑田長政)는 서쪽 길인 추풍령을 넘어 경쟁적으로 한양으로 향했다. 아무런 저항도 받지 않고, 20일 만인 5월 3일 한양을 점령하는 데 성공한 이들은 5월 27일, 임진강을 건너 개성으로 들어갈 준비를 했다.

일본 수군은 남해를 거쳐 서해로 가는 해로를 통해 보급로를 확보하는 수륙병진전략(水陸竝進戰略)을 썼기에 필연적으로 전라 좌수군을 만나게 되어 있었다. 그리고 일본 육군은 육로를 통해 최대한 빨리 한양으로 진격해서 조선의 국왕을 생포하고자 했다.

조선의 수군은 전쟁을 치를 준비가 되어 있지 않았다. 고니시가 이끄는 제1진 1만9,000명이 전선 700척을 타고 부산진을 공격하여 수많은 백성을 몰살하고 성을 함락했다. 경상 좌수사 박홍은 왜군을 두려워해 자신이 지휘하던 군선 103척을 바다에 가라앉히고 도망쳤다. 경상 우수사 원균은 부산진성이 무참하게 함락되자, 싸워 보지도 않고 1만여 명의 수군을 해산시키고 전선 100척을 바다에 버리고 도망쳤다.

육군의 경우를 보자. 경상 좌병사 이각은 동래성이 함락되고 부산진 첨사 정발이 전사하자, 첩과 물자를 챙겨 도망쳤다. 경상 좌수사 박홍도 전투 없이 퇴각했다. 경상 우병사 김성일은 일본의 침략 가능성이 없다고 보고했다가 전쟁이 발발하자 파직되었고, 그 후임인 조대곤은 병약하고 나이가 많아 전투를 회피했다. 장수들뿐만 아니라 지방 수령들까지도 소문만 듣고 관직을 버리고 도망가는 일이 속출했다.

'난리는 하늘에서 내려오는 것이 아니라 오직 사람이 부르는 것이다.'

모든 위기에는 징조가 있기 마련이다. 위기를 예측하지 못한 것이 아니라 인정하지 않은 것이다.

선조와 조정 대신들은 전쟁이 날 거라 예측하지 않았고, 당연히 대책을 마련하지 않았다. 그래서 전쟁이 발발한 지 16일 만인 4월 29일 신립 장군이 충주 전투에서 패해 전사했다는 소식을 듣자마자, 이튿날 새벽 한양을 버리고 명나라로 도망치기 바빴다. 6월에 왜군이 대동강까지 진격해오자 평양마저 버렸다. 도망의 명분은 구차했다. '내가 천자의 나라인 명나라에서 죽는 것은 괜찮으나, 조선에서 적의 손에 죽을 수는 없다.' 임금이 나라를 버리고 남의 나라로 도망하는 마당에 지방 장수들은 오죽했겠는가.

조선 조정은 동인 중심의 방어론과 서인 중심의 공격론으로 대립했다. 선조는 공격론을 지지했는데, 객관적 군사력을 바탕에 둔 것이 아니라 감정적이며, 사대주의(事大主義)에 입각한 명분론에 가까웠다. 명나라에 매달리는 의존적 전략일 뿐으로, 자신의 나라를 자신의 힘으로 지킨다는 자주성과는 거리가 멀었다. 선조는 '우리 위에 명나라가 있으니 이 나라가 왜적의 소유가 될 리 없다'는 사대주의적 사고에 빠져 있었다. 또한 병조판서는 '명장은 마땅히 한양에 있어야 한다'며 늙고 힘도 없는 장수를 전선에 배치했다.

조선 정부가 발표한 국시(國是)는 사대주의를 노골적으로 드러내고 있다. '조선은 세계에서 단 하나밖에 남지 않은 성리학과 그 문화를 유지하고 있는 나라다. 그러니 아무리 적이 강대해도 하늘이 우리를 보호해 줄 것이다.'

그러나 명나라의 입장은 달랐다. 그들이 조선에 구원병을 보낸 것은 조선 국왕을 자신의 나라에 받아들이는 것보다 조선 왕이 조선 땅에서 왜적과 싸우는 것이 낫다고 생각했기 때문이다. 또한 그 당시 명은 몽골 정벌에 집중하고 있었기 때문이다.

1592년 10월, 이여송 제독이 5만의 대부대를 이끌고 조선에 왔고, 1593년 1월, 평양성을 탈환하고 개성마저 수복했다. 그러나 이틀 뒤에 조명(朝明) 연합군이 벽제관 전투에서 크게 패하면서 명나라 군대는 소극적으로 바뀌기 시작했다. 남의 나라 싸움에 억지로 참여한 그들에게 목숨을 건 전투는 기대하기 어려웠다. 명나라 장수들은 패배 원인을 조선군 탓으로 돌리며 전투를 기피했다.

내부 환경

임진왜란이 일어나 왜군이 부산진과 동래성을 함락하고 한양을 향해 파죽지세(破竹之勢)로 진군하고 있을 때, 조선의 마지막 보루는 삼도 도순변사(道巡邊使, 조선 시대에 군무를 총괄하기 위하여 중앙에서 파견하던 국왕의 특사)로 임명된 신립 장군이었다. 신립은 험한 조령의 지리적 이점을 포기한 채, 어리석게도 평탄한 탄금대 강가에 배수진을 치고 싸우다 대패하고 본인도 전사했다. 조선 제일의 장수가 과거 북방의 여진족을 소탕한 경험에 집착한 결과이다.『선조수정실록』에 따르면, 신립 장군은 왜군에 대한 정보가 없었고, 그 자신도 왜군들을 가볍게 여겨 근심할 것이 못 된다고 생각했으며 조정에서도 그렇게 믿었다.

이순신은 1593년 7월 한산도로 진을 옮겨 약 4년간 왜적과 대치했다. 한산도 동쪽의 견내량만 고수하면 적을 충분히 방어할 수 있다고 생각했기 때문이다. 하지만 원균은 조정에 '이순신은 싸움을 피하려고 하지만, 나는 잘할 수 있다'며 큰소리치고, 이순신을 비겁한 장수로 모함했다. 선조와 집권 서인의 공격론자들 또한 '이순신이 적과 싸우려 하지 않는다'고 생각했다.

정유재란은 임진왜란 중이던 1597년, 명나라와 일본의 강화 교섭이 결렬되어 왜군이 다시 침략해 온 전쟁이다. 도요토미 히데요시가 요구한 강화 교섭 7개조는 명나라 황녀를 후비(后妃)로 보낼 것, 조선 남부 4개도를 일본에 할양할 것 등, 명나라와 조선이 용납할 수 없는 조건들이었다. 강화 교섭을 담당한 명나라 심유경과 왜군의 고니시가 이런 조건을 숨기고 교섭을 했다. 이 둘은 명나라 황제와 도요토미 히데요시를 동시에 속이다가 발각되었다.

이에 분노한 도요토미가 조선의 4개 도만이라도 점령하겠다는 목표로 또다시 조선을 침략했다. 가토 기요마사 군대 1만 명, 고니시 군대 7,000명 등, 육군과 수군을 합쳐서 총 14만여 명의 대부대가 쳐들어왔다.

정유재란이 일어나기 전까지 4년의 재정비 기간이 있었다. 육지에서 산성을 재정비했는데, 이는 일본의 육군 전투력을 감안했을 때 효과가 없었다. 경험을 통해 이를 알고 있던 백성들의 호응이 저조했고, 장군들조차도 확신하지 못했다. 병력과 군비를 확장하려면 재정이 필요한데, 백성들의 재정 부담도 한계에 도달했다. 게다가 사대부들마저 굶주렸기 때문에 현상 유지조차 힘들었다.

칠천량 전투는 한국 전쟁사 5대 패전 중 하나다. 삼도 수군 통제사 원균은 알고 있었다. 왜군을 상대로 먼저 바다로 나가 싸우면 진다는 것을. 하지만 도원수 권율에게 지욕적인 질책을 들은 그는 홧김에 부산으로 출전했다. 한산도에서부터 하루 종일 이동하여 쉬지도 못해 피곤했고, 기갈이 심해 더 나아가기 힘들었다. 피로와 기근으로 병선의 이동 속도가 현격히 줄어들어 선단이 대열을 갖추지 못했다. 시마즈 군대에게 조선 군대 20여 척이 파괴되어 가덕도로 피했다. 조선 수군 400명이 물을 마시다가 목숨을 잃었다.

원균은 거제도 칠천량으로 후퇴했다. 부산으로 출격하자니 이길 자신이 없고, 한산도 본영으로 귀환하자니 도원수 권율이 무서웠다. 왜군은 자신의 강점을 살렸다. 왜군은 등선 육박 전술로 배에 올라 육박전을 벌였다. 돛대를 사다리로 이용해 조선 전선에 올라탔다.

칠천도 남쪽에 정박했던 조선 수군은 경계 소홀로 포위당했다. 왜적 도도와 와키사카의 야간 습격에 제대로 싸워 보지도 못하고 대패했다. 『선조실록』에 따르면, 수군은 처음부터 힘을 겨뤄 싸우다가 패한 것이 아니라, 산 자와 죽은 자가 모두 도망하기 바빴다.

도체찰사(都體察使, 정1품, 1개 도의 군정과 민정을 총괄함) 이원익의 칠천량 전투 보고서이다.

거북선 3척, 판옥선 140여 척이 침몰하고, 조선 수군 지휘부 전사, 조선 수군 2만 명이 죽었다. 조선 수군이 전멸했다. 도망치던 원균은 소나무 아래에 숨어 있다가 왜군 병사의 칼에 맞아 죽었다. 경상 우수사 배설은 전선 12척을 이끌고 도망을 쳤다.

원균의 모함, 왜적의 음모, 선조의 무능으로 이순신은 한산도에서 죄인이 되어 체포되었다. 1차 고문을 당하고 죽음의 문턱에 있을 때, 일흔이 넘은 판중추부사(判中樞府事, 종1품, 판사) 정탁이 신구차(伸救箚, 펼 신, 구원할 구, 기록할 차)라는 상소문을 올려 가까스로 2차 고문은 피했다. 진주에 머물고 있던 이원익이 상소를 올렸다.

"왜적이 가장 무서워하는 것이 이순신의 수군입니다. 그를 가둬서는 안 됩니다. 원균을 대신 보내서는 안 됩니다."

이순신은 사형 직전까지 갔다가 34일 만에 풀려났다. 백의종군하라는 명령을 받았다. 두 번째 백의종군이다.

조정에서는 이순신에게 몇 척의 배와 패잔병을 데리고 행상을 떠돌지 말고, 배를 버리고 육지로 올라와 적을 막으라고 명령했다. 수군을 아예 폐지하라는 것이었다. 이에 이순신은 명언을 남겼다.

"신에게는 아직도 12척의 배가 남아 있습니다. 죽을 힘을 다해 싸운다면, 오히려 해볼 만합니다."

이순신의 대응

임진왜란 1년 2개월 전에 전라 좌수사로 부임한 이순신은 전쟁 하루 전에 거북선을 완성했다. 거북선은 조선의 주력 전함이던 판옥선을 기본 선체로 삼고 있다. 판옥선(板屋船)은 평선 위에 판옥을 한 층 더 만들어 올림으로써 배가 높아져 일본 군선과 마주보거나 내려다보고 활을 쏠 수 있었다. 넓은 갑판이 생겨 그 위에 10문 정도의 대포로 무장이 가능하다.

조선군은 활, 포가 주무기고, 일본군은 칼, 총이 주무기다. 일본의 배는 가볍고 빠르고, 파도에 적응력이 좋다. 돌격해서 일대일 백병전에 유리하다. 반면에 조선의 배는 크고, 무겁고, 넓다. 화포 발사에 용이하다. 느리고 파도에 약해서 잔잔한 바다가 유리하다. 거리를 두고 좌우에 포진한 함선이 화포와 화살을 날리며 협공으로 싸우는 것이 낫다.

이순신의 위대한 면은 전쟁에 대한 준비와 부하들의 신뢰이다. 이순신은 항상 전투에 대비했다. 23전 23승은 모두 준비된 전투였다. 적의 상황과 아군의 상황, 지형에 따라 전투 방식이 모두 달랐다. 이순신은 적의 상황을 중시했다. 적의 동향을 알기 위해 적을 이용하고, 백성들에게 정보를 얻었고, 병사들의 의견을 들었다. 정보에 따라 작전을 준비하고, 무기를 준비하고, 병사의 정신을 준비시켰다.

이순신은 부하 장수들로부터 강력한 신뢰를 얻었다. 그것은 책임감과 국가관에서 나왔다. 이순신은 부하 장병을 절대 헛되게 소모하지 않겠다는 책임감을 갖고 있었다. 문관들이 많은 상소를 올려서 부산포를 공격하라고 압박했다. 하지만 이순신은 이를 끝까지 거부했다. 자신의 명예와 공적보다 병사들의 생명이 먼저라고 생각했다. 적이 조선군에 불리한 수역으로 달아나면 절대로 쫓지 않았다. 승패의 경계를 철저하게 유지했다. 일본의 유인 전술에 걸려들지 않는 자제력과 판단력을 부하들이 신뢰했다.

이순신은 부하들에게 다정다감한 지휘관이었다. 추운 겨울날 보초를 서는 초병을 보고, 자신의 전포를 벗어 걸쳐 주었다. 병사의 아버지가 돌아가셨으나 문상을 가지 못하자, 자신이 타던 말을 보내 문상을 하게 해주었다. 이런 배려와 자상함 때문에 병사들은 전쟁에서 목숨을 바쳐 싸웠다.

이순신은 병사들의 복지를 걱정했다. 둔전을 경작하고, 바다에서 고기 잡고, 소금을 굽고, 질그릇을 만들어 비용을 마련했다. 그 비용으로 군량미를 만들어 병사들을 먹이고, 옷을 만들어 입혔다.

또한 인재를 쓸 때 오직 능력에 따라 썼다. 정보를 얻고자 할 때는 포로나 머슴도 가리지 않았다. 전라도와 경상도 수군에 차별을 두지 않았고, 능력만 있으면 신분의 고하를 가리지 않았다. 출전 장수를 배치할 때에도 장수의 특성과 실력을 위주로 편성했다.

이순신은 자유로운 토론의 장을 만들었다. 전라 좌수영 앞바다에서 경상도로 출전하는 문제를 놓고 토론을 벌였다. '전라도 수군은 전라도를 지키는 것이 자기 임무요, 나가 싸우는 것은 좋은 계책이 아니다.'라는 신중한 입장이 있었다.

이에 대해 이순신은 이렇게 주장했다.

"적군을 치는데 전라도, 경상도가 어디 있소? 영남을 내버려두어 다 무너지고 나면 우리 일은 또 어떻게 할 것이오? 영남은 호남의 울타리고 울타리가 무너지면 여기도 보전하지 못할 것이 분명하오."

이순신은 장수들과 병사들의 마음을 헤아릴 줄 알았다. 전공을 세우고 싶은 장수들의 마음, 전투 중에 발생하는 병사들의 심리적 불안감을 이해했다. 그는 장수들에게 다음과 같이 약속했다.

"이익을 탐내어 죽은 적의 머리를 먼저 베려다가는 도리어 우리가 해를 입거나 죽고 다칠 수 있고, 더 많은 적을 쏠 수 없다. 나는 힘써 싸워 적을 죽이기만 한다면, 비록 목은 베어 오지 못했더라도 제일의 공로자로 정하겠다."

이러한 약속은 사사로이 공을 세워 상을 받으려는 어리석음을 미리 차단하고 전투에 몰입하게 했다.

이순신은 사상자 명단을 자세히 적어 장계(狀啓, 왕의 명을 받고 지방에 나가 있는 신하가 자기 관하의 중요한 일을 왕에게 보고하는 문서)를 올렸다. 특히 전사한 병사의 시체를 따로 작은 배에 실어 고향으로 보내 안장해 주었고, 그의 아내와 자녀에게는 특별한 위로와 도움을 주었다. 그런가 하면 부상자들에게는 일일이 약을 주어 치료하게 하고,

살아남은 부하 장병들에게는 그들의 전공을 상세히 기록하여 공정하게 포상했다.

이순신은 자기 관리에 철저했다. 한산도에 머물 당시, 그는 '홀로 배 위에서 앉아 눈물지었다', '다락에 기대어 혼자 시를 읊조렸다'라는 일기 구절에서 보듯, 혼자 고독 속에서 스트레스를 이겨냈다. 비 오는 날에는 바둑이나 장기를 두었고, 일기와 시를 쓰면서 마음의 평정을 찾았다. 가슴이 답답하거나 괴로울 때면 활터로 나가 시름을 달랬다. 큰 적을 앞에 두고 장수들이 함부로 술을 마셔서는 안 된다는 신조 때문에 과음은 피했다.

이순신의 전투는 방식이 모두 달랐다. 첫 번째 전투는 옥포해전으로, 경남 거제의 옥포에 정박한 왜선 50척에는 조총과 칼로 무장한 수군이 타고 있었고 대포는 없었다. 조선 전함의 갑작스런 출현에 왜적들이 바다 가운데로 나오지 못하던 중, 왜군의 선봉선 6척이 참지 못하고 다가왔다.

조선 수군은 총포 화기를 퍼부었고, 왜군도 조총을 쏘면서 응전했으나 조선의 전투력을 감당하지 못했다. 왜군은 배에 실은 물건들을 물속에 집어 던지고 달아났다.

왜군이 경상남도 사천 해안에 배를 매어놓고 산허리에 400여 명이 진을 치고 있었다. 이순신은 다음과 같이 판단했다.

'적들이 교만한 태도를 갖고 있으므로, 우리가 마치 패한 듯 물러나면 배를 타고 쫓아올 것이다. 그러면 바다 가운데로 끌고 나가 모조리 격파하는 것이 상책이다.'

드디어 왜적 200여 명이 군선을 타고 공격해 왔다. 사천만 한가운데로 적을 유인해 낸 이순신은 급히 뱃머리를 돌려 거북선을 앞세우고 돌진했다. 거북선의 함대 포격으로 왜적선은 대부분 파괴되고, 살아남은 왜적은 높은 언덕으로 도망쳤다. 이 전투에서 이순신은 왼쪽 어깨에 적의 탄환을 맞았다. 탄환이 두 치(6cm) 깊이에 박혔고, 피가 발등까지 흘렀다.

경남 고성의 당항포에 왜적들이 있다는 소식이 전해졌다. 이순신은 척후선 3척을 보내 지형을 살펴보고, 적이 달려들면 패한 척하며 유인하라고 당부했다.

적에게 보낸 척후선이 왜적을 유인했다는 신호를 보냈고, 4척을 잠복시켜 적의 뒤를 막게 했다. 이순신은 이번에도 거북선을 앞세워 적의 대장선을 향해, 천자총통(天字銃筒, 조선에서 가장 큰 화포. 구경 128mm, 살상 사거리 200~500m), 지자총통(地字銃筒, 구경 105mm)을 쏘아 적선을 섬멸했다.

일곱 번 승리를 거둔 이순신은 긴장을 늦추지 않고 자체적으로 군비를 확충하고 적의 동태를 탐문했다. 연전 연패를 당한 왜군은 도요토미 히데요시로부터 거센 질책을 받고, 115척에 이르는 대규모 연합 선단을 구성해 여수로 움직이기 시작했다.

이순신은 모여드는 적을 찾아내어 섬멸하는 것이 유리하다고 판단하여 출전을 결심했다. 명나라와 일본의 강화 협상을 믿지 않았기 때문에 전함 90여 척을 건조해 180여 척으로 늘렸고, 전염병으로 줄어든 병력을 충원하여 1만 8,000여 명을 유지했다. 연안 지역에 둔전을 경영해 군량미를 확보하고, 소금을 굽고 물고기를 잡아 군수품을 조달했다. 화기를 개발하고, 충분한 분량의 화약을 제조하는 한편, 함대의 기동 훈련과 활쏘기 등 군사의 개인 훈련으로 전투력을 강화했다.

한산 대첩은 세계 4대 해전 중 하나이다. 이순신, 이억기, 원균의 연합 함대 56척이 견내량(경남 통영시 용남면와 거제시 사등면 사이에 있는 좁은 해협)에 머물고 있는 왜적과 맞섰다. 이순신은 한산도의 넓은 바다로 유인해 적을 섬멸하기로 했다. 견내량은 지형이 좁고 암초가 많아서 판옥선처럼 큰 배들이 일시에 들어가다가 서로 부딪힐 우려가 있고, 좁은 해역에서는 배를 빨리 돌리기 힘들었기 때문이다. 또한 왜군이 인근의 육지나 섬으로 도망가서 숨으면, 백성들이 해를 입을 우려가 있고 적을 일망타진하기 어려웠다.

판옥선 5~6척이 왜선을 한산도 앞바다로 유인했다. 조선의 연합 함대가 순식간에 배를 돌려 학이 날개를 벌리듯 왜적의 양쪽을 포위했다. 학익진(鶴翼陣)이었다. 왜적 선단을 포위하여 2척의 거북선과 지자총통, 현자총통, 승자총통 등의 중화기로 집중포화 했다. 적선 73척 중에 59척을 격파했고, 왜적 9,000여 명이 사망했다.

학익진이 성공하기 위해서는 조선 수군의 56척 간의 호흡이 척척 맞아야만 했다. 그 호흡은 전술의 이해와 연습이다. 학이 날개를 펴기 위해서는, 날개의 끝에 해당하는 배가 빨리 노를 저어서 제일 먼 곳으로 이동해야 한다. 중간에 위치한 배는 대형을 유지하기 위해 좌우의 배와 속도를 맞추어야 한다. 이런 대형 유지 연습은 배를 지휘하는 장군들 간의 협력, 배의 장군들과 노를 젓는 격군들의 호흡이 필수적이다. 이를 완성하기 위해서는 모든 수군의 전술 이해와 충분한 연습량이 없이는 불가능하다.

이 결전을 앞두고 이순신은 어떤 생각을 했을까. 아마도 적이 유인책에 말려들지 않으면 어떡하나 깊은 고민에 빠졌으리라. 그의 시「한산도가(閑山島歌)」에는 이러한 심정이 담겨 있다.

한산섬 달 밝은 밤에 수루에 홀로 앉아
큰 칼 옆에 차고 깊은 시름하는 차에
어디서 일성호가는 남의 애를 끊나니.

閑山島月明夜上戍樓
撫大刀深愁時
何處一聲羌笛更添愁

원균이 이끌던 부대가 칠천량 전투에서 전멸하자, 이순신은 다시 삼도 수군 통제사가 되었다. 한산도 통제영은 적에게 빼앗겼고, 거느릴 군사도 지휘할 전함도 없었다. 도원수 권율이 어찌하면 좋을지 묻자, 이순신이 답했다.

"내가 직접 해안 지방을 둘러보도록 하리다. 그런 연후에 방책을 정하면 어떻겠소?"

이순신은 한 달 동안 적과의 충돌을 무릅쓰고 330킬로미터나 되는 전라도 내륙 지방을 순회하고 부임했다. 도저히 왜적과 싸울 형편이 아니었다. 전투할 병사, 먹을 군량미, 싸울 무기를 백성에게서 구해야 했다.

이순신은 10여 척의 배를 이끌고 적을 막아내기 유리한 장소를 찾아 회령포-이진-어란포로 이동했다. 일본 수군은 400여 척의 배와 1만 명의 병력을 보유하고 있었다. 이순신은 명량을 떠올렸다. 적은 수의 병력으로 싸우려면 지형적 이점이 필요했다.

13척에 불과한 배와 전투로 상처입은 장졸들을 이끌고 계속해서 싸우는 것은 무리였다. 배를 더 만들고 병사를 더 모아야 했다. 해로 통행첩을 만들어 배의 등급에 따라 통행세를 곡식으로 받았다. 군량미 1만 석을 얻었고, 구리와 쇠를 거두어 대포를 제작하고, 군선을 만들었다. 전선은 80척으로 늘었고, 병사는 8,000명으로 불었다. 명나라 수군 도독 진린이 500여 척을 거느리고 충청도 당진에 도착했다.

1598년 8월 도요토미 히데요시가 죽었다. 왜군은 철수 준비에 착수했다. 사천의 시마즈, 남해의 소, 고성의 다치하나 등 왜적들은 500여 척의 배로 고니시를 구하고 일본으로 탈출하기 위해 노량에 집결했다.

명나라의 진린은 고니시에게 퇴로를 열어 주고 도주하는 적의 후미를 공격하는 것으로 마무리하려 했으나, 이순신은 '적선은 한 척도 돌려보낼 수 없다'며 결의를 보였다. 1598년(선조 31년) 11월 19일 이른 아침, 적의 탄환이 그의 심장을 뚫고 지나갔다. 그제야 그는 평생의 무거운 짐을 내려놓을 수 있었다.

37년 만에 병자호란은 왜 일어났나

 이번에는 여진족이다. 병자호란은 임진왜란과 함께 양란(兩亂, 두 차례의 난리)이라 불린다. 병자호란은 한국 역사상 가장 치욕적인 전쟁이다. 조선의 국왕이 적국의 황제에게 무릎을 꿇고, 이마를 땅에 부딪혀 피가 나는 굴욕을 당했다. 10만여 명이 포로로 끌려가 노예가 되었고, 여성은 첩으로 살거나 성적 착취를 당했다. 세월이 흘러 다시 조선으로 보내진 여성들은 '환향(還鄉)년'이 되어 돌아왔다. 조선은 그들의 몸을 깨끗하게 한다고 홍제천에서 목욕시켰다.

외부 환경

 여진족 누르하치는 1616년 만주에 후금을 세웠다. 흩어져 살던

여진족이 단일 국가를 형성한 것이다. 누르하치는 팔기군(八旗軍)을 만들어 중국 대륙 전체의 지배권을 확보했다.

1626년에 누르하치가 세상을 떠나자, 여덟째 아들 홍타이지가 칸(Khan)으로 등극했다. 그는 권력을 강화하기 위해 한족(漢族) 포용 정책을 실시했다. 홍타이지는 능력 있는 한인들을 발탁하여 등용함으로써 서서히 중앙 집권 체제를 구축했다. 후금은 만주, 몽골, 한족의 다민족으로 구성되어 새로운 제국의 모습을 갖추어 가고 있었다.

반면에 명나라에서는 말기적 증상이 나타나고 있었다. 1620년 만력제(萬曆帝)가 세상을 떠났다. 임진왜란 당시 원군을 지원한 그는 조선에서는 은인으로 추앙되었다. 그러나 명나라에서는 긴 세월 동안 무능한 정치를 일삼았다. 국가 재정을 무시하고 개인의 재산 축적에 전념하여 백성들의 원성을 샀던 것이다. 뒤를 이어 즉위한 태창제(泰昌帝)가 한 달 만에 급사하고, 그의 아들 천계제(天啓帝)가 16세로 황위에 올랐다.

당시 명나라에서는 당쟁이 격렬했다. 환관(宦官, 거세된 남자로 궁에서 일하는 직책)이 중심이 된 엄당(閹黨:고자 엄, 무리 당)과 동림서원(東林書院)을 정치적 거점으로 한 신진 관료 중심의 동림당(東林黨)이 싸웠다. 이 무렵 동림당은 환관 위충현을 탄핵했으나, 황제 천계제는 오히려 그를 두둔했다. 이에 힘을 얻은 위충현은 동림당을 탄압하며 정치적 보복에 나섰다. 한편 어린 황제는 제대로 된 교육을 받지 못해 거의 문맹에 가까웠고, 목공예나 놀이에만 몰두했다. 무능한 황제 밑에서 점차 권력을 장악한 환관들이 나라의 운명을 좌우하게 되었다.

당쟁으로 신음하던 명나라는 밖으로부터 심각한 위기를 맞았다. 후금의 군사적 도전에 밀려 요동의 방어선이 무너지고 있었다. 명나라는 자체 병력을 동원하고 조선에 지원병을 요청했다. 광해군은 어쩔 수 없이 도원수 강홍립이 이끄는 1만 5,000명의 병력을 파견했다. 1619년 3월에 명이 주축이 된 연합군은 후금의 수도 허투알라(赫圖阿拉, 오늘날의 랴오닝성 푸순시)를 향해 사방에서 공격했지만, 후금의 역습에 밀려 참패했다. 명·청 교체의 분수령이 된 이 싸움 전체를 '사르후(薩爾滸, 살이호) 전투'라고 부른다.

이제 명·청 교체는 거스르기 어려운 대세로 굳어졌다. 명이 후금을 이기기란 거의 불가능했다. 명나라 병사의 대부분은 급작스럽게 동원된 오합지졸이었다. 반면에 후금의 군대는 '팔기'라는 공동체로 편제되어 체계적으로 훈련되었을 뿐만 아니라 실전 경험도 풍부했다.

사르후 전투 참패 이후에 명군은 계속 밀렸다. 그러다가 명나라의 원숭환이 홍이포(紅夷砲)를 활용하여 누르하치를 막아냈다. 그는 성을 쌓고 포대를 개수하는 등 전투 준비를 철저히 했고, 화력 증강에 주력했다. 그가 주목한 것이 바로 홍이포였다. 명나라 조정에는 서양의 새로운 화포인 홍이포로 후금군을 제압해야 한다고 주장했다.

천계제는 포르투갈 상인들이 근무했던 카카오로부터 30문의 홍이포를 구입하여 전선에 배치했다. 1626년 1월 23일 누르하치는 팔기군을 이끌고 영원성(寧遠省, 오늘날의 랴오닝성)을 공격했다. 그가 이끌고 온 20만의 팔기군이 홍이포의 포격에 무너졌다. 이 전투에서 부상을 입은 누르하치는 패전의 후유증으로 숨을 거둔다. 홍이포의 가공할 위력 앞에서 후금의 신속한 기동력과 전략은 통하지 않았다.

명과 후금의 관계가 틀어진 사건이 발생했다. 명나라 장수 공유덕과 경중명이 185척의 선박과 수만의 병력을 대동하고 후금으로 귀순한 것이다. 이로써 후금은 그토록 열망하던 전함과 수군, 홍이포까지 보유하게 되었다.

이 홍이포는 명나라 군대를 최악의 상황으로 몰아넣는 데 결정적인 역할을 했다. 처음에는 홍이포를 사용하는데 그쳤지만, 1631년에 마침내 자체 제작에 성공했다. 포신이 길어 사정 거리가 길고, 탄환이 날아가는 속도가 빨라서 파괴력도 컸다. 명나라에서 귀순한 한인(漢人)들의 협조 덕분에 후금은 명나라보다 훨씬 많은 대포를 보유하게 되었다. 무너져 가던 명나라로부터 유출된 인력과 최신 화기들이 자신의 나라를 친 것이다.

내부 환경

광해군은 어렵게 왕위에 올랐다. 선조의 건저(建儲, 후계자인 세자를 세우는 일) 문제로 동인(東人)과 서인(西人)이 다투었다. 선조가 주재하는 경연장에서 서인인 정철이 광해군을 세자로 세울 것을 제안했다. 영창대군을 마음에 두고 있었던 선조는 진노했고, 서인들이 화를 당했다.

임진왜란이라는 비상사태에 분조(分朝, 조종을 둘로 나눔)하는 바람에 광해군이 세자로 정해졌다. 세자를 책봉하면 명나라에 보고해야 했는데, 장자인 임해군이 있다는 이유로 거절당했다. 광해군은 미래가 불투명했다. 임진왜란이 끝나고 선조는 51세에 19세의 인목왕후를 왕비로 맞아들여, 4년 후 적장자인 영창대군을 얻었다.

이런 상황에서 조정의 대신들은 광해군을 지지하는 대북파(大北派)와 영창대군을 지지하는 소북파(小北派)로 나눠졌다. 영창대군이 3세 되던 해에 선조가 사망하지, 왕위 계승의 결정권이 인목대비에게 넘어갔다. 이에 소북파는 영창대군 즉위와 수렴청정(垂簾聽政, 왕대비나 대왕대비가 어린 나이에 즉위한 임금을 도와 정사를 돌보던 일)을 제의했다. 그러나 인목대비는 현실성이 없다고 판단하여 광해군을 즉위시켰다.

우여곡절 끝에 왕이 된 광해군은 분노했다. 그 분노는 왕위 계승을 반대하던 소북파와 명나라에 대한 사대주의를 강조하던 유생들에게 향했다.

광해군이 즉위했을 당시, 중국에서는 기존의 지배자인 명나라와 만주의 새로운 세력인 후금이 대립하고 있었다. 조선의 입장은 매우 난감했다. 명나라는 임진왜란 때 원군을 파병해 조선을 도와준 나라였지만, 새롭게 떠오르는 후금을 무시할 수도 없었다. 후금 입장에서는 명나라와 전쟁 중인데 조선이 등 뒤에서 공격할 수 있다고 생각했다. 이런 상황에서 명나라가 군사 지원을 요청했다. 이에 광해군은 강홍립에게 1만 5,000의 군사를 주어 명나라로 파병했다.

명나라가 사르후 전투에 이어 부차 전투에서도 패하자, 강홍립은 이번 출전은 조선의 본뜻이 아님을 후금에 알리고 투항했다. 이는 광해군으로부터 '형세를 보아서 향배를 정하라'는 밀지(密旨, 임금이 비밀리에 내리던 명령)를 받았던 까닭이다. 강홍립은 적중에 있으면서 그 내부 사정을 본국에 알리고, 양국의 화의(和議)를 성립시키려고 노력했다. '여진족과 힘써 싸우지 않고, 항복을 했으나 왕이 처벌하지 않았다'는 『광해군 일기』의 기록을 미루어 볼 때, 광해군의 외교는 실리를 바탕으로 한 중립 외교였다.

피는 또 다른 피를 불렀다. 광해군과 대북파는 왕권을 위협하던 세력을 제거하는 과정에서 많은 사람을 희생시키고 패륜 행위를 하여 인조반정의 명분을 제공했다. 명나라에 대한 사대를 거부하고, 적장자 영창대군을 증살(蒸殺, 뜨거운 증기로 쪄서 죽임)했으며, 인목대비를 유폐시킨 일이 그것이다.

반정에 성공한 인조는 인목대비의 유폐를 풀고, 대북파 200여 명을 숙청했다. 인목대비 유폐를 반대하던 이원익을 영의정에 앉히고, 반정에 적극 가담했던 김류, 이귀 등 33명을 세 등급으로 분리해서 공신으로 올렸다. 대외적으로 친명배금(親明排金) 정책을 실시하여 광해군의 중립 외교의 틀을 깼다.

반정 정권이 들어선 지 1년도 되지 않았던 1623년 1월, 이괄의 난이 일어났다. 인조 실록에 따르면, 반정 때 혁혁한 공을 세웠던 이괄이 겨우 2등 공신에 책록된 데다가, 평안병사 겸 부원수로 임명되어 외직으로 밀려난 것에 앙심을 품고 일으켰다.

이괄이 평안부사로 부임하던 시기는 누루하치가 후금을 일으켜 명의 요동 지방을 함락시키고 조선을 위협하던 시기였다. 이 때문에 친명 정책을 펴고 있던 조선은 변방을 방어해야 할 상황이었고, 풍부한 전투 경험과 용병 능력을 인정받던 이괄에게 북방 수비의 중책을 맡겼다.

이괄이 이러한 중요한 책무를 이해하고 북방 수비에 몸을 바치고 있을 때, 서인들은 남아 있던 북인 세력을 제거할 음모를 꾸몄다. 그들은 이괄이 그의 아들과 북인 세력들과 변란을 꾸민다고 인조에게 알렸다. 이들은 이괄을 부원수 직에서 해임하고 소환해서 국문을 해야 한다고 주장했다. 이괄은 압송을 위해 자신의 부대에 도착한 금부도사와 선전관을 죽이고 군사를 일으켰다.

그러나 1623년 2월 15일, 부하들이 이괄의 목을 베어 관군에게 투항해 버렸다. 난은 이렇게 평정되었지만, 조선 조정에 치명적인 타격을 입혔다. 내부 반란으로 국왕이 도성을 떠난 사건은 처음이어서 백성들은 불안해했고, 조정에 대한 불신으로 이어졌다. 이괄이 북방 수비대의 주력 부대를 이끌고 내려와서 북방 수비가 허술해졌고, 후금이 조선을 침략하는 정묘호란으로 이어졌다.

정묘호란은 병자호란의 예고편이었다. 이괄의 난이 평정되고 나서 3년 만인 1627년 1월에 여진족이 3만의 군사를 이끌고 조선을 침략했다. 정묘호란이다.

홍타이지는 칸으로 즉위했지만, 실질적으로는 자신의 형들과 권력을 나누어 연합 정치를 펼 수밖에 없었다. 조선을 정복하여 자신의 미약한 권력을 강화하는 계기로 삼고자 했다.

경제도 문제였다. 홍타이지의 즉위 직후 만주 지역에는 심각한 기근이 닥쳤다. 청태종 실록에 따르면, 1627년 무렵에 굶어 죽어가는 자가 속출하여 사람이 사람을 잡아먹는 지경에 이르고, 돈이 있어도 식량을 구할 수 없다고 기록되어 있다.

또 하나의 문제는 명나라 장수 모문룡(毛文龍)이었다. 모문룡이 후금의 지척에 있는 가도(椵島, 평안북도 황해에 위치)에 머물고 있어, 후금은 불안할 수밖에 없었다.

한편 이괄의 난이 후금의 조선 침략을 자극했다. 반란이 진압된 후, 주모자였던 한명련의 아들 한윤이 조선을 탈출하여 후금으로 투항했다. 한윤은 새로 들어선 인조 정권이 흔들리고 있다고 후금 측에 전했다.

1627년 1월 13일, 후금의 군대가 압록강을 건넜다. 14일 새벽 의주성을 함락하고, 정주의 능한산성을 제압하고, 1월 21일 청천강을 건너 안주로 들이닥쳤다. 평안병사 남이흥은 한 번도 습진(習陣)을 해보지 못하고 죽은 것이 애통하다고 말했다. 습진이란 진을 치는 훈련을 말한다. 습진 훈련을 해보지 못한 것은 인조 정권의 사찰 때문이었다. 이괄의 난 때문에 정권을 잃을 뻔했던 인조 정권은 과거 정권의 잔당이나 휘하의 병력을 거느리고 있던 무장들에 대한 사찰을 강화했다. 정권 유지를 위한 사찰 때문에 습진 훈련조차 해보지 못하고 후금의 침략을 받은 것이다.

후금이 안주성을 함락시키자, 1월 17일 인조는 대신들을 불러 물었다.

"이들이 모문룡을 잡아가려고 온 것이냐? 아니면 우리나라를 침략하러 온 것이냐?"

모문룡 문제를 빼면 후금과 원한을 살 만한 일이 없다고 생각한 것이다. '친명 배금'을 표방하기는 했지만 '배금' 행위를 했던 적이 없기 때문에, 인조는 후금의 침략에 당황했다. 대신들도 당황하기는 마찬가지였다. 전쟁 자체를 예상하지 못한 상황에서 대책이 있을 리 없었다.

인조 반정의 일등공신 이귀가, 안주에서 패전 소식이 들어오면 곧바로 강화도로 들어가야 한다고 주장했다. 패전을 이미 기정사실화한 것이다. 인조의 마음은 이미 강화도에 가 있었다. 3년 전 이괄의 난을 경험한 이후로, 인조의 최우선 관심사는 자신의 호위 문제였다. 인조는 강화도 방어를 위해 삼남 지방에서 1만의 병력을 동원하고, 수사대를 시켜 수군을 이끌고 강화도로 들어오게 지시했다. 인조가 강화도로 들어가기로 결정하면서 다른 지역에 대한 방어는 방치되었다. 평안도와 황해도를 포함하여 한강 이북 지역의 백성도 무방비로 노출되었다. 백성들은 자신의 목숨을 스스로 지켜야만 했다.

전국 각지에서 의병이 일어나 후금의 배후를 공격했다. 또한 중국의 영원성에는 명나라의 명장 원숭환이 머물고 있었다. 후금이 조선 내륙으로 남하하면서 가장 두려웠던 점은, 명군이 자신의 배후를 공격하는 것이었다. 이에 위협을 느낀 후금은 조선에 화의를 제의했다.

후금은 침략 이유를 '조선이 명의 모문룡을 편들고 군량을 제공했던 것, 누르하치가 죽었을 때 조문하지 않은 것' 등을 제시했다. 또한 '조선이 오로지 명분에만 집착하여 종사가 망하고, 백성들이 죽어 가는 현실을 외면하고 있다. 화친의 기회를 놓치지 말라'고 훈계했다.

화의의 요구 조건은 세 가지였다. 첫째, 후금에 압록강 이남 변경 지역 땅을 내놓을 것, 둘째, 명나라 장수 모문룡을 잡아 보낼 것, 셋째, 명나라 토벌에 조선 군사 3만 명을 지원할 것이었다. 후금 군대를 상대할 여력이 없음을 인정한 조선의 대신들은 강화 교섭을 할 수밖에 없었다.

1월 27일, 조선 조정은 후금의 진영에 서신을 보냈다.

'조선은 명을 200년 이상 섬겨왔고, 임진왜란 당시 큰 은혜를 입었다. 그렇기 때문에 그들과의 관계를 끊을 수 없다.'

후금의 사신이 강화도로 들어왔다. 사신이 소지한 국서에는 '후금이 형이 되고 조선이 아우가 되는 형식으로 화약을 맺자'는 내용이었다. 인조는 형제의 명칭은 다툴 필요가 없다고 했다.

마지막 걸림돌은 화약을 맹세하는 의식과 절차의 문제였다. 후금은 흰 말과 검은 소를 잡아서 하늘에 제사를 지내자고 요구했다. 많은 대신들은 '존엄한 나라의 임금이 개돼지와 더불어 맹세하는 것은 죽어도 받아들일 수 없다'고 격렬히 반대했다.

"맹세는 대의와는 무관하다. 두 마리 가축을 아끼려다가 위망을 초래할 수는 없다"며 요구를 수용한 인조는 3월 31일, 대청에 나아가 향을 피우고 하늘에 고하는 의식을 거행했다.

인조가 예를 마치고 행궁으로 돌아가자, 후금이 흰 말과 검은 소를 잡아 피와 골을 그릇에 담았다. 조선의 대신들과 후금의 사신들이 맹세문을 낭독했다. '조선이 향후 후금을 적대시하여 나쁜 마음을 품으면 이와 같이 피와 골이 나오게 되고, 후금이 나쁜 마음을 품으면 역시 피와 골이 나와 하늘 아래서 죽게 될 것이다.'

이로써 후금이 조선의 형이 되고, 조선은 후금의 아우가 되기로 맹세했다. 인조 반정 이후 오랑캐를 정벌하여 명의 은혜에 보답하겠다고 내세웠던 꿈은 사라지고, 오히려 오랑캐를 형으로 섬겨야 했다. 형제 관계를 맺겠다는 약속을 하고 후금은 철군했다.

조선의 대응

정묘호란의 결과는 '형제 관계'였다. 조선과 명의 기존 관계를 인정한 것이었다. 그러나 10년이 지난 병자년(1636년)에는 달랐다. 청나라의 황제에 오른 홍타이지는 명나라와의 관계를 끊고, 칭제(稱帝)에 동참하라고 요구했다. 자신을 이 세상에서 오직 하나뿐인 황제로 부르라는 것이었다.

병자년(1636년) 4월 11일 홍타이지는 심양성에서 황제 즉위식을 거행했다. 홍타이지가 제단에 나가서 하늘에 세 번 무릎 꿇고 아홉 번 머리를 조아리는 삼배구고두(三拜九叩頭)의 예를 올렸다. 축문을 읽었다.

'병자년 4월 11일 만주국 황제 홍타이지는 신에게 고하나이다. 하늘의 도움으로 조부의 기업을 어깨에 메고, 조선을 정복하고, 몽골을 통일하여 다시 옥새를 얻었습니다. 이제 내외 신민의 추대를 받아, 천자 자리에 올라 이름을 대청(大淸)으로 삼았음을 아뢰옵니다.'

이렇게 그는 관대하고 따뜻하며 어질고 성스러운 관온인성황제

(寬溫仁聖皇帝)가 되었다. 조선 정복, 몽고 통일, 옥새 획득의 위업을 달성했다는 명분으로 황제에 오른 것이다. 그러나 조선 정복은 아직 완성되지 않았다.

홍타이지는 명의 최대 조공국인 조선의 인정을 받아야 칭제의 명분이 설 수 있다고 생각했다. 자신의 칭제에 조선의 인정이 필수적이었고, 처음부터 전쟁의 목표는 조선 정복이었다. 따라서 정묘호란 때처럼 남에게 전쟁을 맡겨서도 안 된다. 조선 정복은 본인의 정치적 권위가 걸려 있는 사안이고 자기만의 업적이 되어야 했다.

즉위식에는 조선의 사신 나덕헌과 이확이 있었다. 홍타이지는 황제의 자리에 오른 자신에게 삼배구고두의 예를 올리라고 강요했다. 그러나 두 사신은 목숨을 걸고 거부했다. 조선은 아직 형제국이지 청의 속국이 아니라고 생각했기 때문이다. 두 사람은 청의 관원에게 심하게 얻어맞았다.

홍타이지는 조선이 먼저 절교할 수 있는 명분을 제공하지 않기 위해 사신을 죽이지 않았다. 대신 조선에 국서를 보냈다. 스스로 죄를 깨우쳤다면 인조의 자제를 볼모로 보내라, 그렇지 않으면 군대를 일으켜 쳐들어 가겠다고 협박했다. 사실상 최후통첩이었다.

두 사신은 국서를 그대로 가져갈 경우 조선의 척화파(斥和派:물리칠 척, 화할 화, 갈래 파)들에게 받을 비난을 두려워했다. 결국 그들은 홍타이지가 준 국서를 폐기해 버렸다. 그러나 홍명구의 상소를 통해 홍타이지가 보낸 국서의 내용이 조정이 알려졌다. '개돼지만도 못한 오랑캐의 국서를 받아 가지고 멀쩡하게 돌아온 것을 용납할 수 없다.' 두 사람은 결국 평안도 변방으로 유배되었다.

정묘호란으로 명나라의 '신하'이면서 동시에 후금의 '아우'로 사는 것은 참으로 피곤한 것이었다. 정묘호란이 끝난 1627년부터 병자호란이 일어나는 1636년까지 근 10년간 조선은 강대국 사이에 낀 샌드위치 처지였다.

정묘호란 이후 후금이 조선에 간절하게 원했던 것은 무역이었다. 명나라가 경제 제재를 가하고 있었기 때문에, 만주 지역으로 몰려오던 중국 상인들의 발이 끊겼다. 후금은 아우의 나라 조선과의 교역에 큰 기대를 걸었다. 하지만 조선은 후금과의 교역에 소극적이었다.

후금은 자국 사신들에 대한 접대 수준을 높여 줄 것, 조총과 100척의 배를 요구했다. 그러나 조선 조정은 '명은 우리의 부모 나라이므로 너희에게 배를 빌려 주는 것은 천륜을 저버리는 행위'라고 거부했다. 당시 후금은 바다에서 작전을 할 수 있는 수군을 갖추지 못했다. 육군은 철기라 불릴 정도로 막강했지만, 수군은 체계 자체가 미미했다. 임진왜란을 계기로 후금은 조선 수군이 명나라 수군보다 강하다고 인식했다.

오랑캐에 맞서기에 조선의 군사력은 미약했다. 1627년 정묘호란으로 조선의 군사력은 수도권에 집중되어 인조와 조정을 호위하는 데 투입될 수밖에 없었다. 이괄의 난으로 군사력이 급감했다. 군사력을 강화하기 위해선 재정이 필요했다. 병력, 군량, 무기 등을 제대로 갖추는 것이 여의치 않았다.

인조는 병자호란 직전 오랑캐와 싸우자는 명분론자들의 손을 들어 주었지만, 실제로 싸우기 위한 근본 대책을 제시하던 신하들의 목소리에는 귀를 기울이지 않았다. 전쟁 준비 없이 전쟁을 선택한 것이다.

1635년 12월 9일, 인조의 왕비(王妃)였던 인열왕후 한씨가 세상을 떠났다. 이듬해 2월 16일, 후금의 사신 용골대와 마부대가 왔다. 인열왕후의 국상에 문상하고, 홍타이지를 황제로 추대한다는 사실을 알리기 위해서였다. '지는 해인 명을 버리고, 떠오르는 해인 후금을 선택하라'고 온 것이었으나, 조선의 신료들은 서신을 접수하지 않았다.

2월 26일, 체면을 구긴 용골대는 서신을 받아 주지 않는 데 불만을 품고 궁궐을 나가 버렸다. 마부대는 인열왕후의 빈소에 조문했다. 그런데 조문하려는 순간에 거센 바람이 불어 장막이 걷혔다. 장막이 걷혔을 때, 무기를 든 조선 병사들이 주변에 있는 것을 보고 마부대 일행은 기겁을 했다. 자신들을 해치기 위해 미리 잠복했다고 의심할 수 있는 상황이었다. 마부대 일행이 허겁지겁 달아났다. 용골대 일행이 도주하자 조선 조정이 공포에 휩싸였다. 이 사건으로 조선과 후금의 관계가 사실상 끝났다.

1636년 3월 1일, 인조가 평양감사 홍명구에게 유시문(諭示文, 임금이 훈계하는 글)을 보냈다.

'정묘년에 부득이하여 강화를 맺은 것도 부끄러운데, 지금 그들이 황제를 칭하려 하니 존망을 돌보지 않고 절교할 수밖에 없다. 팔도의 관찰사들은 이 소식을 들으면 죽기를 맹세하고 싸워 원수를 갚을지어다.'

인조의 명령을 전하기 위해 평양감사로 가던 전령이 용골대 일행에게 붙잡혔다. 인조가 전국에 하달한 절화교서(絶和敎書, 화의를 끊는다는 왕의 명령서)가 본국으로 돌아가던 청나라 사신들에게 탈취되어 3월 20일에 홍타이지 수중에 들어간 것이었다.

1636년 11월 25일, 홍타이지는 조선을 정벌하게 된 이유를 다음과 같이 열거했다.

'1619년 명을 도와 자신들을 공격한 것, 1621년 후금이 요동을 차지한 이후 도망쳐온 한인들을 받아들여 명나라에 넘긴 것, 정묘년에 형제 관계를 체결한 이후 누차 맹약을 어긴 것, 명나라에는 병선을 제공했으면서도 그것을 빌려 달라는 자신들의 요구를 거부한 것, 인조가 평양감사 홍명구에게 유시문을 보내 자신들의 관계를 단절하겠다고 한 것' 등이 그것이다.

병자년 12월 8일(1637년 1월 3일), 압록강을 건넌 청(淸)나라 군대는 거침없이 달렸다. 이렇다 할 저항이 없었다.

조선군은 치명적인 실수도 저질렀다. 황주에 주둔하던 도원수 김자점이 봉화를 올리지 않은 것이었다. 그는 청군이 겨울에 움직이지 않을 것이라고 생각했다. 또한 봉화가 올랐다는 사실이 알려질 경우 서울에서 벌어질 소동을 우려했다. 기동력이 빠른 청군이 평안도 내륙으로 급속히 진입하자, 조선군이 장계를 올렸다. 그러나 청군이 장계보다 빨랐다.

인조는 강화도로 가지 못했다. 인조 일행이 숭례문에 도착했을 때, 청군이 이미 지금의 은평구 녹번동까지 다다랐다. 김자점의 장계를 받자마자 강화도행을 시도했더라면 성공했을 것이다.

청은 병자호란을 도발하기 전부터 조선을 깊이 연구했다. 그들은 유사시 조선 조정이 강화도로 들어갈 것이라는 것을 알고 있었다. 정묘호란의 교훈이었다. 인조가 강화도로 들어가는 길을 아예 막아 버렸다. 홍타이지가 병자호란을 도발하면서 가장 우려했던 상황이 인조가 강화도로 들어가는 것이었다. 인조의 강화도행을 막지 못하면 전쟁은 길어지고 속전속결로 조선 문제를 해결하지 못할 것으로 예상했다.

영의정 김류는 인조에게 강화도로 가자고 다시 요청했다. 그는 청군이 1633년 공유덕 등의 귀순을 통해 수군과 함선을 보유하고 있다는 사실을 잊었다. 강화도는 더 이상 안전한 곳이 아니었다.

청군이 서울로 들어오기 직전, 인조는 강화도 방어를 책임질 검찰사로 김경징을 임명했다. 김경징은 영의정 김류의 아들이었다.

그는 배를 차출하고 거기에 누구를 먼저 태울지 결정하는 권한을 쥐고 있었다. 이른바 생사 여탈권을 가진 것이다. 그는 모친과 처를 가마에 태우고 집안의 재물을 운반했다. 가솔(家率)과 50개나 되는 재물 궤짝을 먼저 실었다.

김경징은 청군이 배를 만들고 있다는 사실과 청군 내부에 해전을 경험한 자들이 있다는 사실을 몰랐다. 강화도로 들어온 뒤에도 그의 행태에는 문제가 많았다. 날마다 잔치를 열고 술잔을 기울였다. 강화도라는 요새에서 오래 버틸 생각으로 주변의 마을에서 곡식을 운반해 오는 데만 혈안이 되어 있었다.

1637년 1월 19일, 청군은 자신들이 제작한 작은 배 80척을 수레에 싣고서 강화도로 출발했다. 김경징은 청군이 자그마한 수레인 동차(童車)를 이용하여 배를 육로로 운반하리라고는 상상조차 하지 못했다. 방어 태세를 갖추지 않고 오로지 천연의 험한 지형만을 믿고 있었다.

1월 22일 새벽, 청나라 군대가 강화도 앞바다를 건넜다. 선박에는 50~60명의 병력이 타고 있었다. 청나라 오랑캐는 해군이 약하기 때문에 강화도는 안전하다는 고정관념이 깨지는 순간이었다. 그날 후금의 수군이 상륙 작전을 감행하여 강화도를 함락시켰다. 고작 한나절만이었다.

강화도가 함락되자, 인조는 남한산성에서 나가기로 결심했다. 1월 30일, 인조는 남한산성의 서문을 나섰다. 산성에 갇힌 지 46일째

되는 날이었다.

  청군이 잠실의 삼전도에 아홉 단의 제단을 쌓았다. 홍타이지가 제단에 오르자 인조는 그 아래에 무릎을 꿇었다. 삼배구고두례(三拜九叩頭), 즉 세 번 절하고 아홉 번 머리를 조아렸다. 술과 안주가 나오고 음악이 울려 퍼졌다. 강화도에서 끌려 온 왕실과 신료들이 홍타이지에게 삼배구고두례를 행했다. 곧이어 용골대가 홍타이지 선물이라며, 짐승 가죽으로 만든 방한복을 나누어 주었다. 인조는 그것을 입고 홍타이지 앞에서 2번 무릎을 꿇고 6번 머리를 조아렸다.

  해 질 무렵, 도성으로 돌아가도 좋다는 허가가 내려졌다. 인조는 인질이 되어 심양으로 가게 된 소현세자와 봉림대군 부부와 이별했다.

  인조가 청군의 호위 속에 잠실 벌판을 지나 도성으로 돌아올 때, 수많은 포로들이 인조를 향해 울면서 절규했다.

  "임금이시어, 우리를 버리고 가시나이까?"

메이지 유신은 어떻게 성공했나

일본의 메이지(明治) 유신을 대하는 한국인의 마음은 이중적이다. 일본 제국주의의 침략에 화가 나고, 한편으로 우리도 그렇게 할 수 있었을 거라는 생각에 부럽기도 하다.

메이지 유신은 일본이 서구의 문물을 빠르게 받아들이고 스스로 근대화를 이룬 상징적 사건이다. 조선은 비슷한 시기에 유학적 명분과 질서에 집착하여 변화의 기회를 놓쳤다. 메이지 유신은 제국주의로 이어졌고, 그 첫 희생양이 조선이었다.

외부 환경

1780년대에 일본 홋카이도 일대에 러시아인들이 출몰하기 시작했다. 러시아는 시베리아를 거쳐 캄차카 반도를 기지로 삼아 오호츠크해로 나가려고 했다. 이런 움직임이 일본에게 위기감으로 작용했다. 러시아에 대한 경계론과 일본의 국방을 강화하여 러시아를 막아야 한다는 주장이 쏟아졌다. 당시 일본 막부에서는 '지금 러시아는 강한 기세를 가진 오랑캐이니 반드시 청나라를 칠 것이다. 그러나 청이 아직 강성하여 쉽게 침략할 수 없다. 그러므로 일본을 돌아보고 침을 흘리는 것이다.'라는 위기의식이 있었다.

1840년부터 1860년까지 벌어진 아편전쟁을 계기로 일본은 서양을 달리 보게 되었다. 서양이 무역만을 목적으로 하는 것이 아니라, 필요에 따라서는 무력을 동원하는 모습을 본 것이다. 그 결과 일본 내에서는 해외로 나가야 한다는 웅비론(雄飛論)을 주장한 세력들이 설득력을 얻었다.

더구나 청과 전쟁을 벌인 영국이 다음에는 일본을 침략할 것이라는 소문이 파다했다. 청의 아편전쟁 패배를 자신의 일처럼 여기던 상황에서, 일본에 출몰하는 서양 선박들을 보고서 쇄국 수구론(守舊論)은 힘을 잃었다.

1853년 여름, 에도만(江戶湾, 지금의 도쿄만) 앞바다에 미국 태평양 함대 사령관인 매튜 페리(Matthew Perry) 제독이 이끄는 함대가 나타났다. 흑선(黑船, 구로후네)이었다. 검은 연기를 내뿜으며 바람처럼 달리는 함선에서 쏜 한 발의 포성은 일본을 250년간의 잠에서 깨웠다. 일본 막부는 큰 충격에 빠졌다.

페리 제독은 일단 중국 상하이로 돌아갔지만, 이듬해 초에 다시 와서 국교 수립과 기항지 제공을 요구했다. 막부는 고심 끝에 페리의 요구를 수용하고, 1854년 미·일 화친 조약을 맺었다. 그리고 4년 뒤 일본 주재 미국 총영사인 타운센드 해리스(Townsend Harris)의 강압적 요구에 미·일 통상 조약을 체결하여 무역을 허용했다.

내부 환경

임진왜란을 일으킨 도요토미 히데요시가 1598년 9월에 죽었다. 그를 이긴 도쿠가와 이에야스의 막부가 에도(江戶, 지금의 도쿄) 시대를 열었다.

일본의 사무라이는 봉건제(封建制)로 운영되었다. 사무라이가 각 지역의 영주가 되었고 세습하여 통치했다. 그들 위에는 최고 지배자인 쇼군이 있었고, 쇼군은 막부를 세워 중앙 정부의 역할을 수행하게 했다. 이는 조선의 군현제(郡縣制)와 달랐다. 군현제는 중앙 정부가 전국에 군과 현을 설치하고 지방 관료를 임명하여 직접 통치하는 방식이다. 일본은 약 700년 가까이 사무라이에 의한 봉건제, 즉 막부가 지배했다.

도쿠가와 막부는 군현제에 못지않은 중앙 집권제를 실시했다. 막부는 다른 다이묘(大名, 봉건 영주)를 압도하는 무력과 경제력이 있었기 때문이다. 도쿠가와 시대에는 270여 개의 다이묘가 있었는데, 이를 통제하기 위해 무가제법도(武家諸法度)를 운영했다. 막부의 허가 없이 다이묘 가문끼리 결혼을 금지했다. 그리고 일종의 인질인 참근교대제(參勤交代制)를 시행하여, 모든 다이묘는 일정 기간 자기 번을 떠나 에도에 머물게 했다. 이런 통제 수단으로 260여 년 동안 다이묘의 반란은 없었다.

막부 시대에 천황은 존재감이 없었다. 천황은 군사력이 없고, 경제력은 막부에 집중되었기 때문이다. 정치에 관심을 두지 못하게 만들었기에 천황은 학문과 예술에 전념할 수밖에 없었고, 궁궐 밖으로 행차도 하지 않았다. 이런 상황에서 막부의 존재 의미는 대정위임론(大政委任論)에 있었다. 막부는 천황에게서 대권을 위임받아 전국을 통치하는 존재였다.

메이지 시대 사무라이의 특징을 보자.
도쿠가와 막부 시대에는 군인인 사무라이(侍: 모실 시, さむらい)가 지배했다. 이들은 원래 농사를 짓다가 유사시에 무장하는 계층이었다. 따라서 향촌에 거주했다. 그러나 도요토미 막부 시대에는 병농(兵農)을 분리했다. 이제 사무라이는 주군인 다이묘가 거주하는 성을 중심으로 형성된 조카마치(城下町)라는 도시에 거주하는 도시민이 되었다.

또한 향촌에 거주할 때는 자기 토지를 소유한 소영주 또는 지주였으나, 이제는 다이묘들에게 월급을 받는 샐러리맨이 되었다. 이들은 경제적으로 어려웠다. 물가가 급등하는 반면에 월급은 완만하게 상승했고, 조카마치의 생활비는 높았다. 고물가를 견디지 못한 사무라이들은 집안의 가보를 팔거나 잡일을 했다. 한편 200년간 전쟁이 없어서, 하급 사무라이들은 출세할 기회가 없었다. 일본에는 과거제가 없었기 때문에 가문의 일을 세습할 수 밖에 없었다.

이전의 사무라이와 달리 '독서하는 사무라이'가 등장했다. 일본에서는 18세기 후반부터 유학이 급속히 보급되었다. 무(武)가 여전히 중요했지만, 출세를 위해서는 문(文)도 익혀야 하는 시대가 된 것이다. 이 과정에서 학교 교육을 통해 유학을 배운 사무라이가 국가와 세상의 관심사에 대해 발언하기 시작했고, 점차 사대부가 되어 갔다.

도쿠가와 막부는 초기에 쇄국 정책을 선택했다. 16세기는 대항해 시대였다. 일본은 은을 대량으로 채굴하여 명나라의 도자기, 차, 비단, 서적과 바꾸었다. 중국과 일본 간의 무역을 중개한 것은 포르투갈, 스페인, 네덜란드 등이었다. 다이묘들은 유럽 상인들에게서 첨단 무기인 뎃포(鐵砲, 조총)를 수입하고 은으로 지불했다.

활발한 해외 무역에도 불구하고 도쿠가와 막부가 쇄국 정책을 선택한 것은 기독교에 대한 공포 때문이었다. 1542년 예수회 신부

사비에르(Xavier)가 규슈 지역에 포교하여 30만 명의 신도가 생겼다. 1637년 규슈에서 교도 2만 명이 반란을 일으켰는데, 저항이 강력하여 진압에 어려움을 겪었다. 이후로 막부는 기독교(기리시탄, 吉利支丹, Christian) 신도들을 극형으로 다스렸다.

쇄국 정책을 선택한 또 다른 이유는 막대한 은의 유출 때문이었다. 일본에 명나라의 사치품이 넘쳐나고, 일본의 은이 고갈될 것을 우려했다. 막부는 1639년 포르투갈 국적을 지닌 선박의 입항을 더 이상 허가하지 않았다. 네덜란드 기독교는 가톨릭 중심의 예수회와는 다른 개신교이며, 포교 활동 없이 무역만 하겠다고 설득하여 나가사키항에 국한하여 무역을 허가받았다.

서양 선박의 출몰에 대하여 일본에는 오래전부터 위기의식이 강했다. 일본은 임진왜란 이후 200여 년간 전쟁이 없는 상황에서 미래의 사태에 대해 과민하게 반응했다. 1644년 청나라가 명나라의 자금성을 함락하고, 1683년 대만을 함락시켰다. 이 시기에도 일본은 평화를 누리고 있었다. 러시아가 일본 해안에 나타나면서 러시아가 세계 정복을 꿈꾸고 있으며, 일본의 홋카이도가 출발점이 될 것이라는 위기의식을 갖게 되었다.

18세기 말, 서양이 노련한 항해술과 탁월한 선박 제조 능력으로 세계 각지를 침략하고 있다는 사실이 네덜란드 학자들에 의해 일본에 알려졌다. 이제 일본의 바다는 천혜의 요새가 아니라, 서양의 침략자들에게 노출된 약점이 되었다. 이로써 국방에 대한 개념이 바뀌기 시작했다. 특히 수도인 에도가 항구에 위치한 것이 큰 문제로 대두되었다. 당시 일본은 무가제법도에 의해 다이묘의 원거리 항해를 막을 목적으로 500석 이상의 쌀을 실을 수 있는 선박의 제조를 금지했다. 군함은 당연히 없었기에 해군력도 전무했다.

일본의 대응

위기의식을 갖게 되면 대응은 두 가지이다. 위기를 피하기 위해 문을 닫든가, 아니면 위기를 정면 돌파하기 위해 문을 여는 것이다.

서양 오랑캐를 물리치자는 양이론(攘夷論: 물리칠 양, 오랑캐 이, 논할 론)과 현재 일본의 군사력으로 양이는 불가능하다는 개국론(開國論)이 맞섰다. 양이론자들은 막부 중심의 정치를 주장한 반면, 개국론자들은 천황 중심으로 정치를 해야 한다고 믿었다.

특이한 것은 양이론자들이 부국강병을 위해 적극적인 무역과 해외 진출을 주장했다는 점이다. 무역을 통한 부국강병이 막부의 기본 노선이 되었다. 이런 변화는 1850년대 후반부터였다. 대표적 양이론자인 요시다 쇼인(吉田松陰)은 항해술 교육을 위해 교토에 대학을 세우고, 청년 수십 명을 네덜란드 배에 태워 매년 광둥, 자바 등지에 파견해야 한다고 주장했다. 아울러 서양에 관한 정보를 얻기 위해 외국어 습득과 서양 서적 번역도 필요하다고 했다.

양이론은 존왕양이(尊王攘夷)로 발전했다. 천황의 이름을 높이고,

외세를 배격하자는 슬로건이다. 그들의 주장은 타당했다. 1858년 미국 총영사 해리스의 압박에 굴복해 미일 통상조약을 체결했다. 이 과정에서 천황의 허가를 받지 않은 사실에 불만을 품은 세력이 들고일어났다. 막부가 서양 오랑캐를 막아 내지 못하면 천황을 받들어 그리하겠다는 존왕양이(尊王攘夷) 운동이 시작된 것이다. 이는 막부 타도를 위한 슬로건이자 메이지 유신의 사상적 토대가 되었다.

소프트뱅크의 손정의가 존경한 메이지 유신의 아이콘이 있다. '세상에 태어난 것은 무엇인가를 이루기 위해서다.'라는 말을 남긴 사카모토 료마(坂本龍馬)다. 도사번, 지금의 시코쿠(四国) 남부 고치현(高知県) 태생인 료마는 에도에 페리호가 나타나자 경비병으로 차출당했다. 이때만 해도 그는 양이론자였다. 아버지에게 보낸 편지에서 "전투가 곧 있을 예정입니다. 서양 놈의 목을 따서 돌아가겠습니다!"라고 장담할 정도였다.

료마가 충격을 받은 것은 페리 함대를 보고 나서였다. 페리 함대의 증기선은 1,000톤, 1,700톤짜리도 있었다. 100톤 정도에 불과했던 일본 범선과는 크기 면에서나 속도 면에서나 비교가 안 되었다. 거대한 군함 앞에 초라해 보이는 칼, 외국과 전쟁이 날 경우 전혀 도움이 되지 않는 칼을 본 것이다.

고향으로 돌아온 료마는 네덜란드 학문의 권위자인 가와다 쇼료(河田小龍)를 찾아갔다. 가와다는 쉽게 설명했다.

"일본 선박은 애들 장난감과 같다. 일본 병사가 그런 배에 올라 흔들리는 배 위에서 서양 배에 활이나 총을 쏘기는커녕 배 멀미하기 일쑤이다. 양이는 도저히 불가능하다. 개항을 하려면 군사력을 갖춰야 한다. 그렇지 않으면 여송(필리핀)과 같이 서양에 먹히는 신세가 된다."

무역을 일으키고 외국 선박을 구입하여 해상에 익숙한 사람을 길러야 한다는 것이었다. 비분강개만 하던 사람들과는 다른 접근이었다. 당시 지식인들은 양이가 불가능하다는 것을 인식하고, 어떻게 부국강병을 이루어 서양에 대응할 것인가를 고민했다.

료마의 최대 업적은 삿초(薩長) 동맹이다. 전쟁이 일어나기 전에 부국강병을 달성하기 위해서는 막부를 타도해야 했다. 당시 막부를 제외하고 가장 강력한 세력은 사쓰마번(薩摩藩)과 조슈번(長州藩)이었다. 막부를 쓰러뜨리기 위해서는 이들 번이 손을 잡아야 했는데, 문제는 이들이 앙숙이라는 데 있었다.

사쓰마번이 막부의 개국 노선을 지지하면서 정치 개혁을 요구한 반면, 조슈번은 양이론을 지지하며 반(反)막부적인 자세를 유지했다. 료마는 화해할 수 없는 입장이었던 이들 두 번이 경제적으로 손을 잡게 했다.

당시 막부 침공을 앞둔 조슈번은 서양식 무기가 절실히 필요했고, 사쓰마번은 쌀이 필요했다. 그러나 정부의 적이 된 조슈번이

나가사키에서 서양 상인과 접촉하기는 어려웠다. 그래서 사쓰마번이 증기선과 총포를 구입해서 조슈번에 넘겨주었다. 막부가 조슈번을 칠 경우 사쓰마번이 군량미를 지원한다는 약속도 받았다. 적절한 중재안이었다. 이념이 아닌 이익을 앞세움으로써 막부를 무너뜨릴 세력을 형성한 것이었다. 료마의 주선으로 1866년 1월 21일 삿초 동맹이 성사되었다. 료마의 표현대로 '일본을 다시 한번 세탁할' 준비가 되었다.

1867년 10월 14일, 에도 막부의 도쿠가와 요시노부(德川慶喜)가 대정봉환(大政奉還)을 단행했다. 일본의 실질적인 통치자였던 막부의 장군이 천황에게 권력을 반납하면서 에도 막부 시대를 끝낸 역사적인 사건이다. 대정봉환 선언문은 다음과 같다.

"지금 외국과의 교류가 날로 성하게 됨에 따라, 국가 권력이 한 곳에서 나오지 않고서는 기강을 세우기 어렵게 되었다. 이에 지금까지의 구습을 고쳐 정권을 조정에 봉환하고, 널리 천하의 공의를 다하며, 천황의 판단을 받들어 함께 협력하여 황국을 보호한다면, 분명히 해외 만국과 나란히 설 수 있을 것이다."

12세기 말 막부 이래 700년간 잡은 대권을 천황에게 넘겨준 것이다. 막부를 토벌하려던 조슈번과 사쓰마번은 타도의 명분이 사라지자 당황했다. 이들 번의 장수들은 요시노부가 새로 구성된 천황 정부에서 실권을 잡을 것을 우려했다. 겉으로는 대정봉환을 환영하면서 물밑에서 쿠데타를 준비했다. 교토에서 구성된 메이지 정부는 막부의 마지막 근거지인 에도로 진격했다.

막부의 총사령관 가쓰 가이슈〔勝海舟〕와 사이고 다카모리〔西鄕隆盛〕가 차 한잔을 사이에 두고 마주 앉아 담판을 지었다. 요시노부의 목숨을 살려 주고 가문도 지켜 주되, 영지를 4분의 1로 줄이고, 군대도 무장 해제하는 것이었다. 에도에는 100만의 시민이 살고 있었기에 전쟁이 터졌다면 수많은 인명 피해가 발생했을 것이다. 막부의 마지막 장군인 요시노부는 고향으로 돌아갔다.

이 사건에 이어 메이지 유신〔明治維新〕이 선포되었다. 도쿠가와 막부가 무너지고 왕정이 복고되면서 정치, 경제, 사회, 군사 전반에 걸쳐 서구화에 성공하는 변화 과정이 시작된 것이다. 서양에서의 변화가 아래부터 시작된 시민 혁명이라면, 메이지 유신은 지배 계급인 사무라이들의 주도로 이루어진 변화였다. 이를 기점으로 일본은 봉건 국가에서 근대 국가로 넘어가게 된다.

일본의 근대화가 메이지 유신에서 출발했다면, 그 중심에는 이와쿠라〔岩倉〕 사절단이 있다. 1871년부터 1873년까지(메이지 4년부터 메이지 6년까지) 유럽과 미국에 파견한 사절단으로, 특명 전권 대사 이와쿠라 도모미〔岩倉具視〕의 성을 따왔다. 이들은 유럽을 견학하면서 국력 차이를 실감했고, 일본이 나아갈 길을 찾았다. 반년간 미국에 체류하면서 방적 공장, 학교, 의회, 신문사도 살펴보았다.

미국의 부강에 감명받은 오쿠보 도시미치〔大久保利通〕는 프랑스로 유학 보내고자 데려간 두 아들을 미국에 남겼다. 사절단은 필라델피아, 뉴욕, 보스턴을 거쳐 영국 런던으로 갔다. 영국에서 약 넉 달간 체류하며 리버풀 조선소, 맨체스터 목면 기계, 글래스고 제철소, 버밍엄 맥주 제작소를 둘러봤다. 오쿠보는 영국이 부강한 이유로 증기, 철, 철도, 도로, 무역을 꼽았다. 1872년 말에 파리, 네덜란드를 거쳐, 이듬해 봄에는 독일로 갔다.

메이지 유신 정권의 '서양 통' 이노우에 가오루는 이렇게 말했다. "우리 일본 제국을 바꿔 유럽적인 제국으로 만들라. 우리 국민을 유럽적 국민으로 만들라. 이와 같이 하면 우리 제국은 비로소 조약상 서양 각국과 동등한 지위에 오를 수 있을 것이다. 오직 이것으로 독립하고, 오직 이것으로 부강을 이룰 수 있을 것이다."

사절단은 이 말에 크게 공감했다. 미국과 유럽 각국을 직접 보니 일본 국내에서 벌어지는 모든 일이 아이들 장난 같았다. 사무라이 기득권이나 일본 전통 보존이라는 것으로 싸울 일이 아니었다. 지금 당장 일본을 유럽처럼 만들지 않고는 지금의 기득권이나 전통은 한낱 물거품이 될 것이었다.

사절단은 천황주의도 경제력의 뒷받침 없이는 말장난에 불과함을 깨달았다. 그들이 탐냈던 것은 기계로 돌아가는 서구의 조선소, 방적 공장, 철도였다. 사절단은 이런 기술적 기반 없이 일본은 도쿠가와 시대를 벗어날 수 없고, 쇄국은 멸망의 길이라고 느꼈다.

전쟁의
역사에서 본
변화

〈베트남 지압 장군의 3불(三不) 전략〉

1. 적이 원하는 시간에 싸우지 않는다.
2. 적이 원하는 장소에서 싸우지 않는다.
3. 적이 원하는 방법으로 싸우지 않는다.

보 구엔 지압(武元甲, Võ Nguyên Giáp) 장군의 3불(三不) 전략이다. 그는 프랑스와의 인도차이나 전쟁, 미국과의 베트남 전쟁에서 승리한 베트남의 명장이다. 단점을 보완하기보다는 강점을 극대화하는 길을 선택했고, 이를 위해 10년간 준비했다.

프랑스는 식민 통치를 위해 베트남 독립 운동 단체인 베트민(Viet

Minh, 월맹)과 싸웠다. 베트남 입장에서는 항불(抗佛)전쟁이었다. 라오스로 들어가는 베트남군의 보급로를 차단하기 위해 프랑스의 앙리 나바르(Henri Navarre) 사령관은 3개 사단, 1만 5,000여 명의 최정예 병력을 베트남 북부 디엔비엔푸에 집중시켰다.

디엔비엔푸는 남북 20킬로미터, 동서 10킬로미터에 이르는 타원형의 험준한 산악 지형이다. 중간에 위치한 3킬로미터의 작은 분지는 진지 구축에 안성맞춤이었고, 비행기 활주로가 있어서 공중 보급이 가능했다. 나바르 장군은 디엔비엔푸라는 한정된 지역에서 전투를 하면 화력이 우세한 프랑스에 유리할 것이라고 예상했다.

지압 장군은 기존 방법으로는 프랑스군을 이길 수 없다고 생각했다. 적의 화력이나 지형으로 보아 불리했다. 그는 무기, 병력과 식량 수송 계획을 바꾸었다. 병사들은 야포와 대공포 200대를 줄로 묶어 하루 800미터씩 운반하여 100킬로미터나 되는 정글을 3개월에 걸쳐 돌파했다. 자전거를 수레로 개조해 식량을 운반했고, 적의 정찰을 피해 밤에만 이동했다. 디엔비엔푸 언덕에 도착해서는 수백 킬로미터의 참호를 팠다. 밤에만 작업했기 때문에 프랑스군은 전혀 눈치채지 못했다.

지압 장군은 수적 열세를 만회하기 위하여 디엔비엔푸 지역의 부족민들을 독립 운동에 가담시켰다. 이들은 소수 민족이라서 문화뿐만 아니라 언어도 달랐다. 지압 장군과 그의 병사들은 낮에는 부족민과 생활하면서 농사를 도왔다. 그들의 언어를 익히면서 독립의 중요성을 이해시켰다. 문맹자들을 위해 외우기 쉬운 노래를 만들어 보급했다. 그리하여 베트남 북쪽의 부족들은 대부분 베트민이 되었고, 10만이 넘는 대규모 병력을 갖출 수 있었다.

지압 장군은 완벽한 공격 시기, 즉 3월 하순부터 시작되는 우기를 기다렸다. 1,500mm 이상 억수 같은 비가 쏟아지는 몬순기에 프랑스 공군의 네이팜탄은 효과를 발휘하지 못할 것이고, 비행이 불가능하면 보급이 어려워지기 때문이다.

지압 장군은 적이 원하지 않는 시간대, 주로 밤이나 새벽, 휴일이나 명절에 기습했다. 1954년 3월 13일에 시작된 디엔비엔푸 전투는 55일 만에 베트민의 완벽한 승리로 끝났다. 프랑스군은 3,000여 명이 전사했고, 1만 1,700여 명이 포로로 잡혔다. 이 전투에서 승리함으로써 베트남은 프랑스 식민 지배에서 벗어날 수 있었다.

출처: 중앙일보(2016년 12월 20일)

이번에는 미국과의 전쟁을 보자. 베트남 통일 정부의 공산화를 우려한 미국은 전쟁에 개입했다. 미국과 남베트남(베트남 공화국)이 자유주의 진영으로, 북베트남과 남베트남 민족 해방 전선(NLF)은 공산주의 진영으로 맞서 싸운 전쟁이다. 이것이 우리나라도 파병했던 월남전(越南戰)이다.

미군은 북베트남과의 군사 분계선에서 남쪽으로 20킬로미터, 서쪽 라오스 국경에서 10킬로미터 떨어진 고원 지대인 케산(Khe Sanh)에 캠프를 설치했다. 북베트남군은 남베트남에서 활동하는 NLF를 지원하기 위해 라오스와 캄보디아를 통해 무기를 공급했다. 이 통로를 '호치민 루트'라고 한다. 케산은 호치민 루트가 시작되는 길목이었다.

미군은 디엔비엔푸처럼 당하지 않기 위해 전략을 바꾸었다. 북베트남군이 포 한 발을 쏠 때, 미군 포병은 20발씩 대응했다. 프랑스군이 보급품을 커다란 수송기로 실어 나른 것에 비해, 미군은 헬리콥터를 이용해 낙하산으로 보급품을 떨어뜨렸다.

그런가 하면 미군의 웨스트멀랜드(Westmoreland) 장군은 폭탄을 폭포처럼 퍼붓는 '나이아가라 작전'을 주도하기도 했다. 매일 5,000개의 폭탄을 케산 주변 마을과 산악 지대에 퍼부었다. 케산 주변에 투하된 폭탄의 양이 히로시마에 떨어진 원자폭탄의 5배나 되었다. 정글은 황무지로 변했다.

1968년 1월 31일 자정, 북베트남군은 베트남 최대 명절인 구정에 맞춰 대대적인 공격을 감행했다. 북베트남군과 게릴라들이 남베트남의 주요 도시들을 일제히 공격했다. 목표는 관공서와 주요 시설이었다. 사이공에 있는 미 대사관으로 쳐들어갔다.

지압 장군은 생각이 달랐다. 고원 지대인 케산 공격보다 도시 공격이 더 중요하다고 보았다. 미군에게는 보급로인 호치민 루트를 끊는 것이 중요했지만, 호치민 루트는 미군이 아무리 파괴해도 다시 만들 수 있는 길이었다. 케산의 일부 지역을 공격한 것은 미군 정예 부대를 케산에 묶어 둠으로써 도시를 쉽게 공격하기 위한 트릭이었다.

지압 장군은 적이 예상하지 못한 장소를 공략하는 이유를 간략히 설명했다.

"전쟁에서는 항상 적보다 한발 앞서야 한다. 적이 전략이나 전술을 바꾼다면, 그에 앞서 행동해야 한다. 그래서 항상 미군이 익숙하지 않은 장소와 생소한 상황에서 전투를 하게 만들었다."

일찍이 손자는 전승불복(戰勝不復)을 강조했다.

전쟁의 승리는 똑같이 반복되지 않는다는 것이다. 이전에 이겼던 방식에 변화를 주지 않고 답습하면 실패한다는 것이다. 지압 장군은 전투 방식을 상황에 따라 계속 변화시켜 나라를 지켰다.

미국 남북 전쟁의 소총

미국의 남북 전쟁(American Civil War)은 미국인 사망자가 역대 최다인 전쟁이다. 당시 노예제를 지지하던 남부의 주들이 미연합국(남군, Confederate States of America)을 형성하여 미합중국(북군, United States of America)으로부터 독립하고자 벌인 전쟁이다.

1861년 4월부터 1865년 4월까지 4년간 계속되던 남북 전쟁은 북군의 승리로 끝났고, 이는 미국 전역에서 노예제가 폐지되는 계기가 되었다. 1만 건이 넘는 교전이 발생했고, 그중 40%가 버지니아주와 테네시주에서 일어났다. 그 전투들 중 하나가 남군의 수도인 버지니아의 리치먼드에서 있었다.

1864년 6월 3일 새벽 4시, 북군은 리치먼드를 방어하던 콜드하버(Cold Harbor) 진지를 공격했다. 3개 군단 6만 명이 진격했는데, 공격 시작 8분 만에 7,000명이 죽거나 부상당했다.

프레더릭스버그 전투도 마찬가지였다. 남군은 돌담 뒤에서 북군을 기다렸다. 북군 6개 사단, 16개 여단이 차례로 전진하다가 6,000~8,000명이 전사했다.

남북 전쟁의 전사자는 남군과 북군을 통틀어 약 60~70만 명이다. 제2차 세계 대전으로 29만 명의 미군이 전사한 것과 비교하면, 상대적으로 전사자 수가 너무 많았다. 두 전쟁에서 무기의 살상 수준은 차이가 컸다. 제2차 세계 대전 당시 무기의 파괴력이 더 컸는데, 열등한 무기를 사용한 남북 전쟁에서 오히려 전사자가 더 많았던 이유는 무엇인가.

그것은 나폴레옹식 전투 방식 때문이었다. 남북 전쟁 직전에 미국과 유럽의 사관학교와 군대에서는 한결같이 나폴레옹 방식의 전투를 따랐다. 보병은 열을 지어 행진하고, 대포는 보병을 지원 사격하는 방식이다.

50미터 거리로 근접하면 소총으로 사격전을 벌이고, 2~3열의 보병이 교대로 일제히 사격을 하고, 돌격해서 백병전으로 승부를 냈다. 이 방식에서 핵심은 대형 유지였다. 소총과 대포의 살상력이 떨어지기 때문에 최종 승부는 백병전이었다.

4년이나 지속된 남북 전쟁에서 장군들은 왜 이런 죽음의 방식을 고집했을까? 병사를 산개시키고 낮은 포복으로 각개 약진하는 방식을 왜 생각하지 못했을까? 왜 많은 전사자가 나온 이후에야 밀집 대형에서 산개 대형으로 전투 방식이 바뀐 것일까?

1821년 나폴레옹의 사망 이후 40년 사이에 총의 제조 기술은 비약적으로 발전했다. 소총의 역사를 바꾼 신기술은 강선(腔線, 총포의 내부에 나사 모양으로 판 홈)으로, 탄환이 목표물에 깊이 박히도록 돌면서 나가게 하는 역할을 한다. 활강 소총은 강선이 없다. 회전이 없어서 비거리와 정확도가 현저하게 떨어졌다. 반면에 강선 소총은 활강 소총에 비해 사거리와 정확도 면에서 무려 5배나 향상되었다.

활강식 소총인 머스킷(musket)은 총신 안에 나선형 강선이 없어 내부가 매끈하게 뚫려 있다. 최대 사거리는 90미터이고, 유효 사거리는 50미터이다. 맨눈으로 조준했을 때 사람의 상반신을 맞출 수 있는 거리가 50미터인 것이다.

강선 머스킷(rifle-musket)의 최대 사거리는 900미터, 유효 사거리는 기존 총의 4배 사거리인 365미터이다. 프랑스 대위 클로드-에티엔 미니에(Claude-Étienne Minié)가 고안해서 총알에도 홈을 팠다. 강선 머스킷은 탄환을 고속으로 회전시켜 치명적인 총상을 입혔다.

활강식 소총을 활용한 보병 전술은 전열 보병(戰列步兵, line infantry)이었다. 보병들이 활강식 소총을 들고 옆으로 나란히 서서 사격하는 전술이다. 사거리가 짧고 정확도가 떨어지기 때문에 종으로 2~3열로 얇게 하고, 횡으로 길게 섰다.

이것을 모르고 전투에 나섰던 나폴레옹식 전열 보병들은 무참하게 죽어 나갈 수밖에 없었다. 너무 많은 병사들이 죽은 후에 '엎드려 쏴'를 시작했다.

최무선의 화포

1380년 8월, 지금의 군산항에 왜구들이 500척의 대선단을 거느리고 곡식을 노략질했다. 최무선은 부원수(副元首)로 임명되어 도원수(都元首) 심덕부, 상원수(上元首) 나세와 함께 100척을 이끌고 출항했다. 화포로 왜구의 500척을 초토화시켰다. 이것이 최초로 화포를 사용하여 승리한 진포대첩이다.

당시 고려는 왜구와의 전쟁으로 힘겨웠다. 왜구는 고려 충정왕

시절인 1350년부터 40여 년간 591회 침입했다. 우왕 3년에는 개성 담당 고려 수군이 전멸하고, 거함 50척이 손실을 입고, 사병 약 1,000여 명이 전사했다. 왜구는 '아무도 자신들을 막는 자가 없으니 진실로 낙토(樂土, 낙원)'라며 도적질을 했다.

고려가 이렇게 참패한 이유는 육군 위주의 방어에만 치중했기 때문이다. 해안선 방어의 문제는 경계병을 촘촘하게 깔면 전력이 분산되고, 병력을 집중하면 경계선에 구멍이 뚫리는 것이었다. 더 중요한 이유는 왜구의 해상 공격에 속수무책이었기 때문이다. 왜구는 해전에 강해서 이길 수 없다고 생각했고, 백성이 곤궁에 빠질 것을 우려해서 함선을 건조하지 않았다.

이때 왜구를 무찌를 대안을 갖고 있던 장수가 최무선이었다. 그는 고려 최초로 화약과 화포를 개발했다. 고려는 화약 제조 기술도 없고, 핵심 원료인 염초(질산칼륨)도 부족했기 때문에 화약과 화포를 중국에서 전량 수입했다.

최무선은 화약의 국산화에 모든 것을 걸었다. 40대 중반의 나이에 화약 제조 기술을 배우러 원나라로 유학을 갔으나, 기술 습득에 실패했다. 그는 포기하지 않았다. 고려를 방문하는 중국 상인들을 수소문하여 염초 기술자 이원을 찾아냈다. 그를 자신의 집으로 초대하여 옷과 음식을 주면서 수십 일 동안 화약 제조 기술을 전수받았다. 정부의 지원을 받은 것이 아니라 자신의 비용과 노력으로 배웠다.

최무선은 젊어서부터 원나라에 파견되어 무관으로 근무했기에 중국어를 잘했다. 당시는 고려가 원나라의 부마국이라서 많은 왕자와 상인, 유학생들이 중국에 가서 살았다. 원나라에서 화포를 보고 그 위력을 체험한 최무선은 '왜구를 무찌르는 데에는 화약만 한 것이 없으나, 고려에는 아는 사람이 없다'며 한탄했다.

최무선은 1377년 조정에 건의하여 화통도감(火㷁都監)을 설립했다. 여기서 로켓형 무기인 주화(走火), 신호용 대포인 신포(信砲)를 비롯하여 18종의 화약 무기를 개발했다. 진포해전에 투입되어 실전에 활용되기까지는 3년이 걸렸다.

진포해전 이후 동왕 9년(1383년)에 왜구가 남해의 관음포에 상륙하여 노략질을 하자 최무선은 부원수로 출정했고, 이 전투에서도 화포를 써서 왜선을 격침시켰다. 이로써 왜구의 침입이 대폭 줄어들었고, 조선 중기 임진왜란 때까지 수군 전력이 일본에 앞섰다.

미드웨이 해전의 관료주의

1941년 12월 7일 일요일 새벽, 일본군은 미국 하와이주 오아후 섬의 진주만에 기습 공격을 감행했다. 이 공격으로 12척의 미 군함이 침몰하거나 피해를 입었다. 188대의 비행기가 격추되거나 손상을 입었다. 미군 2,335명과 민간인 103명이 사망한 반면, 일본은 항공기 29대 손실, 일본군 64명 사망에 그쳤다. 루즈벨트 대통령은 12월 7일을 '치욕의 날'로 선포했고, 그로부터 사흘 뒤 미 의회는 전쟁을 선포했다. 제2차 세계대전에서 중립을 지키던 미국이 참전하게 된 것이다.

1942년 6월 4일부터 사흘간 벌어진 미드웨이 해전은 태평양 전쟁에서 미국의 결정적인 승리 중 하나다. 진주만 공습으로 치명타를 입었던 미국은 이 전투로 태평양 제해권을 지키는 데 성공했다. 반면에 이를 기점으로 일본 제국은 점점 내리막길을 걷게 된다.

일본이 진주만을 공습한 것은 미국이 태평양 전쟁에 개입하지 못하게 하려는 것이었다. 부존 자원이 없는 일본이 석유, 고무, 구리 등 전략 물자를 얻는 데 걸림돌이 된 것이 바로 미국이었다. 항공모함을 파괴하여 미국이 이를 복원하는 동안, 태평양의 섬들을 점령할 계획이었다.

일본의 실패는 육군과 해군의 충돌에서 시작되었다. 미국에 기습적으로 큰 타격을 입히면 협상 테이블에 나올 거라 여기고 시작한 전쟁이었다. 하지만 미국을 협상에 이끌어 내는 방법을 두고 일본 육군과 해군의 생각은 완전히 달랐다.

일본 육군은 중국 전선을 최우선으로 두었기 때문에 태평양 전투에 더 이상 발을 걸치고 싶지 않았다. 점령지의 방어를 강화하고 공격을 계속 막아내면 미군이 알아서 떨어져 나갈 거라는 수세적 입장이었다.

반면에 일본 해군은 자신들이 확보한 전략적 우위를 바탕으로 공세에 나서면 미군에 확실한 타격을 입힐 것이라고 계산했다. 영화 〈미드웨이〉를 보면, 육군이 해군을 무시하는 장면이 나온다.

"해군의 책무는 우리 육군을 데려가고 데려오는 것이요."

일본 연합 함대 사령관인 야마모토 이소로쿠(山本五十六) 제독은 태평양에서 미 해군을 공격하여 항공모함을 끌어내고 격파하면, 미군이 강화 협상에 나올 것이라고 주장했다. 하지만 이 계획에 누구도 동의하지 않았다. 일본 육군과 해군은 항공모함의 전략적 가치를 높게 보지 않았다. 항공모함은 항공전을 위한 수상 활주로에 불과할 뿐, 공격에 활용할 전략 무기는 아니라고 본 것이다.

내부 갈등은 크나큰 대가를 치르게 만들었다. 미드웨이 공격을 결정했으나, 육군의 요구에 따라 알류샨 열도 공격도 같이 진행해야 했다. 함대를 분산시킴으로써 전력을 약화시키는 치명적 실수를 저질렀다.

군대의 심각한 관료주의는 패배로 이어진다. 당시 일본군은 사관학교에서부터 파벌 싸움이 있었고, 상관이 무리한 명령을 내리더라도 하급자는 절대적으로 복종해야 하는 분위기였다. 뒷배가 없으면, 아무리 실력이 좋더라도 사소한 실수나 말실수 하나에 경질 당하거나 옷을 벗게 되는 경우도 많았다. 이런 분위기와 경직성 때문에 일본군 고위 장교 대다수는 보신주의적 성향이 짙었다. 누가 봐도 아군을 도와야 하는 상황에서도 상부의 명령이 없으면 절대 움직이지 않았다. 그 결과 예상치 못한 변수가 발생하면 작전이 우왕좌왕하다가 그대로 대패하는 경우도 있었다.

대표적인 사례가 미드웨이 해전에서 일본 제1항공함대를 이끌었던 나구모 주이치(南雲忠一) 제독이다. 나구모는 미드웨이를 공격하기 위해 함재기(艦載機, 군함에 탑재된 항공기)의 어뢰를 고폭탄으로 교체하라고 명령했다. 교체하는 도중에 정찰기로부터 미군 함대가 출현했다는 보고가 있자, 다시 폭탄을 어뢰로 교체하라고 명령을 내렸다.

이때 미국 기동 부대가 나구모 함대를 공격했다. 일본 함대의 갑판에는 폭탄이 널려 있었다. 미군의 급강하 폭격으로 일본 항공모함 3척이 침몰했고, 일본군 정예 조종사들이 전사했다. 미군 폭격기의 공격이 쏟아지는 와중에도 교범대로 전 항공기의 무장을 모두 바꾼 후 출격하라는 경직된 명령 때문이었다.

크로마뇽인의 바늘

고고학 연구는 뼈와 돌에서 시작한다. 방사성 탄소 연대 측정법(radiocarbon dating)은 뼈에 포함된 탄소를 측정하여 연대를 추정한다. 칼륨-아르곤 연대 측정법(Potassium-Argon dating)은 암석에서 칼륨이 아르곤으로 변화하는 정도를 통해 연대를 추정한다.

고대 DNA 분석(Ancient DNA Analysis)은 고대 인류의 뼈와 치아에서 DNA를 추출하여 인류의 진화, 이주 경로, 인류 집단의 교류, 친족 관계, 질병을 파악한다. 미토콘드리아 DNA(mtDNA)는 모계

유전자를 통해 이주 패턴, 지리적 분포, 유전자 혼합을 파악한다.

미세 마모 분석(Microwear Analysis)은 석기 도구나 유물의 표면에 남아 있는 미세한 긁힘, 자국, 마모 패턴 등을 현미경으로 관찰하고 분석하여 사용 방법과 용도를 추정하는 방법이다. 이를 통해, 사냥 방법, 도구 제작 기술, 식물과 동물의 가공 방법, 문화적 변화를 분석할 수 있다.

고고학은 이런 단서들을 가지고 먼 옛날을 생각하는 학문이다. 인류가 남긴 흔적을 통해 그들이 어떻게 변화했는가를 추정하는 것이다.

마지막 빙하기에 네안데르탈인이 크로마뇽인과 경쟁했다. 네안데르탈인은 힘도 세고 체격이 좋았다. 40만 년을 생존한 종이다. 고대 인류 네안데르탈인(Neanderthal)은 대서양 연안에서 유라시아까지 번성했다. 강하고 민첩한 인류였다. 네안데르탈 사냥꾼들은 들소 같은 크고 위험한 동물에 몰래 접근해 창으로 찔러 사냥했다. 네안데르탈인은 40만 년 전에 지구에 출현하여 3만 년 전에 멸종했다. 엄청난 힘을 가졌으며 맨발로 돌아다녔고, 가공하지 않은 두꺼운 털 옷을 몸에 걸치고 가죽 끈을 묶어서 입었다. 무거운 나무로 만든 창과 나무 몽둥이로 야생 황소 같은 무시무시한 야수들을 사냥했다. 강하고 훌륭한 사냥꾼이었다.

네안데르탈인들은 수백 세대가 지나는 동안에도 생활에 변화가 거의 없었다. 그들의 먼 조상이 사용했던 동일하고 단순한 방식으로 생활했을 뿐, 무리와 무리 사이에 사회적 관계를 맺는 구조로 발전시키지 못했다.

크로마뇽인(Cro-Magnon)은 키가 크고 호리호리했다. 프랑스 남서부 레에지의 크로마뇽 동굴에서 발견된 현생 인류 호모 사피엔스(Homo sapiens)이다. '호모 사피엔스'는 '슬기로운 사람'이라는 뜻의 라틴어로, 이들은 잘 발달된 두뇌와 언어 능력, 혁신적인 성향, 놀라운 인지 능력을 갖추었다.

크로마뇽인들은 갈수록 추워지는 후기 빙하 시대에 어떻게 살아남을 수 있었을까. 최후 빙기 최성기(Last Glacial Maximum)는 2만 1,500년~1만 8,000년 전이었다. 이 시기에 대부분의 유럽은 눈 사막이었고, 스칸디나비아 반도가 거대한 빙하로 덮여 있었다.

크로마뇽인들은 이 추위를 바늘로 이겨냈다. 크로마뇽인들은 아프리카에서 서남아시아를 거쳐 유럽으로 들어왔다. 그들은 서남아시아의 온화한 환경에서 목공 능력을 갖췄다. 이 목공 실력으로 추운 유럽에서는 동물의 뿔과 뼈를 깎았다. 서남아시아에서 나무 바늘에 식물 섬유를 실로 사용했고, 유럽에서는 뼈 바늘에 가죽끈을 실로 사용했다.

추운 겨울에 체열이 머리와 손발을 통해 빠져나가기 때문에 몸을 따듯하게 보호하기 위해 옷을 여러 겹으로 껴입었다. 바늘이 없었다면 짐승의 가죽을 이용해 여러 겹으로 된 겨울 옷을 만들 수 없었다. 여성들은 바늘을 이용해 늑대, 순록, 북극여우와 같은 짐승의 털과 가죽으로 옷을 만들었다.

크로마뇽인 사냥꾼들은 사정 거리가 먼 가벼운 석촉(石鏃, 돌화살)을 사용했다. 네안데르탈인들의 나무 창보다 훨씬 효과적이었다. 가벼운 무기는 극도로 추운 환경에서 사냥에 더 수월했고, 작은 크기의 짐승들도 사냥할 수 있었다. 크로마뇽인들은 두 개의 획기적인 발명품, 겹쳐 입는 옷과 가벼운 무기 덕분에 살아남을 수 있었다.

누구도 같은 강물에 두 번 발을 담글 수는 없다.
그 강물은 같은 강물이 아니고, 그도 같은 사람이 아니기 때문이다.
(No man ever steps in the same river twice,
for it's not the same river and he's not the same man.)

- 그리스 철학자, 헤라클레이토스(Heraclitus)

제5장
철학

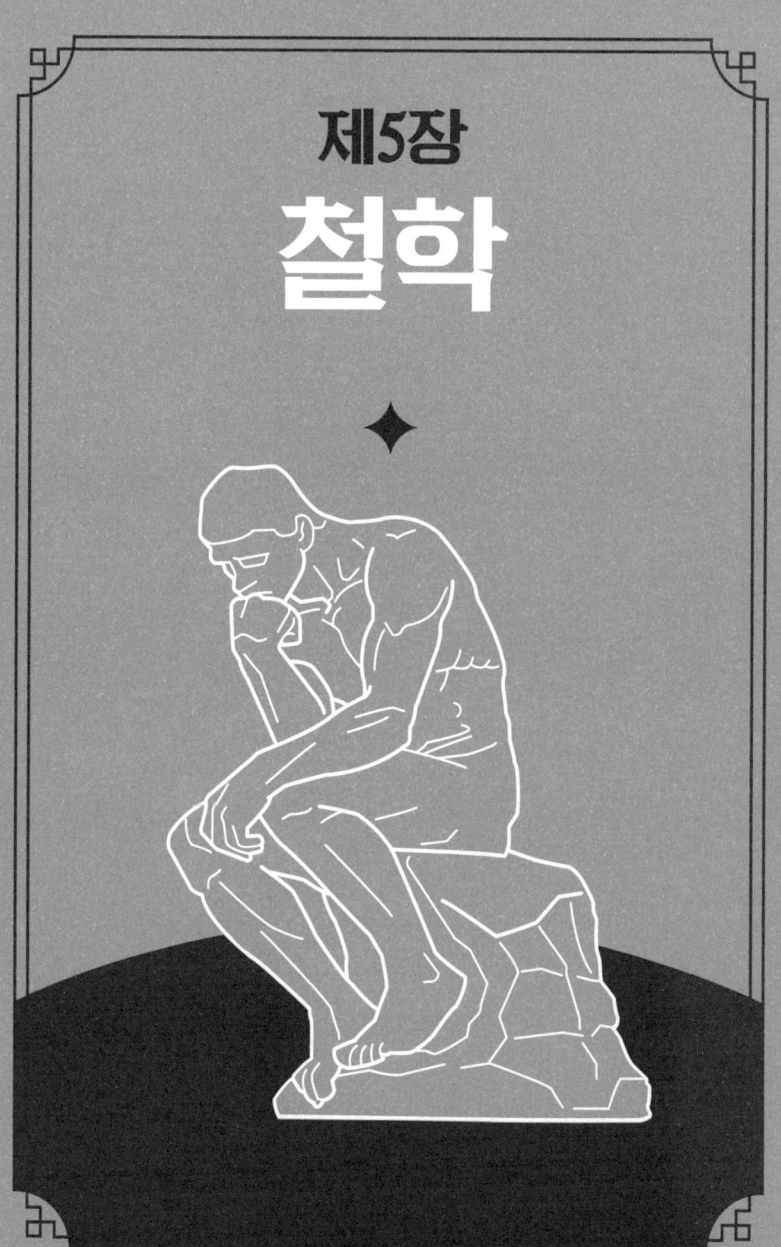

Change
Chance

31

니체의
낙타 – 사자 – 어린아이

"신은 죽었다."

독일의 철학자 니체(Nietzsche)가 한 말이다. 그에 따르면, 지금껏 인류가 믿어 온 절대적 진리라는 것은 존재하지 않는다. 이제 신은 죽었고, 절대적 진리는 없다. 허무주의가 도래한 것이다. 허무주의(虛無主義, Nihilism)는 신, 구원, 진리와 같은 절대적 가치가 존재하지 않는다는 것이다.

니체는 능동적 허무주의를 지향한다. 아무것도 진리가 아니며, 모든 것이 허용된다. 그렇기 때문에 무엇인가를 시도할 수 있게 된다. 나 자신이 삶의 목표를 직접 설정할 수 있다는 뜻이다. 이제 인간은 자신의 삶에 스스로 의미를 부여하고 목표를 정해야 한다.

허무주의를 극복하기 위해서 니체가 제시한 방법이 초인이다. 초인(超人)은 독일어로 위버멘쉬(Übermensch)인데, '위버(Über)'는 무엇을 넘어서다는 뜻이고, '멘쉬(mensch)'는 인간이다. 영어로는 Beyond Human이다.

초인의 핵심 사상은 '인간은 극복되어야 할 존재'라는 것이다. 초인은 스스로 삶의 목적을 창조하고, 자신만의 가치를 만들어 낸다. 초인은 자신을 극복하기 위해 고난을 견디는 것에 그치지 않고 고난을 사랑한다. 무엇인가 창조하기 위해서는 끊임없이 스스로를 돌아본다. 자기 자신에게 시선을 돌리고 내면의 소리를 듣는다. 그 안에서 자신을 발견하고 자신을 넘어서는 단서를 찾는다.

니체는 말한다.

"네 자신을 넘어설 수 있는 가치를 만들어 내는 것이 너의 존재 의미이고, 그가 바로 초인이다."

허무주의를 극복하기 위해 니체가 제안한 또다른 방법은 영원 회귀이다. 영원 회귀(永遠回歸, eternal recurrence)란 시간은 둥근 원처럼 영원히 이어지고, 우주와 인생은 그 원에서 영원히 되풀이된다는 것이다. 불교에서 말하는 윤회와는 다르다.

목적도, 의미도 없는 삶이 무한히 반복된다면 얼마나 비극적인가? 일상이 영원히 반복된다면 생각만 해도 끔찍하다. 그러므로 영원히 반복되어도 좋은 상태로 만들어야 한다. 영원 회귀가 되어도 좋은 상태는 지금이 최상인 상태다. 지금 최상의 상태로 산다면 영원히 반복되어도 좋은 것이다. 오늘보다 나은 내일을 꿈꾸지 말고 오늘에 충실하라는 것이다. 현재의 삶을 다시 살고 싶도록 살라는 것이다.

니체의 변화

니체는 『차라투스트라는 이렇게 말했다』에서 낙타, 사자, 어린아이라는 세 단계의 변화를 제시했다.

'낙타(Camel)'는 척박한 환경에서 무거운 짐을 지고 가면서도 불평 없이 묵묵히 걷는다. 낙타의 특징은 인내와 순종이다. 무거운 짐을 참아내고, 주인의 명령에 무조건 복종한다. 무거운 짐은 기존의 관습, 제도, 가치를 의미한다.

다음으로 '사자(Lion)'는 기존의 가치를 부정한다. 자신을 구속하고 있는 관습과 제도로부터 벗어나려고 한다. 사자는 자유 의지의 상징이다. 기존의 관습과 규범을 부정하고, 기존의 가치를 파괴하고 새로운 가치를 창출하려는 자세이다. 새로운 가치를 만들기 위해서 의심하고 저항한다.

낙타는 타인이 강요한 짐을 지지만, 사자는 자신이 원하는 짐을 진다. 자신이 질 짐을 스스로 만드는 것이다.

'어린아이(Child)'는 있는 그대로의 나를 말한다. 어린아이는 순진무구하고, 놀이를 즐기며, 매사에 긍정적이다. 선입견과 편견이 없기에 주위 환경을 그대로 받아들인다. 나이에 대한 구별도 없다. 만나는 사람이 모두 친구다.

어린아이는 망각을 상징한다. 어른들은 과거의 경험을 중시하고 기록에 의존하는 경향이 있다. 반면에 어린아이는 과거를 잊고, 오로지 현재에만 집중할 줄 안다.

니체는 우리에게 어린아이로 돌아가라고 한다. 현재의 세계를 놀이로 간주하고, 놀이하듯 창조적으로 살라고 한다.

본래의 자신이 되기 위해서는 낙타, 사자, 어린아이라는 세 단계의 변화를 거쳐야 한다. 낙타는 출발점이다. 자신이 지고 가는 짐이 있어야 하고, 그 짐이 무엇인지를 알아야 한다. 그 짐을 남의 명령에 따라 수동적으로 지고 가는지를 보아야 한다.

낙타의 단계를 극복하려면 이제까지 당연히 해야 하는 것으로 알고 아무런 의심 없이 받아들였던 기존의 관습과 가치에 저항해야 한다. 사자는 더 이상 낙타처럼 무조건 복종하지 않는다.

어린아이는 낙타와 사자의 단계를 거치고 나서야 도달할 수 있는 단계이다. 천진난만하게 망각하고, 놀고, 창조하는 어린아이는 새로운 가치를 만들어 낸다.

적용

낙타의 단계에서 할 일은 무엇인가? 우선 내가 지고 있는 짐이 무엇인지를 알아야 한다. 그 짐에 대해서 스스로 묻는 것이다. 그 짐을 진 채, 아무 의심 없이 따르기만 한다면 낙타처럼 일하는 것이다. 주어진 업무를 별 생각없이 매뉴얼대로, 전임자가 하던 대로 따라 하기만 하는 것은 낙타의 자세이다. 마지 못해, 돈 때문에 어쩔 수 없이 일하고 있는 것도 낙타의 삶이다. 남이 부여한 의무대로 살고, 다른 사람을 흉내 내는 것이 낙타의 업무 수행 방식이다.

낙타의 단계는 변화관리의 초기에 해당한다. 이 단계에서 조직이나 개인은 기존의 규칙과 질서를 따르며, 현재 상태에 순응한다. 낙타가 무거운 짐을 지고 가는 것처럼, 기존 시스템과 절차를 따르며 변화의 필요성을 느끼지 못한다. 현재 시스템에 안주하려고 한다.

사자는 변화관리의 두 번째 단계이다. 니체가 말한 사자의 의미처럼 기존의 규칙과 질서에 도전하는 시기이다. 기존의 상태에 대해 의심하고 저항한다.

사자는 낙타의 매너리즘(mannerism)을 극복해야 한다. 낙타의 매너리즘은 오랫동안 변화하지 않아 굳어진 습성이다. 이런 상태에서는 틀에 박힌 방식과 태도를 고집한다. 타성(惰性: 게으를 타, 성품 성)에서 벗어나 사자가 되기 위해서는 '왜 이 일을 하는가?'라는 질문을 던지며 일의 의미를 찾아야 한다.

또한 남이 시켜서 하는 수동적인 업무와 반복적인 업무를 줄여야 한다. 현재 자신이 하고 있는 업무에 AI와 디지털화, 자동화를 도입하는 것도 하나의 방법이다. 그래야 창의적인 공간이 생기고,

이런 공간에서 사자가 자란다.

사자는 스스로 업무의 주인이 되는 것이다. 일에 의미를 부여하고, 책임감을 갖는다. 이런 과정을 통해 자신의 능력을 넘어서는 도전을 한다.

어린아이는 변화관리의 세 번째 단계이다. 어린아이처럼 새로운 가능성을 열고, 창의적인 사고로 변화를 받아들이는 단계다. 모든 것을 새롭게 바라보며, 자유롭게 상상하고, 새로운 가치를 창조한다.

'그것 참 재미있겠는데. 한번 해 보자.' 이런 가볍고 즐거운 마음가짐으로 업무에 임할 때 참신한 아이디어가 나온다.

어린아이가 망각하듯 과거의 성공은 잊어버리고, 실패도 잊어버려야 새로운 시도를 할 수 있다. 과거의 성공을 그리워하고, 거기에 묶이면 변화하기 어렵다. 또한 과거의 실패도 잊어야 한다. 실패로부터 교훈을 얻고 잊어야 한다. 그래야 과거에 대한 시선을 현재로 돌릴 수 있다.

니체는 "힘이 증대되었다는 느낌이 행복"이라고 말한다. 그가 말하는 행복은 단순히 고통이 없는 상태가 아니라, 스스로 성장하고 더 강해지고 있다는 인식이다. 어려움을 극복하거나 한계를 넘어설 때 맛보는 성취감이 바로 그것이다.

예를 들어, 운동을 통해 체력을 기르는 과정을 생각해 볼 수 있다. 처음에는 힘들고 근육통도 생기지만 점점 더 무거운 기구를 들

수 있고, 오래 달릴 수 있게 되면서 자신이 강해지고 있다고 느낀다. 이때 맛보는 성취감이 바로 니체가 말하는 행복이다. 이 과정에서 고난과 고통이 없기를 바라지는 않는다.

또 다른 예를 들면, 살면서 크나큰 실패나 상실을 겪은 후, 그 경험을 통해 가치관을 새롭게 세우고 더 단단한 마음으로 살아가게 되는 순간이 있다. 이전보다 더 넓은 시야와 더 깊은 철학을 얻게 되었을 때 느끼는 평온함과 내면의 힘이 니체가 말하는 '힘이 증대된 행복'이다.

안락을 추구하는 사람들에게 외부의 변화는 모두 위협이다. 그들은 아무 일도 일어나지 않기를 바란다. 이불 밖이 제일 위험하다며 움직이지 않는다. 이런 사람들에게 니체는 다음과 같이 조언한다.

"위험하게 살아라!

베수비오 화산의 비탈에 너의 집을 지어라!"

키르케고르의
여행

덴마크의 철학자 키르케고르(Kierkegaard)는 아버지와 하녀 사이에서 태어났다. 그는 스물한 살 전에 형제자매 3명이 3년에 걸쳐 요절했고, 어머니까지 잃는 비극을 겪었다.

게다가 사랑하는 여인에게서 갑작스럽게 파혼 통보를 받았다. 이러한 고통스러운 경험으로 그는 서른다섯을 넘기지 못할 것이라 생각했다.

이런 상황에서 키르케고르는 여행을 떠났다. 덴마크 북동쪽 카테가트(Kattegat) 해협의 푸른 바다를 바라보며 깊은 사색에 잠겼고, 그곳에서 자신의 복잡한 문제를 해결할 방법을 찾았다. 그 답은 '실존주의(實存主義, existentialism)'였다.

플라톤에 의지한 서양 철학은 '본질'을 중시해 왔다. 플라톤의 철학에서 본질(idea)은 시간과 공간을 초월하여 영원하고 변하지 않는 절대적인 것이며, 모든 구체적인 사물은 이 본질을 기반으로 존재한다. 본질이 먼저 있고, 그에 따라 구체적인 요소들이 파생된다는 것이다.

그러나 '실존주의의 원조' 키르케고르는 이러한 플라톤적 사유와 결별했다. 그는 비현실적이고 추상적인 원리보다는, 현실적이고 구체적이며 개별적인 인간의 삶을 중시했다. 키르케고르의 철학은 그의 심각한 개인 문제에서 출발했다. 그는 자신의 내적 갈등을 해결하기 위한 방편으로 실존주의를 찾은 것이다. 이것은 문제 해결과 치유의 길을 제시하는 생활 철학으로 발전했다.

키르케고르가 말하는 실존주의는 인간을 단순히 이성적 존재로 보지 않는다. 인간은 육체와 감정을 지닌 실존적 존재이며, 현실의 난관과 맞서 싸우는 존재이다. 자기 자신과 힘겹게 싸우는 가운데 희로애락을 체험하며 살아가는 구체적인 사람에 관한 철학이다. 실존주의는 인간이 자신의 참된 모습을 재발견하고, 거짓된 자아에서 벗어나 구체적인 방법으로 자아를 실현하도록 이끈다.

인간이 현실의 문제를 극복하고 다른 세계로 변화를 시도할 때 직면하는 것이 '불안'이다. 무엇인가를 추구하고, 변화를 시도하는 인간에게 불안은 필연적인 것이다. 그러나 불안을 안고서도 변화해 나가겠다는 의지를 표출할 때, 비로소 절망에서 벗어날 수 있다.

키르케고르는 '절망(絶望, despair) 전문가'이다. 그는 절망을 '죽음에 이르는 병'에 비유하고, 이 절망은 진정한 자신과의 불일치에서 비롯된다고 보았다. 인간이 절망에 빠지는 이유는 자신의 본질을 잃고 가짜 자아로 살아가기 때문이다.

따라서 인간은 자기 성찰을 통해 진정한 자신을 발견하고, 자아실현을 통해 자기 완성을 이루는 주체적 존재가 되어야 한다. 키르케고르는 이러한 주체적 노력의 부재가 인간을 절망으로 이끈다고 경고했다.

키르케고르의 변화

키르케고르는 인간의 자아 실현 과정과 모습을 세 단계로 나누었다. 미적 실존, 윤리적 실존, 종교적 실존이다. 각 단계는 인간이 자신의 실존적 한계를 깨닫고, 점차 더 높은 차원의 자아를 향해 나아가는 과정을 말한다.

미적 실존 단계의 사람은 감각주의자들이다. 이들은 감각적 쾌락과 즉흥적인 즐거움을 추구한다. 윤리적 규범이나 종교적 계율에 구애 받지 않을 뿐만 아니라, 자신에 대한 반성이나 분석없이 순전히 감성의 요구에 따라 즉흥적으로 대처한다.

이들은 주변의 변화를 직감적으로 평가하고 대처한다. 계획없이 감각적, 쾌락적으로 살아가기 때문에 권태와 불안을 동반한다. 내적인 공허함과 권태는 더 큰 불안을 일으키고 결국은 절망에 이른다.

그러나 절망이 반드시 부정적인 것은 아니다. 완전히 절망에 빠진 자는 자기 자신을 재점검할 기회를 갖는다. 그래서 키르케고르는 다음과 같이 역설했다.

"절망하라, 절망을 선택하라!
절망할 때 우리는 다시 선택한다."

아이러니하게도 우리는 진정한 절망 속에서 비로소 과거의 삶을 반성하고 비판하며 부정하고, 이러한 과정에서 새로운 변화를 추구할 수 있다.

키르케고르의 윤리적 실존 단계는 인간이 쾌락과 욕망을 좇는 심미적 단계를 넘어, 선과 악을 분별하며 도덕적 책임을 자각하는 상태를 의미한다. 이 단계에서 개인은 자유롭게 선택할 수 있는 존재임을 깨닫고, 그 선택의 결과에 대한 책임을 스스로 짊어진다. 또한 자신의 한계와 죄의식을 성찰하며, 내면의 통일성과 의미 있는 삶을 추구한다.

키르케고르는 말한다.

"진정한 자기 자신이 될 때, 우리는 그 누구보다 소중하다. 인간의 위대함은 자기 자신이 되는 것이다."

종교적 실존 단계는 인간이 도덕적 규범을 넘어, 신과 직접 마주하며 삶의 의미를 찾는 단계이다. 이 단계에서 개인은 이성이나 윤리로는 설명할 수 없는 '신앙의 도약'을 통해 신을 전적으로 신뢰한다. 신과의 관계는 철저히 개인적인 것이며 타인이나 사회가 대신할 수 없다는 점에서, 고독하지만 궁극적인 평안을 제공한다.

종교적 실존 단계에서는 윤리적 가치가 무효화되지 않으며, 오히려 더욱 엄격하게 요구된다. 이는 윤리적 단계와 종교적 단계가 본질적으로 서로 긴밀하게 관련되어 있기 때문이다.

적용

키르케고르는 인생의 비극을 경험하고 여행을 떠났다. 자신을 위로해 줄 것이 더 이상 없었기 때문이다. 그는 바닷가에서 파도를 보면서 자신이 살아 있음을 깨달았으리라. 수십억 년 전부터 존재해 온 파도를 보면서 자신의 비극은 그리 대단하지 않다고 느꼈으리라. 그리하여 살아 봐야겠다는 의지가 생겼을 테고, 그 비극을 느끼는 현재의 자신을 발견했을 것이다.

여행과 파도는 비슷한 면이 있다. 사람들은 낯선 곳을 여행하면서 일상에서는 미처 보지 못했던 자신의 모습을 발견하게 된다. 이는 지루한 일상에서 잊고 지냈던 자아의 모습이자 살아 있는 자신이다.

파도 또한 이와 같다. 끊임없이 반복되는 파도를 바라보면서, 오랜 역사 속에 존재하는 자신의 유한성을 깨닫고, 동시에 생명력을 느낀다. 파도는 우리의 존재를 일깨워 주며, 파도 앞에서 자신이 살아 있음을 인식하게 된다.

지금처럼 사는 것이 맞는지 의문이 생기고, 일이 지루해졌다면 여행을 떠나자. 힘든 일이 많고, 새로움을 잊어버렸다면 바다로 가서 파도와 마주하자.

실존주의를 가장 잘 실천한 기업을 꼽으라면 마이크로소프트일 것이다. MS는 초창기에 "지구상의 모든 책상과 가정에 우리 소프트웨어가 실행되는 개인용 컴퓨터를 깔자."를 모토로 삼았다. 어디서나 접근이 가능한 컴퓨터를 지향한 것이다.

그러나 2014년 2월, 주주총회를 통해 "지구상의 모든 사람과 조직이 더 많은 것을 성취하도록 돕자."로 존재의 이유를 바꿨다. 이는 IT 기술을 이용하여 모든 개인과 회사들의 장기적인 성장을 돕는 것이다.

이런 변화를 통해 MS는 클라우드 컴퓨팅 기업으로 전환했고, 인공 지능의 중요성을 강조하며 Open AI에 초기 투자했다. 그 결과 MS는 현재 AI 분야에서 명실상부한 강자가 되었다. 이는 "우리 삶은 나를 지배하는 생각의 결과물이다."라는 키르케고르의 철학을 실천한 사례다.

공포와 불안은 서로 다르다. 공포는 특정 대상이나 상황에 대한 반응으로, 명확한 원인이 있다. 반면에 불안은 특정한 대상이 없거나 아직 일어나지 않은 상황에 대한 심리적, 신체적 반응이다. 인간이 현실의 절망을 극복하고 새로운 세계로 나아갈 때, 불안은 필연적으로 맞닥뜨리게 되는 감정이다. 무엇인가를 추구하는 인간에게 불안은 불가피하다.

불안이 없이 완전히 풍요로운 상태에서는 오히려 권태가 찾아오기 마련이다. 키르케고르는 불안을 생존의 원천으로 보았으며, 불안을 통해 인간은 성장할 수 있다고 주장한다. 그는 자신의 자유의지로 불필요한 불안을 떨쳐내고, '자유의 현기증'을 즐기면서 살아가라고 권한다.

카스파르 다비드 프리드리히(Eduard Swoboda, 1774~1840)
<안개 바다 위의 방랑자>(1818)

헤겔의
정(正)-반(反)-합(合)

게오르크 빌헬름 프리드리히 헤겔(Georg Wilhelm Friedrich Hegel)

헤겔(Hegel)의 표정은 철학자 중에서 가장 심각하다. 초상화 속 그의 눈빛은 차갑고 무심하다. 마치 먼 곳을 바라보며 사색에 잠긴 듯하다. 이러한 외모만큼이나 그의 철학 역시 심오하고 복잡하다.

당시의 시대 상황도 헤겔을 심각하게 만들었다. 그가 태어난 1770년은 산업 혁명과 시민 혁명이라는 큰 변화의 시기였다. 1760년경 영국에서 시작된 산업 혁명은 경제와 사회 구조를 급격하게 변화시켰다. 그리고 미국의 독립 전쟁(1775~1783년)과 프랑스 혁명(1789~1799)은 정치적 패러다임을 뒤흔들었다. 프랑스 혁명은 절대 왕정과 귀족 사회의 낡은 체제를 무너뜨리고 새로운 시민 사회를 건설한 최초의 사회 혁명이다. 프랑스 혁명은 헤겔뿐만 아니라 유럽과 세계 각국에 지대한 영향을 미쳤다.

1799년 나폴레옹은 프랑스 통령 정부의 첫 통령이 되었다. 헤겔은 나폴레옹을 시대 정신(Zeitgeist, Spirit of the Times, 한 시대의 사회에 널리 퍼져 그 시대를 지배하거나 특징짓는 정신)을 구현한 역사적 '영웅'으로 평가했으며, 베토벤 역시 교향곡 3번 〈영웅(Eroica)〉을 헌정하며 그를 시대의 변화와 진보의 상징으로 보았다.

헤겔은 『정신 현상학』을 나폴레옹 시대에 집필했다. 이 책은 헤겔의 저서 중 가장 어렵다고 평가받지만, 동시에 그가 '근대 철학의 완성자'로 불리는 이유이기도 하다. 그는 36세라는 젊은 나이에 시대적 상황을 반영하고 자신의 철학을 집대성했다.

정신 현상학(精神現象學, Phenomenology of spirit)은 이름 그대로 '정신의 현상학'이다. 현상(現象)은 인간이 지각할 수 있는 형태로 본질의 밖에 나타난다. 비록 명확한 진리는 아니지만, 진리가 경험을 통해 인간 의식에 드러나는 결과이다. 따라서 현상에 대한 이해는 진리에 도달하기 위한 과정이자 탐구라 할 수 있다.

헤겔의 『정신 현상학』은 의식이 경험을 통해 대립을 극복하고 진리에 도달하며, 주체적인 정신으로 발전해 가는 과정을 다룬다.

정신은 그 자체로 진리이며, 의식은 감각에서 이성으로, 이성에서 시대정신으로 나아가는 변증법적 발전을 통해 완성된다.

헤겔은 자기 의식을 중요한 주제로 다루었으며, 그 본질은 자립성에 있다. 자기 의식은 주체성을 가지고 있으며, 주체로서 존중받기를 원하기 때문에 자의식은 곧 자존감을 의미한다. 헤겔은 이 자기 의식이 존중받는 것을 '인정'이라고 불렀다. 모든 인간은 타인에게 인정받기를 원한다. 그러나 자신의 자기 의식만 존중받기 원할 뿐, 타인의 자기 의식은 인정하려 들지 않는다. 이러한 자기 의식은 타인을 지배하려는 욕구로 나타나는데, 누구도 지배당하길 원하지 않기 때문에 서로 인정을 받고자 하는 갈등, 즉 '인정 투쟁'이 발생한다.

헤겔은 타인에게 인정받고자 하는 노력을 '열정'이라고 했다. 그는 세상의 어떤 위대한 일도 열정 없이는 이루어지지 않는다고 보았다. 열정은 개인의 이익, 목적, 이기적 의도에서 발생하는 활동으로 자신의 욕망에 집중하는 힘이다.

헤겔은 이러한 열정을 가진 인물을 '영웅'이라 불렀다. 영웅은 시대정신의 대행자이자, 역사적 진보를 위한 도구이다. 세계의 역사는 자신의 목적을 달성하기 위해 영웅을 이용한다. 영웅이 그 역할을 다하면 무참히 버려진다.

영웅은 소멸하고 죽어 가지만, 시대정신은 영원히 승리하며 살아남는다. 우리 인간은 시대정신의 과정에 참여해 세계 역사의 목적을 자신의 목적으로 실현하고 사라지지만, 인류의 목적은 계속 살아남는다.

헤겔의 변화

헤겔의 변증법(辯證法, dialectics)은 모순과 대립을 통해 진리를 찾는 철학적 방법이다. 고대 그리스의 철학자 헤라클레이토스는 '변증법 원리의 창시자'로 불린다. 당시의 변증법은 논리학이자 대화법으로, 주제에 관해 서로 다른 견해를 가진 둘 이상의 사람들이 나누는 대화를 의미했다.

헤겔은 이러한 고대 변증법적 논리학을 체계화하여 현재의 변증법을 만들었다. 그의 변증법은 모순과 대립을 통해 발전하는 사유의 과정을 철학적으로 설명한 것이다.

헤겔의 변증법은 '정(正)-반(反)-합(合)'의 구조로 이루어진다. 정(正, These)이 있으면 이에 대립하는 반(反, Antithese)이 등장한다. 정과 반의 대립이 극한에 이르면 양자의 합(合, Synthese)으로 승화(昇華, Aufheben)하고, 합은 다시 정으로 자리매김한다. 합(合)은 정(正)도 아니고, 반(反)도 아니다. 둘을 모두 품고 있다.

헤겔에 따르면, 인간의 역사는 정과 반의 무한 대립이 아니라 변증법을 통해 합을 이루며 진보한다. 그의 변증법은 '만물은 변하고, 역사는 진보한다'는 긍정적 역사관이다.

헤겔의 변증법을 더 깊게 이해하려면 '주인과 노예 변증법'을 살펴볼 필요가 있다. 『정신 현상학』에서 제시된 이 변증법은 주인 의식에서 시작된다. 자기 의식이 타인에게 인정을 받으면 주인 의식이 형성되고, 이는 주인이 된다는 의미다. 반면에 패자는 주인의 아량으로 목숨을 유지하지만, 자기 의식을 인정받지 못하므로 노예가 된다. 이렇게 '주인-노예'의 관계가 성립된다.

그러나 주인과 노예의 관계는 노동을 매개로 뒤집힌다. 주인은 노예의 노동 결과물을 누린다. 노동하지 않고 노예를 통해 욕구를 충족한다. 따라서 주인은 노예에게 의존하며, 노예 없이는 자립할 수 없다. 반면에 노예는 노동을 통해 주인을 섬기지만, 이 과정에서 자기 자신을 발견하고 보편적 자유의 이념을 깨닫게 된다. 주인은 자기의 자유밖에 모르지만, 노예는 보편적 자유를 깨닫는 존재로 변모한다. 이로써 노예가 주인이 되고, 주인이 노예가 되는 '관계의 역전'이 일어난다.

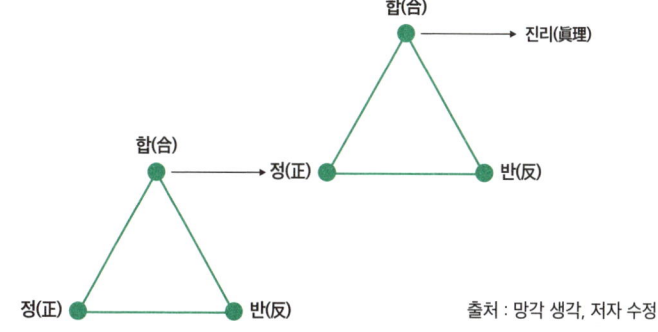

출처 : 망각 생각, 저자 수정

적용

헤겔의 변증법에 따르면 발전은 대립과 모순을 통해 이루어지며, 질문은 이러한 대립적 사고를 유도하는 도구이다. 따라서 질문은 단순한 정보 수집이 아니라, 내재된 갈등을 드러내고 새로운 통찰을 이끌어내는 철학적 수단이다.

먼저 '정(正)'이라는 사실이 제시되면, 이는 의심 없이 받아들여질 수 있다. 하지만 질문이 제기되면 그 사실의 약점이나 한계가 드러난다. 이러한 질문을 통해 '반(反)'이라는 새로운 관점이 형성되어 기존 사실에 도전하고 대립하게 된다. 정과 반의 대립은 결국 더 높은 수준으로 통합되는 '합(合)'으로 진화한다. 질문은 '정'에 문제를 제기하고 '반'을 형성하며, 이를 '합'으로 발전시킨다.

'정-반-합' 구조를 보여 주는 질문의 사례가 있다. 삼성을 세계적 기업으로 만든 이병철 회장의 세 가지 질문이다.

1. 뭐하노?
   = 요즘 무슨 일 하나?
2. 문제 없나?
   = 일하는 데 문제 없나? (문제점을 말하면) 와 그렇노?
3. 우짤낀데?
   = 앞으로 어떻게 할 건가?

존 듀이의 경험

존 듀이의 경험

'경험주의 교육의 창시자'라 불리는 존 듀이(John Dewey)의 교육 철학은 '경험을 통한 학습'이다. 그는 교육을 단순한 지식 전달이 아니라, 학습자가 직접 경험하고 문제를 해결하며 환경과 상호 작용하는 과정이라고 보았다. 이 과정에서 학습자는 단순히 정보를 받아들이는 수동적인 존재가 아니라, 지식을 탐구하고 창조하는 능동적인 존재로 성장할 수 있다.

듀이가 경험을 중시한 이유는 경험의 통합적인 특성 때문이다. 서양 철학은 근세까지 이원론(二元論, dualism)이 지배했다. '정신과 물질', '주관과 객관', '창조자와 피조물', '이성과 감각', '선과 악'과 같이 두 가지 틀로 우주의 원리를 설명한 것이다. '정신'은 보편적이고, 불변하며, 절대적이고, 완전한 것으로 간주했다. 반면에 '물질'은 개별적이고, 가변적이고, 상대적이고, 일시적이고, 불완전한 것으로 보았다. 한마디로 '정신'을 중시했다.

듀이는 정신과 물질을 분리하거나, 이성과 경험을 구분하려는 관점에 문제가 있다고 지적했다. 그는 이러한 이분법적 사고가 이론적으로나 현실적으로 갈등을 유발한다고 생각했다. 인간이 실제로 경험하는 상황에서는 정신과 물질, 이성과 감각, 사고와 행위가 분리되지 않고 통합적으로 작동하기 때문이다. 듀이는 이 두 개념은 경험을 중심으로 하나의 통합된 덩어리이며, 분리된 상태로는 존재할 수 없다고 주장한다.

듀이의 통합적 정신은 교육 분야에 새로운 출발점을 제시했다. 아는 것과 행하는 것, 목적과 방법, 이론과 실제, 학교와 사회 간의 갈등이 완화되었으며, 교육 문제를 해결할 때 분리하거나 대립시키지 않고 유기적으로 결합하는 접근이 가능해졌다.

듀이의 경험 중심 교육(Experience-based Education)은 학습자가 직접 경험을 통해 배워 나가는 과정을 강조한다. 그는 기존의 지식 전달 위주의 교육 방식을 거부하고, 학습자가 주도적으로 환경과 상호작용하며 의미를 찾는 경험을 중시했다. "교육은 삶 자체"라는 그의 말처럼, 이러한 경험이 지식, 기술 습득 및 성장에 가장 효과적이라고 보았다.

경험 중심 교육은 학습자들이 실생활의 문제를 해결하며 배우는 것을 강조한다. 듀이는 학생들이 단순한 이론이나 교과서적 지식이 아니라, 현실 세계에서 실제로 발생하는 문제를 해결하는 과정을 통해 학습해야 한다고 했다. 이를 통해 학습자는 비판적 사고, 창의적 문제 해결, 협업 능력을 키울 수 있다.

예를 들어, 수학 교육에서도 단순히 공식을 암기하는 것이 아니라 일상생활에서 수학적 문제를 적용하고 해결하는 활동을 제공해야 한다는 것이 듀이의 문제 해결 중심 학습 방식이다.

듀이는 학습이란 단순히 책을 읽거나 강의를 듣는 것이 아니라, 실제로 해보고 체험하는 과정을 통해 이루어져야 한다고 생각했다. 'Learning by Doing(하면서 배운다)'은 그의 교육 철학을 단적으로 보여주는 표현이다. 이는 이론적인 지식보다는 다양한 활동과 경험을 통해 배워야 한다는 것을 의미한다.

듀이의 실용주의(實用主義, Pragmatism)는 '변화(change)가 실재(reality)한다'는 관점이다. 진리나 지식이 이론적이거나 추상적인 것이 아니라, 실제 삶에서 유용한 것이어야 한다. 이를 통해 개인과 사회의 문제를 해결하고 발전시키는 것이다.

듀이의 실용주의에서 진리는 고정되어 있거나 영원불변한 것이 아니라, 경험과 환경의 변화에 따라 새롭게 정의될 수 있는 것이다. 실제 상황에서 문제를 해결하는 데 유용해야만 진리로서 가치가 있고,

실제 생활에서 검증되고 그 유용성이 입증될 때 의미를 갖는다.

지식이나 사고는 단순한 이해의 대상이 아니라, 문제를 해결하기 위한 '도구'로 간주된다. 듀이는 이것을 '도구주의(instrumentalism)'라고 불렀다. 인간이 외부 환경과 상호 작용하는 과정에서 생겨난 문제들을 해결하기 위한 지식과 개념을 강조했다.

이러한 도구주의적 관점에서, 지식은 그 자체로 목적이 아니라 문제 상황에 활용되어 유용한 결과를 만들어 내는 수단이어야 한다. 지식은 상황과 목적에 따라 변형되고 재해석될 수 있으며, 얼마나 효과적으로 문제를 해결하는지에 따라 그 가치가 결정된다.

그렇기 때문에 듀이는 과학적 방법론이 실용주의에서 중요한 역할을 한다고 보았다. 과학적 방법이란 문제를 인식하고, 가설을 세우고, 그 가설을 실험으로 검증하며, 그 결과를 통해 결론을 도출하는 과정을 말한다. 경험을 통해 끊임없이 검증하고 수정하는 과정이다. 따라서 듀이의 실용주의는 변화를 수용하고, 새로운 상황에 적응하는 유연한 사고를 의미한다.

듀이는 흥미를 강조했다. 흥미는 '자신이 종사하는 일에 대한 관심이며, 일에 대한 이해 관계'로, '어떤 일과 일체가 되게 하는 것'이다. 내적 에너지나 호기심이 자신의 목적과 결합되어, 일에 몰입하는 태도다.

흥미는 구경꾼이 아니라 참여자가 되는 것이다. 어떤 일이 자신에게 어떠한 영향을 미치는지를 주시하고, 그 결과에 따라 자신의 방향을 바꾸려는 행동이다. 따라서 흥미는 목적과 밀접하게 관련되며, 주관적인 기대에 의해 흥미가 발생하고, 그 기대를 실현하려는 의지에 의해 자발적인 노력이 나온다.

듀이에 따르면, 흥미(interest)의 어원은 '사이에 있는 것', 즉 '떨어져 있는 두 사물을 연결하는 것'이다. 흥미가 없다는 것은 출발점과 목표 사이의 관계를 이해하지 못한다는 뜻이다. 흥미는 학습의 출발 단계와 완성 단계 사이에서 학습자의 태도를 결정하며, 개인의 마음을 움직이는 힘이 된다.

존 듀이의 변화

듀이는 경험의 성장 과정을 횡적 성장, 종적 성장, 통합 성장이라는 세 단계로 설명한다. '횡적 성장'은 인간과 환경 사이의 상호 작용을 말하며, '종적 성장'은 선행 경험이 후속 경험으로 이어지는 연속성을 의미하고, '통합 성장'은 횡과 종이 통합되어 지속적으로 성장하는 과정이다.

듀이에 따르면, 경험은 개인과 그 당시에 그 환경을 구성하는 요소들 사이에 일어나는 거래 작용(transaction)으로 성립된다. 이는 경험 주체인 인간과 경험 객체인 환경이 서로 주고받는 작용에 의해 이루어진다. 경험은 욕망을 가진 인간이 환경에 가하는 작용(action)과 그 결과에 따른 환경의 반작용(reaction)이 결합한 형태다. 경험은 인간이 욕망을 갖고 무엇인가를 해보는 것(trying)에서 나온다. '경험으로 배운다는 것'은 인간이 어떤 일을 행하는 것과 그 결과에 의해 받는 기쁨과 고통의 인식이 연결되는 것이다.

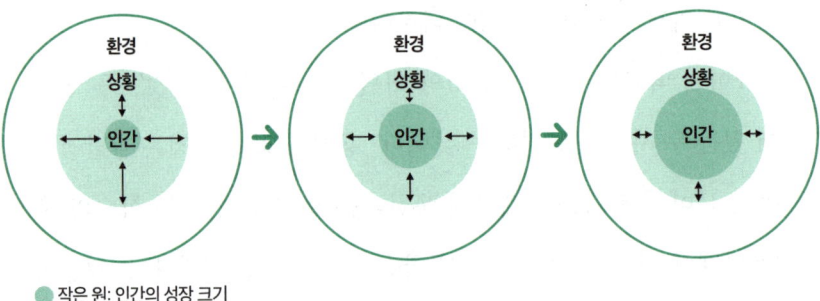

● 작은 원: 인간의 성장 크기
→ 연속의 원리

출처: 송도선, 『경험의 구조』(2021)

듀이는 모든 생명체가 환경과 상호 작용하며 살아간다고 믿었다. 생명체는 단순히 환경에 순응하지 않고, 생존을 위해 환경에 맞추어 변화한다. 환경은 인간의 행동을 촉진하거나 억제하는 조건이 되어 변화를 일으킨다. 인간에게 완전히 고립된 행위는 없으며, 모든 활동은 타인과의 관계 속에서 변화한다.

경험의 연속성은 '모든 경험은 이전 경험으로부터 영향을 받으며, 동시에 뒤따르는 경험의 질을 변화시킨다'는 것이다. 이는 모든 경험이 다음 경험에 의존하며, 스스로 후속 경험을 이끌어내는 생명력을 지닌다는 것이다. 다시 말해 선행 경험과 후속 경험이 연결된다는 뜻이다.

이러한 연속성의 원리를 보여 주는 대표적인 개념이 '습관'이다.

습관은 반복된 행동이 굳어져 무의식적으로 나타나는 고착된 행동이다. 이 습관은 고치기 어려운 기계적 체계이다. 듀이는 이러한 습관에 경험 연속의 원리가 잘 담겨 있다고 보았다.

습관은 행동을 편리하고 효율적으로 만들어 주며, 환경을 능동적으로 통제하는 역할을 한다. 그러나 고착된 습관은 개방성이나 창의력이 없어 틀에 박힌 방식이 될 수 있다. 사고 없이 기계적으로 반복되는 습관은 타성(惰性)으로 전락하기 쉽다. 따라서 습관이 타성으로 변하지 않으려면, 지속적인 노력을 통해 끊임없이 지성을 쌓고 활용해야 한다.

듀이에 따르면, 지식은 어떤 경험이 다음 경험에 자유롭게 활용되도록 하는 기능을 한다. 지식은 다음 지식의 획득을 위한 도구가 된다. 그는 인간의 지식이 경험의 '과거 → 현재 → 미래'로 이어진다고 보았다. 이러한 연속 과정은 양적·질적 변화를 거치며, 경험은 횡적·종적으로 결합된다. 공간적으로나 시간적으로 통합되는 것이다.

횡적·종적 경험은 통합되면서 계속 성장한다. 새로운 경험이 기존 경험에 추가되면 일부가 수정되거나 대체되며, 때로는 기존의 변화를 강화하거나 약화시킨다. 이러한 변화는 작게 나타날 수도 있고, 때로는 큰 틀을 바꾸기도 한다. 듀이는 이러한 과정을 전체적으로 '성장'이라고 했다.

이러한 통합적 성장을 위해서는 경험 그 자체보다 그 경험을 성찰하고 반성하는 '반성적 사고(reflective thinking)'가 중요하다. 반성적 사고란 경험을 통해 무엇을 배웠는지, 그 경험이 어떤 의미를 갖는지를 되돌아보는 과정으로, 이를 통해 자신의 지식과 이해를 재구성하는 것이다.

적용

존 듀이의 사상을 기업 환경에 적용하면 변화, 혁신, 교육, 인적 자원 개발 측면에서 큰 효과를 얻을 수 있다. 듀이가 강조한 경험 중심 학습, 실용주의, 민주적 참여는 기업 교육에 유용하다. 직원들이 단순히 강의나 교재를 통해 지식을 습득하는 것이 아니라, 실제 업무에서 직접 경험하고 이를 통해 스스로 학습하는 과정은 흥미를 유발하고 교육 효과를 높인다. 이러한 접근은 직원들의 적극적 참여와 문제 해결 능력을 키우며, 실무에 직접 응용할 수 있는 지식과 기술을 쌓게 해 준다.

존 듀이의 경험 중심 학습 철학을 기업 연수에 적용한 대표적인 사례로는 액션 러닝(Action Learning), 현장 기반 교육(On-the-Job Training, OJT), 디자인 씽킹 워크숍(Design Thinking Workshop) 등이 있다.

액션 러닝은 실제 업무의 문제를 해결하는 과정을 통해 학습이 이루어지도록 하는 방법으로, 직원들이 업무 상황에서 문제를 직접 경험하고 해결하면서 배우게 한다. 제너럴 일렉트릭(GE)은 이 액션 러닝 프로그램을 통해 직원 교육과 기업 문제 해결을 동시에 추구했다. GE는 조직 내에서 실제로 해결이 필요한 경영 문제나 프로젝트를 설정하고, 직원들이 팀을 구성하여 이 문제를 직접 해결하는 과정을 경험하게 함으로써 학습과 실무 능력을 동시에 강화했다.

현장 기반 교육은 이제 일상화된 교육 방식으로, 직원들이 실제 업무 환경에서 일하면서 필요한 기술과 지식을 배우는 연수 방법이다. 교실에서 이론적으로 배우는 것이 아니라, 실제 경험과 상호 작용을 통한 지식 습득을 강조한다는 점에서 경험적 학습의 대표적인 사례이다. 마이크로 소프트는 신입 직원들의 빠른 적응과 성장을 위해 OJT와 멘토링 프로그램을 적극 활용하고 있다.

글로벌 디자인 & 컨설팅 기업 IDEO는 디자인 씽킹 워크숍을 통해 경험 중심 학습을 실현하고 있다. 이 워크숍에서 참여자들은 특정 문제를 정의하고, 고객의 입장에서 공감하며, 브레인스토밍을 통해 아이디어를 도출한다.

또한 IDEO는 프로토타입(prototype)을 활용하여 디자인 씽킹을 실천한다. 프로토타입은 시스템의 초기 모델로, 아이디어를 빠르게 시각화하고 테스트하는 과정을 중시한다. 이 경험적 학습 과정에서 학습자들은 실패를 두려워하지 않고, 여러 번 시도하여 아이디어를 발전시킨다. 이 과정은 문제 해결을 위해 실제로 행동하고, 그 결과를 경험하며 학습하는 듀이의 경험 중심 학습 철학을 잘 반영한다.

『주역』의 64괘

『주역(周易)』은 주(周)나라의 역(易)이다. 주나라 문왕(文王)이 기원전 1000년에 만들었다. 역(易)은 바뀐다는 뜻이다. 영어 제목인 'Book of Changes(변화의 책)'에서 보듯,『주역』은 우주와 대자연이 변하는 법칙을 기호로 나타내고, 문자로 설명한 동양 최고(最古)의 철학서이다.

『주역』의 변화는 우주의 끊임없는 순환을 의미한다. 우(宇)는 사방(四方) 상하(上下), 즉 공간을 의미하고, 주(宙)는 왕고래금(往古今來), 즉 시간을 의미한다.

역(易)에는 이간(易簡), 변역(變易), 불역(不易)이라는 세 가지 의미가 있다. '이간(易簡)'은 간단하여 누구나 쉽게 알 수 있다는 뜻이다. 천지의 모든 현상이 음(--)과 양(—)의 조화로 이루어졌기 때문이다.

'변역(變易)'은 우주 만물이 끊임없이 변한다는 것이다. 우주의 질서는 예정되어 있는 것이 아니라, 시공의 끊임없는 변화 속에서 적합한 진로가 정해지는 것이다.

'불역(不易)'은 변화하는 가운데 결코 변하지 않는 법칙이 있다는 것이다. 우주 만물이 '끊임없이 변화'하는 사상은 변하지 않는다.

이제『주역』의 구성을 보자. 계사전(繫辭傳)에는 "역에 태극이 있으니 이것이 양의를 낳고, 양의가 사상을 낳고, 사상이 팔괘를 낳는다"고 했다. 태극(太極)은 우주 만물의 근원이자, 하늘과 땅이 나뉘기 전의 원시의 상태를 말한다. 양의(兩儀)는 음(陰, negative)과 양(陽, positive)의 대립과 의지를 말한다.

음과 양이 대립하면서 의지하여 다시 사상(四象)을 이룬다. 사상은 음양의 네 가지 상징(象徵)으로, 태양(太陽), 소양(少陽), 태음(太陰), 소음(少陰)을 가리킨다.

사상은 다시 분화하여 팔괘(八卦, Eight Trigrams)가 된다. 팔괘는 만물을 창조하는 건(乾, ☰)·곤(坤, ☷)과 만물을 운용하는 진(震, ☳)·손(巽, ☴)·감(坎, ☵)·이(離, ☲)·간(艮, ☶)·태(兌, ☱)를 합한 것이다.

우리나라 태극기는 8괘 중에서 4괘를 가져왔다. 건(乾☰), 곤(坤☷), 감(坎☵), 리(離☲), 즉 하늘·땅·물·불이다. 태극을 중심으로 하늘과 땅이 마주 보고, 물과 불이 마주 본다. 이는 음양 화합을 상징한다. 진(震, 우레)·손(巽, 바람)·간(艮, 산)·태(兌, 연못)는 빠졌다.

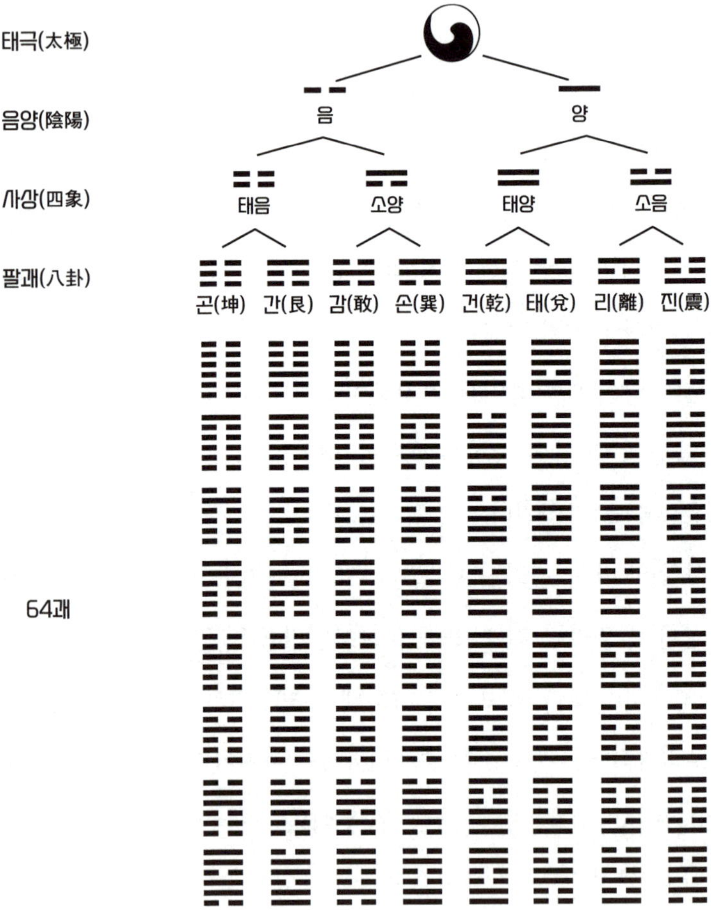

태극(太極)

음양(陰陽) 음 양

사상(四象) 태음 소양 태양 소음

팔괘(八卦) 곤(坤) 간(艮) 감(敢) 손(巽) 건(乾) 태(兌) 리(離) 진(震)

64괘

출처: 오십에 읽는 주역(2024), 저자 수정

각 괘는 6개의 효(爻)로 이루어졌다. 64괘에 6개의 효가 있으니 효는 모두 384개(64 × 6 = 384)이다. 각 효는 음(陰)과 양(陽)으로 구분된다. 음효는 끊어진 선(--), 양효는 이어진 선(—)으로 표시한다.

효는 변화의 매개체 역할을 한다.『주역』은 본질적으로 변화를 설명하는 책인데, 이 변화를 일으키는 도구가 효이다. 음효와 양효의 상호 작용으로 변화가 일어난다.

음효와 양효는 상반된 성질을 지녔고, 둘의 조화로 변화가 만들어진다. 양효는 강하고 능동적인 에너지를, 음효는 유연하고 수동적인 에너지를 상징한다.

효는 일정 시점에서 음에서 양으로 변화하거나, 양에서 음으로 변화한다. 이 변효(變爻)는 새로운 국면을 맞이하거나, 현재 상황에서 중요한 변화를 예고하는 신호이다. 각 효는 맨 아래부터 초효, 2효, 3효, 4효, 5효, 상효라 부르고, 양효는 '九', 음효는 '六'의 숫자를 붙인다.

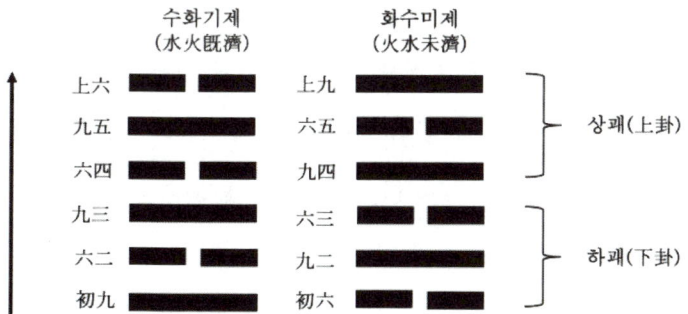

하괘는 현재를, 상괘는 미래를 의미한다. 각 괘는 하괘에서 상괘로 변하는 과정을 나타낸다. 시간의 흐름이다. 시간의 흐름이란 과거가 미래의 씨앗이 되는 것이다. 하나의 사물에 새로운 변수가 나타나고, 기존의 사물과 상호 작용하여 새로운 미래로 변해 가는 것이다. 과거에서 현재를 거쳐 미래를 예측하는 근거이다.

『주역』의 괘에서 초효와 2효는 땅을 상징하고, 3효와 4효는 사람을 상징하고, 5효와 상효는 하늘을 상징한다. 이것이 동양의 세계관인 천·지·인의 '삼재(三才)'이다.

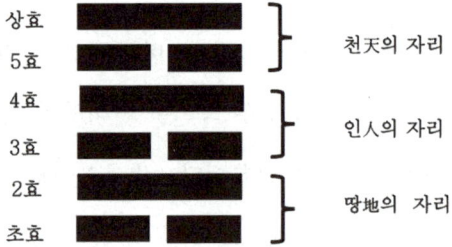

『주역』은 '괘상(卦象)-괘명(卦名)-괘사(卦辭)-효사(爻辭)'로 구성되어 있다. 괘상은 괘의 모양이다. 길흉(吉凶)을 나타낸다. 괘의 모양만 보아도 괘의 의미를 직관적으로 알 수 있다. 괘명은 괘의 이름이다. 괘상에 대한 제목과 같다. 괘사는 단사(彖辭)라고도 하는데, 괘상 전체를 판단하는 기준이다. 효사는 효에 붙은 설명이다. 한 괘가 6효이니 384개의 효사가 있다.

이것을 64괘 중에서 화수미제(火水未濟)로 설명해 보겠다.

- 괘상:

    ☲
    ☵

- 괘명: 미제(未濟)
- 괘사: 未濟, 亨, 小狐汔濟 濡其尾, 无攸利.

    형통하니, 작은 여우가 강을 거의 건넜을 때 그만 꼬리를 적시게 되니, 이로울 바가 없다. (건너지 못한다는 의미의 미제괘다. 미제의 시기에는 모든 것이 불확실하다. 그러나 가능성이 많다. 영원한 완성은 없다. 새로운 시작이 필요하다.)

- 효사:

    화수미제
    (火水未濟)

    上九 ▬▬▬
    六五 ▬ ▬
    九四 ▬▬▬
    六三 ▬ ▬
    九二 ▬▬▬
    初六 ▬ ▬

    初六: 濡其尾, 吝.
    그 꼬리를 적셨으니, 통탄할 노릇이다.
    九二: 曳其輪 貞 吉.
    그 바퀴를 끌면 바르게 되어 길해진다.
    六三: 未濟 征 凶, 利涉大川.
    아직 일을 마무리하지 않고 정벌하려 한다면 흉할 것이나, 큰 내를 건넌다면 이로울 것이다.
    九四: 貞 吉 悔亡, 震用伐鬼方 三年 有賞于大國.
    바르게 되면 길하여 후회할 일이 없어지리니, 위세를 부려 귀방(鬼方)을 정벌한다면 삼 년이 지나 대국(大國)으로부터 상이 있을 것이다.
    六五: 貞. 吉 无悔 君子之光 有孚. 吉.
    곧다. 길하여 후회함이 없으니, 군자의 빛이 미쁨이 있다. 그래서 길하다.
    上九: 有孚于飮酒 无咎, 濡其首 有孚 失是.
    술을 마심에 미쁨이 있으면 허물이 없으나, 머리를 적신다면 비록 미쁨이 있더라도 그 올바름을 잃을 것이다.

『주역』의 변화

'일음일양지위도(一陰一陽之謂道)'는 '한번은 음이었다가 한번은 양이었다가 하는 것이 도(道)'라는 뜻이다. '일음일양'은 하나의 음과 하나의 양이 서로 상호 작용하는 것을 의미한다. 음과 양은 단독으로 존재할 수 없으며, 서로를 필요로 한다. 음과 양이 교차하면서 세상은 끊임없이 변화하며, 이 변화는 자연과 인간 세계의 모든 현상에 적용된다.

예를 들어 보자. 낮과 밤이 교차하며 하루가 완성되고, 계절이 변하며 자연이 순환한다. 봄, 여름, 가을, 겨울이 음양의 순환이다. 음의 시기에는 외형이 축소되고 약해지며, 양의 시기에는 외형이 빠르게 성장하고 화려하다. 나무는 양이 풍부한 여름을 지나 음의 단계인 가을에 성장을 멈춰야 열매를 맺는다. 인간의 삶에서도 긍정과 부정, 희망과 절망, 성공과 실패 등의 요소들이 교차하며 하나의 과정을 이룬다.

물극필반(物極必反)은 모든 사물은 그 극에 도달하면 다시 원위치로 되돌아간다는 뜻이다. '물(物)'은 사물이나 현상, 자연계의 모든 존재를, '극(極)'은 더 이상 나아갈 수 없는 최고치에 도달한 상태를 말한다. '필(必)'은 반드시, 필연적으로 일어난다는 뜻이다. '반(反)'은 반대 방향으로 전환됨을 의미한다. 따라서 물극필반은 변화의 순환과 필연성, 조화의 필요성을 강조하는 철학적 원리이다.

예를 들어, 지나친 부(富)는 빈(貧)으로 돌아간다. 그런가 하면 지나친 기쁨은 결국 슬픔으로 바뀐다.

과도한 권력이나 부를 얻은 사람은 이를 잘못 사용하거나 방심하면 결국 몰락하게 된다. 반대로 큰 고난을 겪는 사람도 그 고난이 극에 달하면 형편이 나아질 기회를 맞이한다. 옛말에 이르기를, 화무십일홍(花無十日紅, 열흘 붉은 꽃이 없음)이요, 권불십년(權不十年, 권력은 십 년을 가지 못함)이라 했다. 부자 3대 못 가고, 가난도 3대 못 간다.

적용

『주역』은 '괘상(卦象)-괘명(卦名)-괘사(卦辭)-효사(爻辭)'로 구성되어 있다. 큰 틀에서 작은 단위로 내려오는 방식이다.

먼저 그림을 먼저 보여 주고, 축약한 이름을 붙이고, 개괄적으로 말하고, 구체적인 상황을 설명한다. 기호와 글을 섞어서 보여 주기 때문에 이해가 쉽다. 큰 틀에서 작은 단위로 내려오기 때문에 체계적이다.

회사의 일도 큰 틀을 잡고, 작은 단위로 내려오면 중간에 흔들리지 않는다. 기획안이나 리포트도 이런 방식으로 작성하면 설득력이 높아질 것이다. 도표와 그림으로 표현하는 방법은 말보다 전달력이 높다.

겸괘(謙卦)에서 겸손을 배운다. 『주역』은 가득 찬 것을 싫어한다.

하늘은 가득 찬 것을 일그러뜨리고, 겸허한 것을 이롭게 한다. 땅은 가득 찬 것을 변하게 하고 겸허한 쪽으로 흐르며, 귀신은 가득 찬 것을 해하고 겸허한 것에 복을 준다.

하늘, 땅, 귀신이 모두 가득 찬 것을 싫어하고 미워한다. 배부르고 오만한 인간을 무너뜨려 스스로 겸손하게 만드는 것이 바로 『주역』의 원리이다.

「서괘전(序卦傳)」에서 말하는 겸손함은 '그 덕을 가지고 있으면서 자처하지 않는 것'이다. 재주와 재물을 가지고 있으면서, 스스로 말하고 드러내지 않는 것이다. 겸손함은 유익하고 해가 없다. 머리를 숙이면 싸울 일이 없다.

극단적인 집착도 겸손이 아니다. 예를 들어, '이것을 이루지 못하면 인생의 의미가 없다'는 극단적인 생각은 위험하다. 하늘의 뜻이 무엇인가를 찾는 것이 먼저다. 하늘의 뜻을 알고, 나를 비우면 우주가 채워 준다. 하늘, 땅, 귀신, 사람이 모두 겸허한 것, 비운 것을 좋아한다. 비우면 채워 준다.

경영학 이론 중에 요트 전략이란 게 있다. 유럽에서 인기 있는 요트 대회는 출발하고 15분 안에 승부가 갈린다. 선두의 요트는 쫓아오는 2등 요트가 하는 방법대로 하면 선두를 유지할 수 있다. 이는 1등을 하고 있을 때, 겸손한 자세로 경쟁자와 주변 상황에 대처하라는 교훈을 준다.

태괘(泰卦)는 소통이다. ䷊, 태괘의 괘상이다. 태괘는 임금을 상징하는 건괘(乾卦, ☰)가 아래에 있고 신하를 상징하는 곤괘(坤卦, ☷)가 위에 있는 모양이다. 임금이 먼저 자기를 낮추어 신하 아래로 내려가는 덕(德)을 보일 때, 신하들은 마음에서 우러나는 충성을 다하기 마련이다. 경영진이 '양'이라면, 직원은 '음'이다. 경영진이 직원의 입장을 헤아리고, 직원이 경영진의 고민을 이해하면 소통이 원활해진다.

'유유왕(有攸往)'이라는 표현은 64괘 중에 18개 괘에 나온다. 유유왕은 '가고자 하는 바'가 있다는 것이다. 마음속에 뜻이 있어야 한다는 것이다. 하늘이 자신에게 부여한 천명을 알아야 한다는 것, 이는 곧 자신의 존재 이유를 깨닫는 것이다. 그리고 그 명령에 부응하여 산다면, 이로운 일이 생긴다고 말한다.

'가고자 하는 바가 있는 사람'은 흉운(凶運)이 찾아와도 자신의 길을 묵묵히 갈 수 있다. 흉운에 끌려다니지 않고, 오히려 흉운을 끌고다니기 때문에 결국 흉운이 굴복한다. 힘든 상황에서도 하늘의 명을 저버리지 않으면, 하늘이 음으로 양으로 돕는다. 예상치 못한 무엇이 하늘에서 뚝 떨어져서 돕는다. 갑자기 어디선가 전화가 와서 일이 풀린다.

유유왕과 유사한 것이 '유부(有孚)'다. 믿음이 있다는 뜻이다. 유유왕이 이루려는 목표라면, 유부는 목표에 대한 믿음이다. 가고자 하는 목표를 알고, 그에 대한 믿음을 굳게 지키면 하늘이 돕는다.

『주역』은 지혜의 철학서이다. 우주 만물을 이해하고 자신을 살피라고 한다. 오래 살아 봤자 기껏 100년 정도 사는 인간에게 어떻게 살지를 고민해 보라고 한다. 우주와 대자연 속에 사는 작은 인간에게 자신의 사명(使命: 부릴 사, 목숨 명)을 찾으라고 한다. 목숨을 걸 만한 것을 찾아야 한다. 우주가 우리에게 하나의 사명을 맡겼기 때문이다. 그 사명을 찾으면 하루에 한 끼만 먹고 살아도 배고프지 않다.

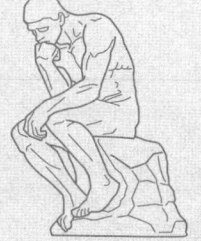

제행무상(諸行無常), 모든 것은 변한다.
(Everything changes, nothing remains without change.)

- 부처(Budda)

제6장
종교

Change
Chance

36

사랑 빼고
다
바꾸자

어떤 종교를 접했을 때, 베풀라는 말보다 바치라는 말을 많이 하면 사이비이다. 종교의 본질은 사랑의 실천이고, 자비의 실현이기 때문이다.

초대 교회는 가톨릭이다. catholic은 '보편적, 전체적'이라는 뜻이다. 이 정통 교회는 고아, 노예, 과부, 죄수, 가난한 사람들을 도왔다. 국가의 법에도 영향을 미쳐, 검투사들의 잔혹한 경기를 폐지시켰다. 이 땅에 천국을 만들려고 노력했다.

4세기 초반에 기독교가 로마의 국교가 되고, 왕과 귀족들이 크리스천이 되었다. 화려한 교회들이 세워지고, 주교가 막강한 권력자가 되었다. 왕은 권력을 동원하여 성직자를 돕고, 많은 교회 건축을 지원했다. 교회는 정부로부터 건물과 기부금을 받는 것에 익숙해졌다. 교회는 엄청난 부를 축적했고, 유럽 부동산의 40%를 소유했다.

중세에 유럽의 암흑기가 시작되었다. 서로마 제국이 무너진 서기 476년부터 르네상스 이전까지 약 1,000년간이다. 제국이 붕괴한 뒤 상업과 교통, 도시가 무너지고 농업이 중시되었다. 게르만족과 이슬람 세력의 침입으로 스스로를 지키기 위해 무장했던 기사들이 점차 영주로 성장했다. 이로 인해 서유럽은 이전의 넓은 연결망을 잃고, 지역 중심의 폐쇄적 자급자족 체제로 전환되었다.

종교적으로는 가톨릭의 질서 아래 모든 학문이 움직이며, 그리스, 로마 시대의 인본주의가 쇠퇴하고 신본주의 신학이 발달했다. 교황이 동로마 게르만족들에게 포교함으로써 서유럽의 정신적인 지주 역할을 했다.

중세는 전쟁이 끊이지 않았던 시대였다. 전쟁 포로와 야만족들은 단체로 개종했지만, 대부분 문맹이어서『성경』을 읽지 못했다. 이러한 상황에서 글을 읽고 쓸 줄 아는 성직자들이 국가 운영에 깊이 관여했다. 로마 교황청은 풍부한 재산을 보유했고, 로마 제국도 교황청의 권위 아래에 있었다.

교황청은 하나님과 사람들 사이의 중보자(仲保者, Mediator)가 되기를 자처했다. 인간과 신 사이에 교회의 중재가 반드시 필요하다는 주장인데, 대표적인 사례가 속죄(贖罪, penance) 행위이다. 이는 스스로 고통을 가하거나 재물을 바쳐 죄값을 치르는 것이다.

이 속죄 행위에서 면죄부(免罪符, Indulgence)가 등장했다. 큰 선행을 하거나 재물을 바친 사람에게 죄를 면해 주는 증서이다. 십자군 전쟁에 참전하거나 대성당 건축을 위해 헌금을 하는 경우에 죄를 사면받을 수 있었다. 자신뿐만 아니라 가족의 죄도 사면받을 수 있었기에 돈으로 구원을 사는 것이다.

성찬식(聖餐式)은 예수(Jesus)의 죽음을 기념하여, 빵과 포도주를 나누는 의식이다. 로마 교황청은 이때 나누어 먹는 빵과 포도주가 순간적으로 예수의 몸과 피로 변한다는 화체설(化體說, Transubstantiation)을 인정했다.

성찬식에서 사제가 '봉헌의 말'을 한다.

"이것은 너희를 위하는 내 몸이니, 이것을 행하여 나를 기념하라 하시고, 식후에 또한 이와 같이 잔을 가지시고 가라사대, 이 잔은 내 피로 세운 새 언약이니, 이것을 행하여 마실 때마다 나를 기념하라 하셨으니."

중요한 점은 봉헌하는 사제에 의해서만 빵과 포도주가 그리스도의 살과 피로 변한다는 것이다. 로마 교황청은 성찬식을 주재하는 사제를 그리스도의 대리인이라고 가르쳤다. 화체설은 가톨릭 교황청이 정치 권력자들과 신도들 위에 군림하는 교리로 작용했다.

중세 교회는 부패했다. 교회를 위해 막대한 세금을 걷고, 성직을 매매하고, 정치 권력과 유착했다. 이러한 권력과 부는 교회의 타락을 초래했다. 교황들은 사치스러운 생활을 유지하기 위해 면죄부 판매를 늘렸고, 다양한 판매 기법을 동원했다.

면죄부 판매에 '연옥(煉獄)'의 개념을 활용했다. 천국과 지옥 사이에 대기실과 같은 연옥이 있고, 죽은 사람들을 위해 면죄부를 구입하면 연옥에서 천국으로 올라갈 수 있다고 광고했다. 사람들은 연옥에 공포를 느꼈다.

독일의 신학자 마르틴 루터(Martin Luther)는 22세 때, 천둥 번개 속에서 앞서 가던 친구가 즉사하는 장면을 목격했다. 공포를 마주한 순간에 그는 이렇게 맹세했다.

"저를 구해 주시면 수도사가 되겠습니다."

루터는 2주 후에 어거스틴 수도원의 사제가 되었다. 그리고 신학 공부에 전념하여 30세에 비텐베르크 대학교의 교수가 되었다.

루터는 『성경』 연구를 통해 구원에 대한 확신을 얻었다. 「시편」과 「바울 서신서」에서 '천국의 열쇠'를 찾은 것이다.

구원은 '하나님의 은총'이며 인간에게 거저 주는 선물이다. 인간은 자신의 노력이나 참회로 구원받는 것이 아니라 오로지 하나님의 은혜로 죄에서 자유롭게 된다. 이것으로 신과 단절된 인간에게 희망이 생겼다.

또한 루터는 「로마서」를 통해 믿음으로만 구원받을 수 있다는 확신을 얻었다. 「로마서」 1장 17절, "오직 의인은 믿음으로 말미암아 살리라 함과 같으니라."라는 구절에서 구원의 길을 발견했다. 인간은 그리스도의 보혈을 믿는 믿음으로 구원을 받으며, 이는 오직 믿음으로 이루어진다. 이러한 신념이 루터의 '오직 믿음', '오직 은혜'의 핵심이 되었고, 훗날 종교 개혁의 토대가 되었다.

루터는 1517년 10월 31일, '95개조 논제'를 비텐베르크 대학교 성당 정문에 게시했다. 그는 면죄부 판매에 반대하는 설교를 이어 가며, 그 판매 대금이 뇌물로 사용되는 실태를 공개적으로 비판해 논쟁을 촉발시켰다.

이것이 종교 개혁의 시작이었다. 루터가 종교 개혁을 처음부터 계획한 것은 아니었다. 그는 신앙의 본래 의미를 회복하고, 하나님의 뜻을 재발견하려 했다. 종교 개혁, 즉 Reformation은 원래 모습으로 돌아간다는 의미다.

교황 레오 10세는 성 베드로 성당 건축을 위해 막대한 자금이 필요했다. 가톨릭 교회는 이를 마련하기 위해 면죄부 판매에 집중했다. 그러나 건축 자금의 상당 부분이 대주교로 임명되기 위한 뇌물로 쓰였다. 어떤 추기경은 자신이 판매한 면죄부로 3,900만 년어치의 형벌이 면죄되었다고 자랑하기도 했다.

루터는 95개 논제를 통해 로마 가톨릭 교회를 강하게 비판했다.

교황이 죄를 사할 능력이 없으므로 면죄부로 죄를 없애거나 구원할 수 없다고 주장했다. 교회의 역할은 구원에 대한 복음을 전하는 것이라며, 교회가 가난한 사람들에게 사랑을 베풀어야 한다고 했다. 심지어 성 베드로 성당을 팔아서라도 가난한 사람들을 구제해야 한다고 역설하기까지 했다.

루터는 로마 가톨릭 교회의 중보(仲保) 역할도 부정했다. 그는 하나님과 사람의 관계가 제일 중요하다고 믿었다. 모든 그리스도인은 믿음으로 하나님께 직접 나갈 수 있는 만인 제사장(萬人祭司長)이 되어야 한다고 주장했다. 그리스도인은 모두 동등한 제사장으로, 하나님 앞에서는 어떠한 계급도 없이 동등한 자녀가 되는 것이다. 이제 그리스도를 고백할 때, 교황이나 사제와 같은 인간 중보자가 필요 없게 되었다.

그는 신이 우리의 인생에 의미를 부여했기 때문에 인생이 중요하다는 사실을 알고 살아야 한다고 주장했다. 『성경』에 기반한 굳건한 신앙이 중요하며, 스스로 고민하고 해답을 찾으며 양심을 바로 세우라고 했다.

교황 레오 10세는 루터를 "주님의 포도밭을 짓밟는 멧돼지"라고 비난하며 협박했다. 이에 맞서 루터는 비텐베르크 시민들 앞에서 교황의 교서를 불태웠다. 결국 루터는 파문되었고, 목숨의 위협을 느껴 바르트부르크성으로 도피했다. 그곳에서 그는 『성경』을 독일어로 번역하는 데 전념했다.

기존의 『성경』은 로마의 공용어인 라틴어로 쓰인 『불가타(Vulgata) 성경』이었다. 이는 서로마 제국 시기에 로마 가톨릭 교회에서 제작되었으며, '서민용' 성경이라는 뜻이다. 『구약 성경』은 히브리어, 『신약 성경』은 그리스어로 기록되었고, 이 두 원본들을 라틴어로 번역한 것이 『불가타 성경』이다.

루터는 이 『불가타 성경』을 독일어로 번역했다. 그가 번역한 신약 및 구약 성경 66권은 개신교 성경의 기준이 되었다. 『루터 성경』은 급속도로 번졌고, 50만 권 이상이 팔리는 베스트셀러였다.

변화의 방법

인쇄술이 발전하지 않았다면, 루터의 메시지는 빠르게 전파되지 못했을 것이다. 1455년경 구텐베르크가 금속 활자와 인쇄기를 발명하여 『성경』을 인쇄한 이래로 수많은 인쇄소가 생겼다. 거기에다 인쇄할 소재가 나타난 것이다. '로마에 저항하는 수도사'라는 제목은 대중의 관심을 끌었다. 부패한 성직자들에 대한 비판은 당시의 시대정신과 맞아떨어졌다.

새로운 인쇄술 이전에는 『성경』 한 권을 필사하는 데 2개월이 걸렸으나, 이제는 일주일 만에 500권을 인쇄할 수 있었다. 더 빠르고 저렴하게 대량 생산된 성경은 대중에게 급속도로 보급되었다. 이는 오늘날의 SNS, 유튜브, 숏폼과 비슷한 효과를 가져왔다.

로마 가톨릭 교황청의 타락 원인 중 하나는 성도들이 성경을 직접 읽을 수 없었다는 점이었다. 『성경』은 비쌌고, 라틴어로 쓰였으며, 당시 문맹률은 80%에 달했다. 종교 개혁은 모든 사람이 자국어로 『성경』을 읽고 이해할 수 있게 되면서 확산되었다. 사제나 교황의 중재 없이 직접 하나님의 말씀을 접할 수 있게 된 것이다.

루터의 종교 개혁 방향은 명확했다. 그것은 '다섯 솔라(Five Solas)'라는 신학적 원칙이다.

첫째, '오직 성경(Sola Scriptura)'이다. 성경이 신앙과 교리의 최고 권위이다. 성경이 교회의 전통이나 교황의 권위에 우선한다. 진리를 성서 밖에서 찾을 필요가 없다.

둘째, '오직 믿음(Sola Fide)'이다. 인간의 구원은 율법의 행위가 아니라 믿음을 통해서만 가능하다. 인간은 죄인이며, 구원은 하나님을 향한 믿음을 통해 주어진다. 인간의 노력이나 행위는 구원의 조건이 아니다.

셋째, '오직 은혜(Sola Gratia)'이다. 구원은 전적으로 하나님의 은혜로 주어진다. 인간은 스스로 구원할 수 없고, 오직 십자가에서 하나님의 의(義)를 완전히 이룬 예수 그리스도의 은총으로만 구원받을 수 있다.

넷째, '오직 그리스도(Solus Christus)'이다. 예수 그리스도만이 유일한 중보자이며 구원의 길이다. 구원은 예수 그리스도를 매개로 한 중보를 통해서만 가능하다. 그 어떤 제도, 인물, 행위도 우리를 구원할 수 없다.

다섯째, '오직 하나님께 영광(Soli Deo Gloria)'이다. 모든 신앙과 삶의 목적은 하나님께 영광을 돌리는 것이다. 인간의 업적이나 교회의 권위가 아니라, 오직 하나님만이 영광을 받으셔야 한다.

종교 개혁의 완성은 존 칼뱅(John Calvin)의 노력 덕분이었다. 그는 개혁 교회의 제도적 틀을 마련하고, 조직적인 변화를 이끌었다. 루터보다 25년 늦게 프랑스에서 태어난 그의 신학의 핵심은 '사도신경'이다. 성부, 성자, 성경, 교회를 믿는 신앙을 강조했다. 칼뱅에게 가장 중요한 개념은 '하나님의 주권'으로, 이를 대표하는 구절은 「마태복음」 6장 10절, "뜻이 하늘에서 이루어진 것같이 땅에서도 이루어지이다."이다.

교회가 신앙 생활의 중심이라 여긴 칼뱅은 신자가 교회 공동체의 도움 없이는 올바른 믿음 생활을 할 수 없다고 보았다. 그는 『성경』 중심의 설교를 강조하여 '성경과 성령의 신학자'로 불렸다.

칼뱅은 예배 형식을 개혁했다. 가톨릭의 모든 형상들과 오르간 음악 전통을 버려야 한다고 했다. 찬송가 개혁에 관심을 갖고, 누구나 쉽게 따라 부를 수 있는 쉬운 곡의 찬송가를 만들었다. 이로 인해 찬송가는 성가대만의 것이 아니라, 모든 신자가 함께 부르는 찬송이 되었다.

오늘날 장로 교회(Presbyterian Church)를 만든 이가 바로 칼뱅이다.

그는 도덕적으로 인정받는 사람들 중에서 공동 의회를 통해 선출된 장로들이 목사를 도와야 한다고 주장했다. 장로가 목사를 도와 성도들의 영적 문제를 살피고 교인들을 이끌어야 한다고 보았다. 이 지도자들이 모인 조직이 당회(堂會, church conference)이며, 이를 이끄는 목사는 당회장이다. 장로 교회는 목사를 중심으로 장로들이 함께 교회를 운영한다.

칼뱅이 구상한 교회 조직은 목사(pastor), 장로(elder), 교사(teacher), 집사(deacon)로 구성된다. 교사는 기독교 교육을, 집사는 구제와 봉사를 맡아 교회의 다양한 역할을 수행하는 것이다.

루터가 없는 종교 개혁은 상상할 수 없다. 또한 수많은 협력자와 지지자가 있었기 때문에 성공할 수 있었다. 이들은 루터의 사상을 위해 싸웠고, 여러 도시에서 그의 신학을 발전시켰다. 루터와 같은 시기에 스위스에서 츠빙글리가 종교 개혁을 시작했고, 영국에서 존 위클리프, 체코에서 얀 후스, 스위스에서 존 칼뱅이 동참했다.

적용

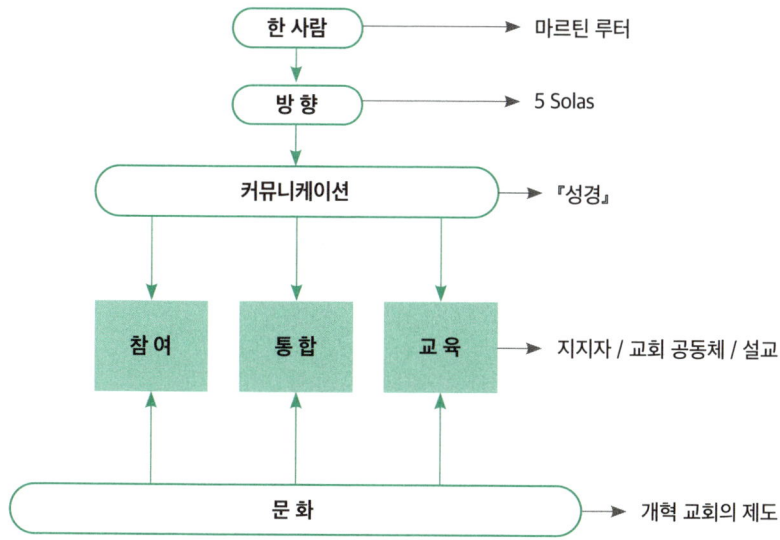

거듭나지 않고는 천국을 볼 수 없느니라

「요한복음(Gospel of John)」은 하나님의 사랑을 증거하고 있는 복음서(福音書, Gospel)이다. 「요한복음」의 주인공은 사도 요한이 아니라 예수님이라고 할 수 있다. 다른 복음서가 예수님의 기적들을 기록한 반면, 「요한복음」은 그리스도의 인격, 목적, 사역에 관한 기록이다. 예수님이 어떤 분이며, 그의 가르침이 무엇인지 전하고 있다. 예수님의 말씀으로부터 메시야(Messiah), 즉 구세주(救世主)가 어떤 분인지를 보여 준다.

요한은 사랑의 사도이다. 예수님의 12사도(使徒, Apostle) 중의 한 명으로 갈릴리 어부 출신이며, 세베대의 아들이고, 야고보(James)의

동생이다. 예수님의 제자로 부르심을 받았을 때, 아버지를 도와 티베랴(Tiberias) 바다에서 고기를 잡고 있었고, 형 야고보는 그물을 수선하고 있었다.

예수님은 십자가에 달리셨을 때, 어머니 마리아를 제자 요한에게 부탁했고, 요한은 마리아가 돌아가실 때까지 돌보며 함께 살았다. 요한은 사도들 중 가장 나이가 어렸고 가장 오래 살았다. 『신약성경』의 요한 1,2,3서와 「요한 계시록」을 저술했다.

요한은 생애 후반기를 소아시아, 특히 에베소(Epenetus)에서 보냈다. 로마 황제 도미티안(Domitian)이 기독교를 박해할 때, 밧모(Patmos)섬에 유배되었고, 그곳에서 「요한 계시록」을 집필했다. 유배 생활을 마친 후 에베소로 돌아와 100세 가까이 살다가 세상을 떠났다. 열두 명의 사도 중에서 순교하지 않고 자연사한 유일한 인물이다.

말년에 요한은 설교를 길게 할 수 없게 되자, "자녀들아, 서로 사랑하라."라는 말을 반복했다. 그 이유를 묻자 "그것이 주님의 명령이기 때문이다. 이것을 행하면 그것으로 족하다."라고 답했다.

「요한복음」 3장에서 예수님은 유대인들의 지도자인 니고데모(Nicodemus)에게 '거듭남'에 관하여 가르침을 주셨다. 니고데모는 바리새인(Pharisee)이었다. 유대인의 관원으로 유대의 종교, 정치, 경제, 사회, 생활을 관장하는 최고 기관인 '산헤드린(sanhedrin)'의 회원이다. 산헤드린은 모든 유대 도시에 유대교의 법에 의해 세워

진 판관들의 모임이다. 유대인의 존경을 받는 지도층 인사가 밤중에 예수님을 찾아와서 천국으로 가는 방법을 물은 것이었다.

바리새인은 유대교 내에서 율법주의적 신앙을 고집하는 집단이었다. 그들은 천사의 존재를 믿고 의식을 중시하며 철저한 신앙 생활을 실천했다. 그들은 유대교의 규칙을 엄격히 지키고 전통과 관습을 유지했다. 율법을 철저히 지키는 것이 구원의 길이라고 믿었다.

예수님은 율법을 통해서가 아니라 거듭나야 하나님의 나라에 들어갈 수 있다고 가르치셨다. 거듭남, 즉 중생(重生, Second Birth)은 새로운 삶과 영적인 생활의 시작을 의미한다. 모든 사람이 죄인이므로 이 변화를 경험해야 구원을 받을 수 있다. 신약에서는 이러한 변화를 "새로운 창조"로 부르며, 죽음에서 생명과 부활로의 전환을 뜻한다.

'거듭남'은 예전의 모든 것을 버리고 전혀 새롭게 태어나는 것이다. 삶의 목적, 삶의 방식과 수단이 완전히 새로워지는 것이다. 한 부분만이 새로워지는 것이 아니라, 총체적으로 다시 태어나는 것이다.

'거듭남'이란 하나님에 의해 새로 태어나는 것을 말한다. 우리는 육신으로 세상에 태어나서 세상 속에서 육신으로 살아간다. 그러나 거듭나는 순간부터 영의 눈을 뜨고 신령한 세계를 볼 수 있게 된다. 거듭난 사람은 더 이상 세상에 연연하지 않고 하나님 나라의 시민으로 살아간다. 비록 육신은 세상에 있지만, 영이 하나님 나라에 있으므로 천국을 소유하고 살아간다.

'거듭남'이란 회개(悔改, repentance)이다. 하나님 앞에서 모든 불신앙, 불순종, 부도덕한 생활을 뉘우치고 죄 씻음을 받고, 예수님을 구세주로 믿는 것이다. 하나님 앞에서 모든 죄를 회개하고 성령으로 새롭게 거듭나는 것이다. 성령으로 거듭난 사람은 하나님의 생명인 영원한 영적 생명을 얻는다. 새롭게 거듭난 크리스천은 오직 사랑으로 말하고 행동한다.

출처: Wikipedia, 예수와 이야기하고 있는 니고데모

부르심을 입은
자들에게는
모든 것이 합력한다

 바울(Paul)은 부르심을 입은 자다. 그 부르심은 이방인을 위한 사도가 되는 것이었다. 다마스쿠스(Damascus, 시리아의 수도)로 가던 길에서 주님의 부르심을 받고 사도 바울로 거듭났다.
 바울은 10여 년간 2만여 킬로미터, 70여 개 도시에서 복음을 전파했다. 2,000년 전의 교통수단을 감안하면 초인적인 기록이다. 더욱이 그 여정은 핍박과 고난의 연속이었다. 돌팔매질을 당하고, 곤장을 맞고, 배가 파선했고, 감옥에 갇혔다. 바울의 고백처럼 춥고, 배고프고, 고통스런 눈물의 길이었다. 부르심을 받았기에 고통을 두려워하지 않았다. 육체는 괴로울지라도 고난 속에서 기뻐하고 감사할 수 있었다.

바울의 히브리어 이름인 '사울'은 『구약 성경』 최초의 이스라엘 왕 이름이었다. 하지만 다마스쿠스에서 회심(悔心, 뉘우칠 회, 마음 심)한 이후, 그는 '작은 자'라는 뜻의 바울로 개명했다.

바울은 길리기아(Cilicia, 현재의 튀르키예)의 중심 도시 타르수스(Tarsus)에서 유대인으로 태어났으며, 날 때부터 로마 시민권을 갖고 있었다. 바울은 자신에 대해 이스라엘 족속, 베냐민 지파, 히브리인 중의 히브리인, 율법으로는 바리새인이라고 했다.

바울은 유대교의 철저한 신봉자였다. 그는 율법에 대한 철저한 순종, 엄격한 윤리 의식, 절대적인 유일 신앙, 이스라엘에 대한 애국심을 가졌다. 그는 이러한 유대교 정신으로 무장하고 초기 그리스도인들을 박해했다.

바울은 다마스쿠스로 가던 중 예수를 만났다. 그는 예수 그리스도를 믿는 사람들을 잡아서 예루살렘으로 송환하려는 길이었다.

그때 갑자기 하늘에서 환한 빛이 바울을 비추었다. 그리고 빛 가운데서 처음 듣는 음성이 들려왔다.

"사울아, 사울아, 어찌하여 네가 나를 박해하느냐?"

놀란 바울이 물었다.

"주여, 당신은 누구십니까?"

그러자 다음과 같은 대답이 돌아왔다.

"나는 네가 박해하는 예수이니라."

바울과 동행하던 사람들에게 음성은 들렸지만 아무것도 보이지 않았다. 바울은 다마스쿠스로 오다가 겪은 경험이 충격적이어서 앞을 보지 못한 채 사흘 동안 먹지도 마시지도 못했다.

바울은 이 사건으로 이방인을 위한 사도로서의 임무를 부여받았다고 믿었다. 바울은 세 번에 걸친 선교 여행을 통해 유대교 내에서 최초의 종교 운동을 시작했다. 이 운동으로 인해 기독교가 유대교로부터 분리되었다. 바울은 팔레스타인을 넘어 소아시아와 그리스, 이탈리아, 스페인까지 이방인 선교를 감당했다.

사도 바울의 전도 여행 경로

출처 : Frederick Justus Knecht, A Practical Commentary on Holy Scripture (1910). Map of the Missionary Journeys of St. Paul

바울의 기독교 운동은 특히 로마인들에게 영향을 미쳤다. 예수 그리스도의 죽음과 부활을 통한 하나님의 사랑, 구속(救贖, redemption), 소망의 메세지가 로마 제국 전체에 전달되었다. 바울이 '이방인의 사도'라 불리는 이유이다. 바울은 이방인을 대상으로 복음을 전파함으로써, 유대인 중심이던 초기 기독교를 팔레스타인 밖으로 확장시켜 세계 종교로 발전시키는 역할을 했다.

바울은 열정적인 선교 여행을 통해 복음을 전하며, 교회를 세우고 지도자를 양성했다. 이 과정에서 그는 『신약 성경』 27편 가운데 13편에 이르는 서신(書信)을 작성했고, 이단(異端, heresy)이 성행하던 시기에 기독교의 올바른 진리를 가르쳤다. 사도 바울의 서신을 받은 로마 교회는 상당한 수준의 신앙을 갖추게 되었다.

바울은 최초이자 최고의 기독교 신학자였다. 기독교의 두 번째 설립자라 불릴 만하다. 그는 예수 그리스도의 사역(使役, ministry)이 유대교의 관습과 믿음을 대체했다고 이해했다. 유대인들은 율법을 준수하여 하나님 앞에서의 의를 획득하고 유지한다고 생각했다. 반면에 바울은 율법이 그런 용도로는 아무런 효력이 없다고 보았다. 유대교는 예수를 메시아로 거절했지만, 바울은 예수를 그리스도로 영접했다.

유대교의 문제점은 자신들에게만 특권이 있다고 생각하는 것이고,

유대인들은 자신의 신분을 자랑했다. 바울의 주장은 그들의 신분이나 공로와 상관없이 오직 믿음을 통해, 오직 그리스도 안에서, 오직 하나님의 은혜로 의롭게 된다는 것이다. 더 이상 혈통이나 할례나 율법에 의해서가 아니라, 예수님을 믿는 믿음에 의해 하나님의 백성이 되는 것이다. 한마디로 하나님의 백성이 될 수 있는 조건을 정리했다.

바울이『로마서』를 기록한 목적은 로마 교인들을 가르치기 위해서였다. 로마 교인들은 사도들의 체계적인 가르침을 받은 적이 없었다. 그래서 바울은 그들에게 하나님의 구속의 진리를 깨닫게 하려고 했다. 이때 구속(救贖: 구원할 구, 없앨 속; Redemption)이란 예수가 우리의 죄를 대신하여 십자가에 못 박혀 돌아가심으로써 인류를 구원하신 사건이다. 온갖 종교가 있는 로마에서 그리스도교의 진리의 체계를 분명히 하고, 로마에 있는 그리스도인들의 신앙을 확립하려는 것이 서신의 목적이었다.

바울은『로마서』를 통해 부르심(calling)의 중요성을 보여 주었다. 로마서 8장 28절이다.

"하나님을 사랑하는 자, 곧 그의 뜻대로 부르심을 입은 자들에게는 모든 것이 합력하여 선을 이루느니라(And we know that in all things God works for the good of those who love him, who have been called according to his purpose.)."

"부르심을 입은 자들"은 하나님께서 구원 계획 안에서 특별히 부르신(calling) 사람들이다. 따라서 그들의 목적은 하나님의 뜻과 계획에 맞추어져 있다.

"모든 것"에는 좋은 일뿐만 아니라 고난, 실패, 상처, 실수와 같은 어려움, 우리의 인생에서 일어나는 모든 경험과 상황이 포함된다. 바울은 하나님께서 이러한 모든 상황을 사용하셔서 하나님의 뜻을 이루어 가신다고 말한 것이다. 이해할 수 없는 고난과 시련 속에서도, 하나님은 그 상황을 통해 더 깊은 깨달음과 영적 성장을 이루어 가신다.

"선을 이룬다"는 하나님과의 관계에서 오는 내면적 평안, 믿음의 성숙, 그리고 하나님의 뜻에 따라 살아가는 참된 복을 누린다는 뜻이다. 이는 고난이나 시련 속에서도 성령의 도움을 받아 영적으로 성장하고, 하나님과 더 깊은 관계를 맺게 되는 것을 의미한다. 이 과정에서 신자들은 믿음과 인내, 소망 등의 영적 열매를 맺게 된다.

비록 우리가 처해 있는 환경이 힘들고 어렵더라도, 기뻐하고 감사하며 믿음으로 기다리면, 주께서 친히 우리를 인도하여 좋은 것으로 채워 주신다. 하나님을 사랑하는 사람들, 즉 그의 계획에 의하여 부르심을 받아 변화된 사람들에게는 모든 일이 서로 연합하여 좋은 결과를 이룬다.

부르심을 받은 자는 하나님의 목적을 가진 자이다. 하나님의 목적을 알게 되면 사람은 바뀐다. 목적을 아는 사람은 삶에 의미를 부여한다. 우리가 삶의 목적을 갖는 순간에 삶에 변화가 일어나기 시작한다. 인간에게 비극은 죽음이 아니라 '목적 없는 삶'이다.

의미가 있는 목적은 곧 자신의 사명(使命)이 된다. 사명은 자신에게 맡겨진 임무이다. 자신의 사명을 다하지 못하면, 삶을 낭비하는 것이다.

바울은 『사도행전』 20장 24절을 통해 자신의 사명에 관해 이렇게 말했다.

"내가 달려갈 길과 주 예수께 받은 사명, 곧 하나님의 은혜의 복음을 증거하는 일을 마치려 함에는 나의 생명조차 조금도 귀한 것으로 여기지 않는다."

자신의 목적을 알면 삶은 단순해진다. 목적은 꼭 필요한 것과 그렇지 않은 것을 판단하는 기준이 되기 때문이다. 목적은 우리의 노력과 에너지를 중요한 것에 집중하게 해 준다.

바울은 말했다.

"나는 모든 에너지를 이 한 가지에 집중시켰다. 과거를 잊고 미래를 바라보았다."

하나님은 모든 사람들에게 은사를 주셨다. 은사(恩賜, Gift)는 하나님이 거저 주신 은혜로운 선물이다. 하나님은 다양성을 좋아하시고, 우리 각자에게 특별한 능력을 하나씩 주셨다. 말씀의 은사, 지식의 은사, 믿음의 은사, 병고치는 은사, 예언의 은사 등, 우리는 누구나 그중 한 가지는 받았다. 모든 은사를 소유한 사람도 없지만, 한 가지라도 받지 않은 사람도 없다.

은사는 우리 자신이 아니라, 다른 사람의 이익을 위해 주어졌다. 우리가 은사를 사용하지 않으면 다른 사람이 불이익을 당하게 되는 것이다. 그래서 하나님은 우리의 은사를 발견하고, 발전시키고, 사용하라고 명령하신다.

우리는 은사를 성장시키기 위해서 노력해야 한다. 예수님을 닮기 위해 자신의 재능을 성장시켜야 한다. 바울은 「에베소서」를 통해 영적 성장을 위한 방법 세 가지를 제시했다.

- 이전 태도를 버려라.
- 사고방식을 바꿔라.
- 새롭고 거룩한 습관을 발전시켜라.

바울은 사랑을 우리의 최우선 순위에 놓고, 최고 목표로 삼으라고 가르쳤다. 사랑은 우리가 우리의 것을 다른 사람에게 얼만큼 나누어 주느냐이다.

"사랑은 언제나 오래 참고, 사랑은 언제나 온유하며"라는 노랫말로 유명한 「고린도전서」 13장은 기독교적 사랑의 본질을 섬세하게 표현하고 있어 '사랑장'이라 불린다. 여기서 사도 바울이 전하고자 하는 메시지는 다음과 같이 요약할 수 있다.

"내가 사람의 방언과 천사의 말을 할지라도 사랑이 없으면, 소리 나는 구리나 울리는 꽹과리와 같다. 사랑은 절대 실패하지 않는다. 믿음, 소망, 사랑, 이 세 가지는 항상 있는 것인데, 그중에 제일은 사랑이다. (If I speak with the languages of men and of angels, but don't have love, I have become sounding brass, or a clanging cymbal. Love never fails. These three remain: faith, hope and love. But the greatest ot these is love.)"

『반야심경(般若心經)』

『반야심경(般若心經)』의 본문은 260자(字)이다. 대승 불교의 반야 경전 600권을 260자로 요약했으니 걸작이다. 구조가 체계적이고 내용이 명확하다. 컨설팅 회사들이 사용하는 MECE(Mutually Exclusive Collectively Exhaustive)와 유사하다. 각 항목들이 상호 배타적이면서, 모였을 때는 완전하게 전체를 이룬다.

부처님은 기원전 560년경에 네팔 남부 지역의 룸비니에서 태어났다. 성은 고타마(Gautama)이고, 이름은 '목적을 성취한 사람'이라는 뜻의 '싯다르타(Siddhattha)'이다. 석가모니(釋迦牟尼)는 산스크리트어 '샤캬무니(Sakyamuni)'를 음역한 것으로, 샤캬족(석가)의 성자라는 뜻이다.

부처[산스크리스트어로는 붓다(buddha)]는 석가 부족의 왕자로 태어났다. 생로병사를 관통하는 깨달음을 얻고자 29세에 왕궁을 떠나서 수행의 길로 접어들었다. 싯다르타는 약 6년을 떠돌아다니면서 여러 스승에게 고행과 명상을 배웠다. 35세에 보리수 나무 아래에서 깨달음을 얻고 부처가 되었다. 이후 인도 북부를 중심으로 가르침을 펼쳐서 많은 사람들을 교화하고, 80세의 나이로 열반에 들었다.

『반야심경』이 나온 시기는 기원전 1세기경이다. 기원전 3세기, 인도를 처음 통일한 아쇼카 왕이 불교로 개종했고, 기원전 1세기경에 대승 불교가 등장한 것으로 추정된다. 이 무렵에 대승불교 운동가들이 대승 경전 600권을 만들었고, 이것을 요약해서 만든 것이 『반야심경』이다.

기원후 402년경, 구마라집(鳩摩羅什) 대사가 산스크리트어 『반야심경』을 최초로 한문으로 번역했다. 산스크리트어는 인도-이란어파에 속하는 언어로, 한자로는 범어(梵語)이다. 이후 649년, 당나라 현장 법사가 우리가 지금 사용하고 있는 『반야바라밀다심경』을 번역했다. 『반야심경』의 원제는 '마하반야바라밀다심경(摩訶般若波羅蜜多心經)'이다. 산스크리트어를 소리 나는 대로 중국어로 옮긴 것이다. 이 제목 10글자만 이해해도 내용의 절반은 깨달았다고 볼 수 있다. 『마하반야바라밀다심경』을 자세히 보자.

'마하(摩訶, Mahā)'는 '크다'는 뜻이다. 그냥 큰 것이 아니라 무한히 커서 우리의 상상력을 초월하는 수준이다. 우리가 살고 있는 우주는 무한히 크고, 그 무한한 세계 속에서 우리는 티끌 같은 작은 존재로 잠시 살다 간다. 마하의 눈으로 보면 세상에 이해 못할 일이 없다. 마하의 의미만 알아도 깨달음을 얻는다.

'반야(般若, Prajñā)'는 '깨달음, 지혜'라는 뜻이다. '바라(波羅, pāra)'는 '저 언덕'이고, '밀다(蜜多, mitā)'는 '건너간다'는 뜻이니 '저 언덕으로 건너간다'는 말이다. 이 언덕[차안(此岸)]은 괴로움의 세계를 상징하고, 저 언덕[피안(彼岸)]은 괴로움이 없는 열반의 세계를 말한다. 이 언덕은 사바 세계(娑婆世界, this world)이고, 저 언덕은 극락 세계(極樂世界, paradise world)이다. 저 언덕으로 건너가면 모든 고통에서 벗어난다.

'심(心, hṛdaya)'은 한자로 핵심을, '경(經, sūtra)'은 한자로 경전을 의미한다. 가장 핵심적인 부처님의 말씀이라는 뜻이다.

'마하반야바라밀다심경(摩訶般若波羅蜜多心經)'은 산스크리트어로 'Prajñā-pāramitā-hṛdaya-sūtra', 영어로는 'The Heart of the Perfection of Wisdom Sutra'이다. 커다란 지혜로 괴로움이 없는 저 언덕으로 건너가기 위한 핵심 경전이다. 『반야심경』 본문은 산스크리트어와 한문이 혼합되어 있다. 산스크리트어를 참고하고, 나머지는 한문으로 해석해야 한다.

관자재보살(觀自在菩薩),
우리의 모든 고통을 다 아시는 관자재보살이

행심 반야바라밀다시(行深 般若波羅蜜多時)
저 언덕으로 건너가기 위해 깨달음을 깊이 수행할 때,

조견오온개공(照見 五蘊 皆空) 도일체고액(度 一切苦厄)
다섯 개의 온(蘊, 쌓일 온), 다시 말해 색(色, 물질), 수(受, 느낌), 상(想, 개념),
행(行, 의지), 식(識, 이해와 분별)이 모두 공(空)의 성질을 갖는 것을 보고,
모든 고통과 곤경에서 벗어났다.

사리자(舍利子),
지혜가 제일 출중한 사리자야,

색불이공(色不異空) 공불이색(空不異色)
색이 공과 다르지 않고, 공이 색과 다르지 않다.

색즉시공(色卽是空) 공즉시색(空卽是色)
색이 공이고, 공이 색이다.

수상행식(受想行識) 역부여시(亦復如是)
공과 같이, 수상행식도 마찬가지다.

사리자(舍利子),
지혜가 제일 출중한 사리자야,

시제법공상(是諸法空相) 불생불멸(不生不滅)
불구부정(不垢不淨) 부증불감(不增不減)
모든 존재는 공의 성질을 갖고 있어서, 실체가 없고 텅 비어 있다.
그래서 생겨나지도 사라지지도 않으며, 더럽지도 않고 깨끗하지도 않고,
늘어나지도 않고 줄어들지도 않는다.

<중략>

무고집멸도(無苦集滅道)
공의 세계에는 4개의 진리인 고집멸도가 없다.

무지역무득(無智亦無得)
고집멸도를 초월하면, 무지와 무득의 단계를 체험할 수 있다.
(무지는 알고도 아는 바가 없는 것이 진정으로 아는 것이며,
무득은 얻고도 얻은 바가 없는 것이 진정으로 얻은 것이다.
무지는 보살이 체험한 최고의 수준이고,
무득은 보살이 득에 대한 집착에서 벗어난 상태다.)

이무소득고(以無所得故)
이와 같이 얻을 바가 없으므로,

보리살타(菩提薩埵), 의반야바라밀다(依般若波羅蜜多)
해탈을 구하는 보살들은 반야바라밀다에 의지한다.

고심무가애(故 心無罣礙)
무가애고(無罣礙故) 무유공포(無有恐怖)
그러므로 마음에 근심과 장애가 없고,
근심과 장애가 없으니 두려움이 없어서,

원리전도몽상(遠離顛倒夢想) 구경열반(究竟涅槃)
뒤바뀐 헛된 생각을 멀리하게 되고,
일체의 번뇌가 사라지고 자유자재로 생사를 넘나들며,
중생을 가르치며 살아있는 부처의 경지로 들어간다.

삼세제불(三世諸佛) 의반야바라밀다(依般若波羅蜜多)
삼세의 모든 부처님도 반야바라밀다를 의지하므로,

고득아뇩(故 得阿耨) 다라삼먁삼보리(多羅三藐三菩提)
더 이상 초월할 수 없는 최고의 깨달음을 얻었다.

고지반야바라밀다(故知般若波羅蜜多)
설명한 것과 같이, 반야바라밀다는

시대신주(是大神呪) 시대명주(是大明呪)
큰 주문이자, 암흑에서 벗어나는 밝은 주문이며,

시무상주(是無上呪) 시무등등주(是無等等呪)
모든 법문 중에서 최고의 주문이고, 비교할 수 없는, 부처님 경지와 동등한 주문이다.

능제일체고(能除 一切苦) 진실불허(眞實 不虛)
온갖 괴로움을 없애고, 진실하여 헛되지 않다.

고설 반야바라밀다주(故說 般若波羅蜜多呪) 즉설주왈(卽說呪曰)
설명한 것과 같이, 이제 반야바라밀다 진언을 시작하겠다.

아제, 아제, 바라아제, 바라승아제, 모지 사바하
(揭諦 揭諦 波羅揭諦 波羅僧揭諦 菩提 娑婆訶)
〔산스크리트어: "Gate, Gate, Pāragate, Pārasamgate, Bodhi Svāhā"〕
가자, 가자, 저 언덕으로 가자, 저 언덕으로 함께 가자. 깨달음을 얻자.

『반야심경』에서 '공(空)'의 의미를 이해하지 못하면 한 발짝도 앞으로 나아갈 수 없다. 『반야심경』에서 공은 모두 8번 등장하고, 무(無)는 21번 나온다. 무는 공을 설명하기 위한 것이므로 공과 관련된 글자는 29번 나오는 것과 같다.

『반야심경』의 문장의 수는 58개로, 그중 공(空)과 무(無)가 들어간 것이 29개다. 공과 무가 차지하는 비중이 정확히 50%이다. 『반야심경』의 핵심은 공(空)이라 해도 과언이 아니다.

'공'은 자성(自性, Self-Being)이 없는 것이다. 만물이 스스로 독자적으로 존재하지 않는다는 것이다. 자기 혼자 존재하는 자성은 없다. 예를 들면, 우리의 몸은 혼자 존재하는 것이 아니라, 밖에 있는 것들이 들어오고 나가는 과정에서 생겨난다. 혼자 독자적으로 존재하지 않는다. 자성이 없다.

우리의 감정도 마찬가지다. 감정이 있어서 변하는 것이 아니라, 조건에 따라 감정이 변한다. 내 안에 감정이 있다고 생각하지만, 그렇지 않다. 조건에 따라서 감정은 변한다.

『잡아함경』에서는 공(空)을 '제1의공경(第一義空經)'이라 하여 공의 궁극적인 의미를 설명하고 있다.

"대상을 보는 자신은 오는 곳이 없고, 사라질 때 가는 곳이 없다. 업보(業報)는 있으나 작자(作者)는 없다."

작자는 자신을 끌고 나니는 주체인 자아(自我)를 말한다. 작자가 없다는 말은 그런 자아는 항상 변한다는 것이다. 작자(作者), 즉 그놈이 있기는 있는데, 불변으로 있는 것이 아니라, 볼 때 나타났다가 안 보면 사라진다.

자신을 끌고 다니는 자아는 없다. 내가 보면 보이는 그놈, 즉 업(業)이 있고, 그 결과로 나타나는 보(報)가 있다. 업(業)을 짓고, 보(報)를 받는 업보(業報)만 있다.

업보는 있으나 '행위자(작자)는 없다'는 것이 공의 의미이다. 보고, 듣고, 냄새 맡고, 맛보고, 만지고, 생각하는 업보는 있으나, 보고 듣는 행위자인 '자아'는 없다.

인간의 감정도 경험이라는 업의 결과, 즉 업보임을 깨달아야 한다. 자라 보고 놀란 사람이 솥뚜껑 보고 놀라는 것은 자라에 물려 본 경험 때문이다. 자라를 애완 동물로 키우는 사람은 솥뚜껑을 보고 놀라지 않는다.

공이 중요한 이유는 무한한 가능성을 담고 있기 때문이다. 색즉시공(色卽是空)은 수행을 통해서 우리가 자아로 여기고 있는 것들, 즉 '자아'라는 존재가 '없음'을 깨닫는 것이다. 무아(無我)이다.

그리고 공즉시색(空卽是色)은 무아의 깨달음을 얻으면, 우리도 부처님과 같이 부처가 될 수 있다는 것을 의미한다. 인간은 태어나면서부터 이미 정해진 존재가 아니라 삶의 수행을 통해서 끊임없이 변하는 존재다.

색즉시공을 통해서 과거의 '나'로부터 탈피할 수 있고, 공즉시색을 통해서 무한히 가능한 미래의 '나'로 발전할 수 있다. '나'는 공성(空性)을 갖기 때문에 얼마든지 바뀔 수 있다.

과거에 노력을 안 해서 능력이 부족하더라도, 지금부터 노력하면 능력자가 될 수 있는 것이다. 반대로 과거에 아무리 유능했다 하더라도, 지금 노력하지 않으면 무능력자가 되는 것이다. 공성을 깨달으면 무엇이든 이룰 수 있는 가능성을 발견한다.

『반야심경』은 우리가 집착하는 것들은 자성이 없으며, 공이라는 것을 깨닫도록 가르치고 있다. 인간은 모두 자성이 없이 공성을 갖고 있기 때문에 우리가 원하는 것이 될 수 있다. 우리에게 자성이 없기 때문에 부처로 살면 누구나 부처가 되고, 중생으로 살면 중생이 된다. 부처의 행동〔업(業)〕을 하면, 부처〔보(報)〕이고, 중생의 행동〔업(業)〕을 하면 중생〔보(報)〕이다.

불교는 연기(緣起)적 세계관을 바탕으로 하고 있다. 연기란 모든 현상은 원인과 결과의 연(緣)이 상호 관계(關係)하여 형성되는 것이다. 인연(因緣)이 없으면 결과도 없는 것이다. 다른 것과 관계하지 않는 나만의 세계는 없다는 것이다.

연기는 업보(業報, Karma)와 관련이 깊다. 『아함경』에서는 다음과 같이 설명하고 있다.

"모든 법은 인연에 의해 나타나고, 모든 법은 업에 의하여 나타난 결과이다."

우리는 인연에 의지하는데, 인연이 곧 업이다.

인간이 인식하는 대상은 우리의 지각 활동에 의해 나타난 것뿐이다. 즉 연기한 것이다. 어떤 대상이 외부에 실재하고 있는 존재가 있어서 인식하는 것이 아니라, 보기 때문에 보이는 것이다. 부처님은 '우리가 있다고 생각하는 것'이 우리의 착각이라 말한다.

존재한다는 그 인식 때문에 우리에게 고락이 생긴다.

연기는 무상과 무아다. 무상은 제행무상(諸行無常)이다. 우주 만물은 끊임없이 변하고 태어나고 죽는다. 무상은 항상 그러함이 없이 언제나 변한다는 뜻이다. 잠시도 같은 상태에 머무르지 않는다.

무아는 제법무아(諸法無我)를 말한다. 우주 만물은 인연으로 인해서 생겨난 것이므로 자아(自我)라고 할 만한 실체가 없다. 인연에 따라, 장소와 때에 따라 '나'라는 존재가 바뀐다. '나'라는 실체가 존재하는 것이 아니라, 인연에 따라 다양한 형태로 드러날 뿐이다. 우리는 자아가 있어서 자신이 지각한다고 생각한다. 그러나 지각하는 자아가 있는 것이 아니라, 단지 지각일 뿐이다. 그 지각은 나타났다가 사라진다. '나'라고 고집할 것이 없으므로 '무아(無我)', 내 것이라고 할 것도 없으므로 '무소유(無所有)', 그런 내가 옳다고 할 것이 없으니 '무아집(無我執)'이다.

부처님은 우리의 내부에 자아가 없다고 말한다. 색(色)은 외부에 실재하는 것이 아니라, 우리의 마음에 의해서 나타나는 것이다. 우리의 의식은 몸 속에 고정된 존재가 아니라 외부 대상에 의해 변화한다. 보는 자와 보이는 대상은 개별적으로 존재하는 것이 아니라 상호 의존적으로 연기한다.

이를 잘 설명한 것이 『잡아함경』의 다음 구절이다.

이것이 있기 때문에 저것이 있고,
이것이 생기기 때문에 저것이 생긴다.
이것이 없기 때문에 저것이 없고,
이것이 사라지기 때문에 저것이 사라진다.

此有故彼有 此起故彼起
此無故彼無 此滅故彼滅

사람이 무상(無常)과 무아(無我)를 깨닫지 못하면, 온갖 고통에서 벗어날 수 없다. 이 세상에 존재하고 있는 것들은 항상 변화하고 있어 고정된 것이 없는데〔무상〕, 사람들은 항상 불변한 것이 있다고 생각한다. 또한 모든 것은 무엇 하나 고정된 실체가 없는데〔무아〕, 그것을 실체라고 고집하려 든다.

이것이 고통, 고(苦)의 원인이다. 이로 인해 발생하는 모든 고통이 일체개고(一切皆苦)이다. 불교에서는 이 세상을 고해(苦海)로 본다. 인간 세상은 괴로움으로 가득 찬 바다이다.

이러한 고통의 바다를 건너기 위해서는 자신을 반성하며, 욕망을 버리고, 집착에서 벗어나야 한다. 그리하여 열반적정(涅槃寂靜)에 다다르면 탐(貪), 진(瞋), 치(癡)가 없다. 탐욕과 노여움, 어리석음이 소멸되어 편안하다.

적용

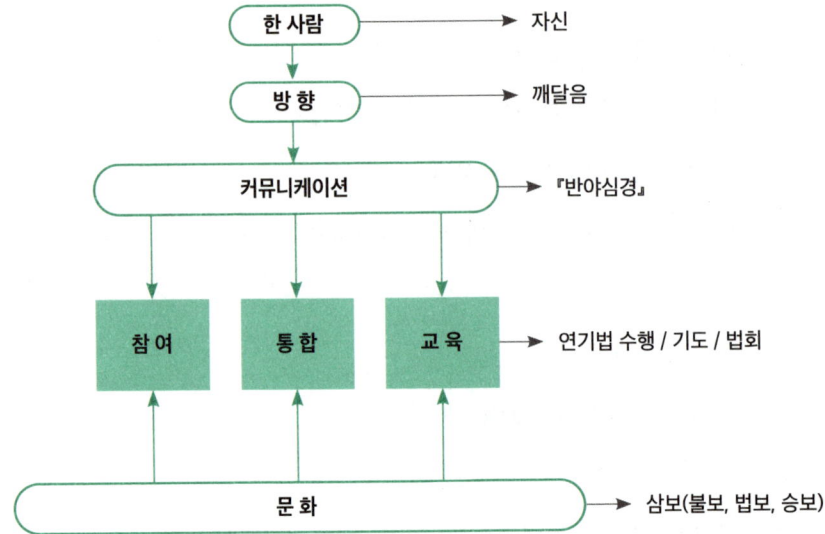

돈오점수
(頓悟漸修)

돈오점수(頓悟漸修, 갑자기 돈, 깨달을 오, 조금씩 나아갈 점, 닦을 수)는 '단번에 깨닫고, 점진적으로 수행하는 것'이다. 불교 수행자가 '깨달음'을 얻기 위해서는 문득 깨닫는 돈오(頓悟)가 필요하고, 점진적인 수행인 점수(漸修)를 통해 진정한 깨달음에 도달할 수 있다. 이것이 선종(禪宗)의 수행 방법이다.

돈오점수는 시대적 상황 때문에 등장했다. 12세기 후반, 고려는 불교를 정신적 기반으로 삼았다. 고려 문종의 넷째 아들 의천(義天)이 불문에 입문하여 천태종을 세웠다. 불교는 왕실과 밀접했고, 절은 대규모의 부를 축적했다.

왕실은 나라와 왕실의 번영을 위해 불교 행사를 수시로 개최했다. 왕실은 무신들의 반란으로 시국이 불안해지면, 불교 행사를 더 늘렸다. 국고는 낭비되고, 백성들은 더 빈곤해졌다. 사원들은 계속 부유해졌으며, 부가 늘어나면서 타락과 권력 투쟁은 더 심해졌다.

당시 고려에서는 정치 권력의 중심이 문신(文臣)에서 무신(武臣)으로 이동하고 있었다. 고려 초기에는 문신들이 권력을 장악했다. 문신들은 무신들을 무시하고, 각종 부역에 동원했다. 무신들을 경호원 정도로 취급했다. 이에 무신(武臣)들이 1170년에 봉기를 일으켰다. 이 무신정변(武臣政變)으로 왕을 폐위하고 정권을 장악했다. 고려 사회의 권력 구조가 무신 중심으로 100년간 지속되었다.

불교계도 영향을 받았다. 기득권을 가진 승려들이 왕실과 문신 귀족들과 함께 싸웠으나 패배하고 많은 승려가 살해되었다. 대부분 교종(敎宗) 계통의 승려들이었다.

선종(禪宗)은 처음에 중심부에 발을 붙이지 못했기에 중앙의 정치 권력이 약한 지방에서 호족 세력의 비호를 받으며 뿌리를 내렸다. 선종의 세력이 커지면서, 선종과 교종 두 종파가 고려 불교계를 양분하며 대립했다. 교종은 교리(敎理)를 중시하고, 선종은 참선(參禪)을 우선시했다.

교종과 선종의 대립을 해결하고자 문종의 넷째 아들 의천이 나섰다. 의천은 천태종(天台宗)을 세웠으며, 선종의 승려들을 흡수하여 통합하려고 했으나 실패했다. 그 이유는 중국 남종선(南宗禪)의 독특한 정신을 올바로 이해하지 못했기 때문이다.

의천은 전통적인 교학적 불교에 따라서 선(禪)을 문자 그대로 선을 닦는 습선(習禪) 정도로 이해했다. 전통적인 남종선을 '말로만 하는 선', '세설(說禪)'이라 비판하며, 교(敎)를 빌려 선(禪)을 닦아야 한다고 주장했다. 의천의 인위적인 노력은 기존 교종 종파들의 반발을 샀고, 오히려 교종의 정체성을 견고하게 만들었다. 반면에 선종은 조계종이라는 새로운 이름으로 더욱 강하게 뭉쳤다. 의천이 47세에 입적하면서 그의 노력은 결국 결실을 맺지 못했다.

이 상황에서 나타난 인물이 지눌(知訥:, 알 지, 말 더듬거릴 눌)이다. 그는 교종과 선종의 분열과 승가의 도덕적 붕괴를 해결하고자 했다. 불교계에도 자기 부정과 반성이 필요했고, 새로운 지도자의 출현을 기다렸다.

지눌은 선종과 교종 간의 갈등을 인식했다. 그 갈등의 원인은 선종이 불법(佛法)의 이론적 탐구보다 수행을 통한 직접적 경험을 중시했기 때문이다. 특히 급진적 선승(禪僧)들은 "불립문자(不立文字), 교외별전(敎外別傳)"이라는 교리를 내세우며 교종(敎宗)과 대립했고, 교종 승려들이 부처의 말씀에 문자 그대로 집착하여 그 의미를 탐구하지 않는다고 비판했기 때문이다.

불립문자(不立文字)는 문자를 내세우지 않는다는 뜻으로, 문자나 말이 지니고 있는 형식과 틀에 집착하지 말라는 것이다. 교외별전

(敎外別傳, 가르칠 교, 바깥 외, 다를 별, 전할 전)은 경전(經典) 바깥의 다른 방식으로 전한다는 뜻이다. 부처의 가르침은 경전의 말이나 글에 있지 않고, 마음에서 마음으로 깨닫는 방법이다. 선종을 대표하는 어구인 불립문자와 교외별전은 이심전심(以心傳心), 염화미소(拈華微笑), 견성성불(見性成佛)과 유사한 의미이다.

그 당시 달마대사의 비유가 유행했다. 달마대사는 선종의 시조였고, 선 문답의 대가였다.

"경전이란 깨달음의 달을 가리키는 손가락에 불과하다. 일단 달을 보았으면, 그것을 가리키는 손가락은 이제 필요 없다. 그럼에도 깨달음을 구하지 않고, 경전의 문구를 해석하느라 헤매고 있다. 이것은 달을 바라보는 것을 잊어버리고, 손가락 끝만 보는 것과 같다."

지눌이 찾아낸 방법은 선교일치(禪敎一致)였다. 화엄경(華嚴經)을 중시하는 교종(敎宗)의 학자들은 법계연기(法界緣起)라는 추상적인 이론을 주장했지만, 구체적인 수행 과정이 없었고, 개인적인 깨우침을 결여한 상태였다. 반면에 선을 추구하는 선사(禪師)들은 오로지 좌선에 몰두할 뿐, 수행의 기초에 대한 철학적 이론을 모두 거부했다. 지눌은 두 입장에 모두 한계가 있다고 보았다.

지눌은 선(禪)과 교(敎)가 본질적으로 하나임을 깨닫게 하기 위해, 이 둘이 일치한다는『화엄경(華嚴經)』의 구절을 찾아냈다. "선(禪)은 부처님의 마음이요, 교(敎)는 부처님의 말씀이다."라는 이 구절을 통해 선과 교가 둘이 아닌 하나임을 주장하며 대립을 극복하고자 했다. 이를 증명하기 위해 제시한 것이 '원돈성불론(圓頓成佛論)'이다. 원(圓)이 곧 돈(頓)임을 해설한 것으로, 선과 교의 조화를 통해 깨달음에 이르는 길을 설명했다.

지눌은 선종의 추종자들도 설득해야 했다. '불립문자, 교외별전'이라는 교리에도 불구하고, 수행의 철학적 기초를 마련할 필요가 있었다. 지눌은 수행자들에게 화엄을 토대로 삼는 이유를 다음과 같이 설명했다.

"나는 『화엄경(華嚴經)』이 궁극적인 이치에 미흡하다고 생각하지 않는다. 다만 교학자들이 너무 말과 이론에 얽매여 있어서 마음을 통찰하지 못한다."

지눌은 지적 이해를 통해 진리를 깨닫는 해오(解悟)를 강조했다. 그는 불법에 대한 이해 없이 좌선만을 강조하거나, 이심전심만을 추구하다가 아무런 소득 없이 시간을 낭비하는 선종의 문제점을 동시에 비판했다.

이런 노력에 힘입어 지눌은 종교적 이론과 실천을 합치시켰다. 모든 대승 불교가 중생의 깨달음의 가능성을 인정한다고 설명하면서, 『화엄경』을 통해 중생의 본성은 본래 청정하고 공(空)하며, 외연의 더러움에 물들지 않는다고 설득했다. 모든 중생은 본래 부처라는 결론을 보여 주었다. 이는 마음이 곧 부처[즉심시불(卽心是佛)]이며, 부처의 성품인 불성(佛性)은 외부에서 얻는 것이 아니라 자기 마음 안에서 발견된다고 했다. 지눌은 이를 바탕으로 "부처를 자기 밖에서 구하지 말고, 자신의 마음과 본성을 자신의 안에서 찾아라."라고 가르쳤다. 이것으로 화엄의 이론과 선불교의 실천을 일치시키는 기반이 마련된 것이다.

지눌의 현명함은 종파 간의 갈등을 부추기기보다 이를 화합으로 이끌어가는 데 있었다. 그는 불필요한 논쟁을 피하고, 화엄의 법계연기와 같은 이론적 문제로 다투기보다는 화엄을 선의 틀 안에서 포용했다. 그는 화엄학자에게 적대적 태도를 취하지 않고, 친절한 대화를 시도하며 긍정적인 자세를 유지했다.

지눌의 돈오(頓悟)는 무엇인가.

돈오란 참된 자아이다. 즉 본래의 마음과 본성을 모르고 있던 상태에서 갑자기 깨닫는 것을 의미한다. 이는 점진적으로 이루어지는 과정이 아니라, 한순간에 깨달음이 찾아오는 혁명적인 경험이다. 돈오는 갑작스러운 자신의 본성을 발견하여 부처가 되는 경험, 즉 견성성불(見性成佛)이다.

깨달음이 돈(頓)하다는 것은 시간적 선행이라는 의미가 아니라, 뒤따르는 수행을 위한 지적인 요소다. 돈오는 선(禪) 수행의 첫 단계로 뒤따르는 수행의 기초일 뿐이다.

그러면 점수(漸修)는 무엇인가.

점수는 인식과 실천 사이의 차이를 극복하는 것이다. 깨달음이라는 것이 일시에 인간 존재를 완전히 변화시키지는 못하며, 내가 곧 부처라는 깨달음에도 불구하고 우리는 계속해서 괴로움을 겪는 나약한 존재다. 부처와 중생, 열반과 생사(生死) 사이에는 여전히 뛰어넘기 어려운 간격이 있다. 당나라 화엄종의 5대조인 종밀(宗密)이 이를 간단하게 정리했다.

"미망에서 깨어남은 돈(頓)이나, 범부로부터 성인이 되는 것은 점(漸)이다."

깨달음은 시작일 뿐이기 때문에, 실천적으로 체험해 나감으로써 정점에 이르게 된다. 보살이 실천하지 않으면, 그 깨달음은 진정한 것으로 인정될 수 없다. 행위를 통해서만 깨달음을 확인할 수 있는 것이다.

지눌은 돈오의 체험을 했음에도 기나긴 수행에 몰두했다. 수양을 통해 인식과 실천 사이의 차이를 통감했기 때문이다. 삶의 구체적 현실 속에서 부딪치는 정신적 갈등이 순간의 깨달음으로 완전히 해결되지 않는 것을 체험했기 때문이다. 자신을 목우자(牧牛子)로 부른 것을 보면, 지눌은 '소를 치는 사람'처럼 자신의 마음을 길들이는 수행을 결코 멈추지 않았다.

오늘날 한국의 승가 교육(僧伽敎育) 제도는 지눌의 방식을 따른다.

승려들은 초심자로서 기초 수련 코스를 밟고, 강원(講院)에서 불교 경전을 배우고, 선방(禪房)에 들어간다. 교학을 먼저 배우고 참선에 임한다.

승려가 되려는 자는 깨달음의 본질을 이론적으로 습득한 후에, 실천적 수행인 참선에 들어가서 정진해야 한다. 지눌의 이런 종합적 불교 수행 방법은 한국 조계종의 사상적 기초를 수립했다. '불일보조국사(佛日普照國師)'라는 그의 호에서 보듯, 부처님의 해처럼 널리 비추는 나라의 스승이다.

적용

삼성전자의 반도체 진출은 돈오점수의 대표적인 사례이다. 이병철 회장은 1983년 '2·8 도쿄 선언'에서 '우리는 왜 반도체 사업을 해야 하는가'라는 화두(話頭)로 신규 투자 계획을 발표했다. 일본을 방문한 그는 반도체가 미래 전자 산업의 핵심이 될 것이라는 사실을 직감했다. 이나바 히데조(稻葉秀三) 박사가 "앞으로 산업은 반도체가 좌우한다. 경박단소(輕薄短小)한 것을 만들어야 한다."라고 충고했다. 또한 미국을 방문하여 실리콘밸리에서 IBM, 제너럴일렉트릭, 휴렛팩커드의 반도체 공장을 둘러봤고, 여기서 반도체가 예상보다 빠르게 핵심 산업으로 부상하리라는 것을 확신했다.

당시 반도체 산업은 미국과 일본이 주도하고 있었고, 메모리 분야는 일본이 미국보다 앞섰다. 일본이 하면 우리도 할 수 있다고 판단한 이 회장은 메모리 위주로 반도체 사업을 추진하기로 했다.

반도체 산업이 높은 기술 장벽과 거대한 투자 비용이 요구되었기 때문에, 삼성이 뛰어들기에는 위험 부담이 컸다. 그러나 그는 이러한 장벽에도 불구하고 삼성전자가 장기적인 경쟁력을 확보하기 위해서는 반드시 반도체 사업에 진출해야 한다고 인식했다. 반도체의 중요성과 그 필요성을 깨달은 '돈오(頓悟)'의 순간이었다.

그 후 이 회장은 세계의 수많은 반도체 전문가를 만나 의견을 듣고 반도체 관련 책을 섭렵했다. IBM에서 근무한 이임성 박사 등 재미 한국인 과학자들을 차례로 영입하여 인재를 확보하고 반도체·컴퓨터 사업팀을 꾸렸다. 1983년 9월, 허허벌판인 경기도 기흥에 공장을 짓기로 했다. 공장 설계, 생산 라인 조성, 장비 조달, 용수와 전력 공급을 초단기간에 마쳤다. 영하 15도의 추위에 온풍기로 시멘트를 말려가며 공사를 강행했다. 기공식을 한 지 6개월 18일 만에 공사를 마쳤다.

미국의 마이크론 테크놀로지, 일본의 샤프와 정식으로 기술계약을 체결하여 기초 기술을 배웠고, 1983년 11월 마침내 양질의 64K D램을 개발하는 데 성공했다. 삼성 반도체 신화의 서막이었다. 돈오(頓悟) 이후에 점수(漸修)하여 반도체 신화를 쓴 것이다.

기업의 변화는 돈오와 점수의 조합이다. 성공한 대부분의 기업은 간절한 마음으로 돈오를 하고, 그 돈오를 실현하는 점수의 과정을 거쳤다. 애플은 스마트폰에 대한 가능성을 돈오했고, 마이크로소프트는 오픈 AI의 확장성을 돈오했다. 테슬라는 전기차의 대중화를 돈오했고, 아마존은 데이터 저장과 인프라에 대한 수요 증가를 돈오하여 클라우드 컴퓨팅인 AWS(Amazon Web Services)를 시작했다. 그리고 그들의 돈오는 점수로 실현되었다.

송광사는 조계종의 창시자인 보조국사 지눌이 가르친 사찰로,
선 불교의 수행과 교육의 중심이다.

격의 불교
(格義佛敎)

격의 불교(格義佛敎: 격식 격, 뜻 의, 부처 불, 가르칠 교)는 중국이 인도 불교를 받아들인 방식이다. 인도 불교가 중국에 처음 전해질 때, 낯선 불교 교리를 쉽게 전달하기 위해 유교나 도교의 유사한 개념과 용어를 차용하여 받아들였다. 이는 초기 불교의 중국 현지화 과정에서 중요한 역할을 했다.

외래 종교인 불교가 중국에 전래되던 당시의 사례를 통해서 살펴본 것처럼, 격의(格義)란 기존의 의미(義)에 새로운 해석의 틀인 격(格)을 덧씌워 의미를 재구성하는 방식을 가리킨다. 이는 낯선 개념을 익숙한 프레임으로 설명하려는 시도였다. 영어로는 'Frame + Meaning', 즉 의미에 프레임을 입히는 것이다.

인도 불교가 최초로 중국에 전해진 것은 기원전 2년 전후이고, 확실한 토대를 잡은 것은 후한(後漢, 25~220) 말에 불경이 한문으로 번역된 시기였다. 인도에서 제작된 불교 경전은 서역(西域)으로 전달되고 중국으로 들어왔다. 서역은 중앙아시아, 지금의 카자흐스탄, 키르기스스탄, 타지키스탄, 투르크메니스탄, 우즈베키스탄이다.

불교 경전을 한문으로 처음 번역한 사람은 두 명이다. 파르티아(Parthia, 이란 북동부)의 태자 출신 승려 안세고(安世高)와 인도 쿠샨 왕조의 승려 지루가참(支婁迦讖)이다. 중국인들에게 인도나 서역인들의 생활양식과 사고방식은 생소했다. 따라서 불교를 처음 접하는 중국인들이 불교를 이해할 수 있도록 번역하는 일은 힘든 과정이었다.

초기 불교 경전 번역의 문제는 내용이 어렵고 표현이 딱딱하며 문장의 형식이 고르지 않은 것이었다. 또한 음사어(音寫語)로 산스크리트어를 한자로 소리 나는 대로 옮긴 것이었다.

이를 해결한 사람은 서역 출신으로 후진(後秦)에서 활동한 구마라습(鳩摩羅什)이다. 그의 획기적인 번역으로 불교에 대한 참다운 이해가 이루어지면서 문제점들이 해결되었다. 불교가 처음으로 중국에 전해진 시기부터 구마라습의 번역이 이루어지기 전까지 약 300년간을 '격의 불교 시대'라고 한다.

후한(後漢, 25~220) 시대에는 유교의 정치 이념이 나라를 지배했다. 그러나 후한 말기에 민란으로 황실이 붕괴하면서 유교의 권위도 땅에 떨어졌다. 이로 인해 중심 사상의 축이 유교에서 노장 사상으로 기울기 시작했다. 죽림칠현(竹林七賢)을 중심으로 청담사상(淸談思想)이 유행했다. 정치 권력에 등을 돌리고 죽림에 모여 거문고와 술을 즐겼다. 노자(老子)와 장자(莊子)의 사상에 의지하여, 세속적 가치를 초월한 무위(無爲)와 자연(自然)을 중시했다.

이러한 풍조는 불교의 반야 사상을 수용할 수 있는 조건이 되었다. 불교를 불교 그 자체로 받아들이는 분위기가 마련된 것이다. 불교 전파의 중심지였던 낙양에 사찰, 불상과 승려가 급증했다.

후한이 망하고 위진(魏晉) 시대(220~420)가 열리면서 불교 경전이 본격적으로 번역되었다. 격의 불교의 핵심 과제는 불교의 중심 사상인 공(空)을 어떻게 설명하는가였다. 후한 말기의 혼란과 삼국시대의 분열을 거치면서, 유교에 실망한 지식인들은 노장 사상의 무(無)의 철학에 심취했다.

이 시대 정신에 맞추어 불교의 개념을 전통적인 노장 사상이나 유교 사상의 개념을 빌려서 해석하기 시작했다. 불교의 공(空)을 무(無), 열반(涅槃)을 무위자연(無爲自然), 진여(眞如)를 본무(本無), 오계(五戒)를 유교의 오상(五常), 즉 '인(仁), 의(義), 예(禮), 지(智), 신(信)'으로 번역했다.

이 격의적 방법론은 반야(般若) 경전의 번역자들에 의해 시도되었다. 대표적인 번역가인 축법호(竺法護)는 서진 시대의 승려로 8세에 출가하여 인도 승려인 축고좌(竺高座)에게 배웠다. 스승의 성을 따라

축(竺)씨를 사용했다. 서역의 나라를 돌며 대승 경전을 얻었다. 36개국의 언어도 통달했다고 전한다. 40여 년간 경전 번역에 매진하여 300여 권을 번역했다.

축법호 이전에는 외국인 승려가 중국어를 배워서 산스크리트어를 한문으로 번역했다. 경전(經典)의 정확한 의미를 번역하기 위해서는 중국어로 받아쓰는 사람이 필요했다. 받아쓴 사람이 중국인 승려가 아니라 노장 사상이나 유교 사상에 정통한 사람들이다. 주로 재가자(在家者)가 번역에 참여했는데, 이들은 불교의 법을 따르는 속세의 사람이다.

번역자들이 그들의 지식이나 용어를 가지고 번역에 임하는 것은 당연한 일이었다. 따라서 그들은 중국 고전의 개념을 빌리거나 매개로 불전(佛典)을 해석했다. 이러한 방법을 '격의(格義)'라 하고, 이러한 방식에 의해 전개된 불교를 '격의 불교'라고 한다.

격의 불교로 불교를 접한 지식인들은 '불교의 가르침이 무엇인가.'라는 근본적인 질문을 하기 시작했다. 주로 다음과 같은 질문이다.

'불타(佛陀)는 누구인가? 불법(佛法)은 무엇인가? 불교(佛敎)는 유교(儒敎) 또는 도교(道敎)와 같은 것인가 아니면 다른 것인가? 다르다면 모자(牟子)의 『이혹론(理惑論)』과는 어떻게 다른가? 출가자들은 왜 머리를 깎는가?'

불교 사상가이며 유학자, 모자는 '불타(佛陀)는 누구인가'에 대하여 다음과 같이 답했다.

"중국 고대에 전설의 세 천자를 신(神)이라 하고, 오체(五體)를 성인(聖人)이라고 칭하는 것처럼, '불타'는 사후에 얻는 존칭인 시호(諡號)이고, 도덕의 원조이며, 여러 신의 시조(始祖)이다. 따라서 중국의 여러 신보다 근원적인 존재이다."

모자의 『이혹론』은 유교(儒敎)·불교(佛敎)·도교(道敎)라는 '삼교(三敎)'의 공통점과 차이점을 해명하면서 불교를 변호했다.

격의 불교는 불교계 노력의 산물이며, 불교 홍보에 일조했다. 불교 사상과 교리가 중국에서 쉽게 정착하는 데 중요한 역할을 한 것이다. 물론 초기에는 불교에 대한 오해를 불러일으키는 역기능도 있었다. 하지만 불교계의 노력과 경전 번역의 발전, 불자들의 이해 수준 향상으로 불교는 차츰 본래 모습을 회복하게 되었다.

적용

격의적(格義的) 변화관리는 외부의 변화를 자신의 언어로 재해석하는 것이다. 이 접근 방식은 자신의 강점과 기존 시스템을 기반으로 변화를 수용하는 것이다. 자신이 잘하고 있는 것을 지렛대로 활용하는 것이다. 이 방식은 조직의 구성원들이 대부분 인정하고 공감하기 때문에 변화를 받아들이는 과정에 부작용이 적다.

격의 불교는 인도에서 만들어진 낯선 불교를 중국이 받아들일 때, 자신들의 문화인 도교와 유교를 바탕으로 재해석하여 탄생했다. 자신들의 언어로 해석한 불교는 거부 반응이 적었다. 다른 측면에서 본다면, 자신의 사상이나 철학이 없으면, 이질적인 문화를 수용하기 어렵다. 조직 내부에 강점이 없으면 변화를 받아들이기 어렵다.

격의적 변화관리는 무엇을 기준으로 받아들이냐가 중요하다. 예를 들면, 외부 변화를 수용할 때, 기술을 바탕으로 받아들이는 것보다는 비지니스를 기반으로 받아들이는 것이 효과적이다. 기술이 바탕이 되면 기술 실현을 위한 도구로 전락하는 경우가 많다. 기술을 도입한 사람과 부서는 기술에 집중할 수밖에 없기 때문이다.

반면에 비지니스를 기준으로 기술을 받아들이면, 기술이 비지니스를 돕게 된다. 비지니스가 중심이 되면, 관련 부서들이 협조하고 직원들의 참여가 증가한다. 실질적인 성과가 나타나기 때문에 장기적으로 성공하는 변화 프로그램이 된다.

예를 들면, 아마존(Amazon)의 고객 집착(Customer Obsession)이 그것이다. 아마존의 제프 베조스(Jeff Bezos)는 경영이 쉽다고 주장한다. 고객이 원하는 것에 집중하면 비지니스는 쉽다는 것이다. 베조스는 아마존 쇼핑을 시작할 때, 고객이 영원히 좋아하는 것을 '싼 가격'과 '빠른 배송'으로 보았다. 이 목표를 위해서 물류 창고에 로봇을 배치하고, 웹 사이트를 직관적으로 만들었다.

아마존의 모든 서비스는 고객 집착에서 나왔다. 아마존 원클릭 결제 시스템은 고객들이 온라인 쇼핑에서 장바구니를 거쳐 결제하는 번거로움을 해결하기 위해 출시되었다. 추천 알고리즘은 고객들이 원하는 상품을 찾을 때 겪는 어려움을 해결하기 위해 도입되었다. 프라임 서비스(Amazon Prime)는 고객들의 배송 지연 불만을 해결하고, 배송비 부담을 줄이려고 만들었다. AWS(Amazon Web Services)는 아마존의 기업 고객에게 IT 비용을 절감하고, 더 편리한 클라우드 환경을 제공하기 위해 도입되었다.

출처 : 저자 제작, 부처의 고행상(苦行像)

작은 변화가 일어날 때, 진정한 삶을 살게 된다.
(True life is lived when tiny changes occur.)

- 러시아 작가 겸 철학자,
레프 톨스토이(Lev Tolstoy)

제7장
개인

Change
Chance

달리기로 아이디어를 얻자

필자가 달리기를 시작한 것은 금연 때문이다. 금연(禁煙)으로 체중이 늘었다. 체중을 줄이려고 걸었다. 걷다 보니 다리에 근육이 붙었다. 근육이 강해지니 뛰고 싶었다. 1주일에 1번 뛰다가 3번 뛰었다. 1킬로미터를 뛰다가 5킬로미터, 10킬로미터를 뛰었다.

흡연은 중독성이 강하다. 중독(addiction)은 일종의 병이다. 혈연, 지연, 학연보다 강한 것이 흡연이다. 절대 망하지 않는 사업이 술, 커피, 담배 사업이다. 술의 알코올(alcohol), 커피의 카페인(caffeine), 담배의 니코틴(nicotine)의 중독성 때문이다.

필자는 고등학교 3학년 때 담배를 피우기 시작하여 20년을 피웠다. 직장에서 금연을 강요하는 보스를 만났다. 젊은 책임자 시절에 업무 보고를 할 때였다. 그 보스가 보고서를 책상 위에 두고 출입구 문 옆으로 가서 서 있으라고 했다. 입에서 쓰레기 냄새가 난다고 했다. 사직서를 쓰고 싶은 심정이었다.

그 당시 텔레비전에서 금연을 강조했다. 흡연자가 암에 걸릴 확률이 70%라고 했다. 간접 흡연에 노출된 가족도 암에 걸린다고 경고했다.

암에 걸리면 삶이 완전히 바뀐다. 식단이 먼저 바뀐다. 김치, 고기, 회, 함부로 못 먹는다. 김치를 물에 씻어 먹고, 절제된 식단으로 조절해야 한다. 암에 걸리지 않으면 다행이지만, 걸리면 인생이 너무 힘들어진다. 확률이 70%라는 것은 웬만하면 암에 걸린다는 뜻이다.

금연을 시작했다. '식후연초(食後煙草), 불로장생(不老長生)'이라는 말이 있었다. 식사하고 담배를 바로 피우면, 늙지 않고 오래 산다는 흡연 권장 용어이다. 담배 끊는 독한 사람과는 사귀지 말라는 말도 있었다. 이런 말을 극복해야 했다.

처음 담배를 피운 것은 클린트 이스트우드(Clint Eastwood) 때문이다. 서부 영화에서 담배를 피우던 그의 모습에 반해서였다. 한방 병원에서 금연 침을 맞았다. 여러 번 맞았지만 실패했다. 담배를 피운 원인을 생각했다. 금연초(禁煙草)를 샀다. 니코틴이 없는 담배 108개비가 들어 있었다. 이것으로 담배를 끊었다.

금연 이후에 변화가 생겼다. 중독성이 강한 담배를 끊었으니, 생산적인 것을 해야겠다는 책임감이 생겼다. 20년간 피운 담배를 끊었으니, 무엇이든 할 수 있다는 자신감도 생겼다. 자신을 붙들고 있던 중독을 끊으면 새로운 도전의 공간이 생긴다고 생각했다. 나에게는 담배, 아들에게는 컴퓨터 게임이었다. 아들은 롤(LOL, League of Legends) 게임을 디톡스(detox)하면서 새로운 도전을 하고 있다.

나는 달리기를 시작했다. 희한한 일은 달리기를 계속하는 것이었다. 금연의 대안으로 시작한 달리기가 여러 가지 문제를 해결해 주었기 때문이다.

계속 달리다 보면 아이디어가 나온다. 달리기를 30분 정도 하면 뇌, 심장, 다리가 하나가 된다. 바람 소리, 새 소리만 들린다. 지나가는 사람도 보이지 않는다. 호흡이 리듬을 타고, 심장이 일정한 소리를 내며, 발자국 소리만 들린다. 아무런 생각 없이 발만 움직인다. 이때 새로운 생각이 갑자기 떠오른다. 아이디어는 몸이 피곤하거나 정신이 몽롱할 때 나오는 것 같다.

달리기를 하면, 좋은 생각들이 떠오른다. 사무실에 앉아 있을 때 떠오르는 생각은 힘이 약하다. 앉아서 쥐어짜는 아이디어는 그게 그거다. 조용히 앉아 있을 때 떠오르는 생각은 미세 조정하는 수준이다. 큰 생각은 크게 움직여야 나오는 법이다. 아이디어가 부족할 때는 뛰어야 한다.

달리기를 하면 문제가 해결된다. 달리다 보면, 자신이 고민하던 문제에 방향이 잡힌다. 혼란스런 문제가 정리가 된다. 자연의 기운이 작용하는 것을 느낀다. 자신의 한계를 느낄 때, 자연이 우리를 인도하는 것 같다. 호흡이 한계에 도달해서 헉헉거릴 때, 아무 생각이 없다. 자신의 한계를 계속 건드리면, 자연의 힘이 답을 준다.

아마도 이것은 겸손에 대한 보상일 것이다. 러너(runner)는 달리면서 마주 하는 고통과 절망을 통해 자신의 나약함을 본다. 그만두고 싶은 고통을 안고 달리는 러너는 겸손하다. 인간은 자신의 나약함을 깨닫고 그 한계를 넘어설 때, 비로소 답을 얻는다.

달리기를 통해 비움의 지혜를 얻는다. 달리기를 하면 비우는 것의 중요성을 배운다. 내쉬는 공기만큼의 산소가 들어오고, 그만큼이 나간다. 산소를 많이 들이마시려면, 먼저 많이 내뱉아야 한다. 내쉬는 것은 의지이고, 들이마시는 것은 본능이다. 의지가 있으면 본능은 따라온다.

달리면서 용서를 배운다. 달리며 고통을 느끼는 순간, 다른 사람들을 이해하게 된다. 나의 고통을 통해 남의 고통을 이해하게 된다. 사람이 살다 보면, 억울한 일이 얼마나 많은가. 나도 억울하고, 남도 억울했을 것이다. 그런 나를 용서하고, 그런 남을 용서하자.

달리다가 하늘을 본다. 하늘의 구름을 보면, 나도 그저 구름 나그네 같다는 생각이 든다. 정처 없이, 미련 없이 길을 가는 구름 나그네.

달릴 때 전방 45도 밑을 보라고들 한다. 그러나 그러면 지루해서

지친다. 멀리 한 번 보고, 다시 앞을 보는 것을 반복해야 완주가 쉽다. 이처럼 인생에도 장기 목표와 단기 목표가 필요하다.

러너들은 달릴 때마다 놀라운 변화를 경험한다. 미국의 심장병 전문의이자 달리는 철학자 겸 작가인 조지 쉬언(George Sheehan)은 달리기로 '변화된 삶'을 살게 되었다고 고백했다.

"달리기를 하면 할수록, 더 달리고 싶어지고, 나 자신이 삶의 진정한 목표를 향하고 있다는 확신이 든다."

어떤 러너는 달리기 덕분에 급한 성격에서 인내심이 강한 성격으로 바뀌었다고 한다. 달리기의 효과를 보려면, 몇 주, 몇 달이 걸린다. 이런 과정을 겪으면서 조바심을 버리고, 기다림을 배운다. 달리는 시간과 거리를 조금씩 늘려야 몸이 받아들일 수 있다.

달리기가 위기에서 자신을 구했다는 사람도 있다. 그는 과중한 업무로 인해 스트레스, 정신적인 무기력증(Burnout), 체중 증가, 만성 통증, 잔병치레에 시달렸다. 그러다가 달리기를 시작한 이후로 기분이 좋아졌고, 건강을 회복했으며, 긍정적인 마인드를 갖게 되었다. 한마디로 달리기가 인생을 변화시킨 것이다.

일본의 소설가 무라카미 하루키(村上春樹)는 달리기의 대가(大家)다. 그는 자유롭게 사는 이유에 대해 이렇게 말했다.

"출근을 하지 않는다. 넥타이를 매지 않는다. 상사가 없다."

그 바탕에는 달리기가 있었다. 하루키는 1주일에 6번을 뛴다. 한

번에 10킬로미터, 매주 60킬로미터, 매달 260킬로미터를 달린다. 이어폰을 끼고 락(Rock) 음악을 듣는다.

하루키가 달리기를 시작한 것은 소설가에게 필요한 체력 때문이었다. 아침부터 밤중까지 책상에 앉아서 원고를 쓰는 생활은 체력을 떨어뜨리고 체중은 늘렸다. 그는 글을 쓴다는 것 자체는 두뇌 노동이지만, 한 권의 책을 완성하는 것은 육체 노동이라 생각해서 담배도 끊고 매일 달렸다.

하루키는 소설을 쓰는 일이 달리기와 같다고 말한다. 소설은 1~2년간 집중력과 지속력을 유지해야 하는데, 달리기도 그렇다는 것이다. 그는 매일 아침마다 달리기를 하면서, 소설의 아이디어를 길 위에서 얻었다. 한창 달리고 있을 때, 자신의 내면이 어떤 소설을 쓸지 알려 준다는 것이다.

하루키가 달리는 이유는 적어도 살아 있는 동안만큼은 온전한 인생을 보내기 위해서다. 오래 살려는 것이 아니라, 생동감 넘치는 삶을 살기 위해서 달린다. 주어진 한계 속에서 자기를 연소시키는 것이 달리기의 본질이다. 육체가 시들면, 정신도 갈 곳을 잃는다.

그는 묘비명을 미리 적어 두었다.

"무라카미 하루키,

작가 그리고 러너.

적어도 끝까지 걷지는 않았다."

춘천마라톤 참가

등산으로 자연의 소리를 듣자

필자가 등산을 시작한 것은 달리기 때문이다. 달리기로 다리 근육이 붙었고, 심장은 튼튼해졌다. 달리기에 어느정도 자신감이 생기면서 더 센 것에 도전하고 싶어졌다. 자연을 접하고 싶다는 생각이 들었다.

청계산에 갔다. 산에 오르니, 산이 말을 걸었다. 그동안 왜 찾아오지 않았느냐고 물었다. 나도 대답했다. 군대에서 너무 많이 다녀서 질렸기 때문에 산을 찾지 않았다고. 그 후로 청계산에 자주 갔다.

청계산이 익숙해지니 더 높은 산에 오르고 싶었다. 그 당시 직장에서 승진을 기대했는데, 승진은커녕 힘든 부서로 이동하여 낙심했다.

인사 이동에 불만이 크다 보니, 원망하는 사람이 생겼다.

북한산에 갔더니, 산이 한마디 했다. 다 이유가 있다고. 그 후로 북한산에 오랫동안 다녔다.

북한산이 익숙해지자 다시 더 높은 산에 오르고 싶었다. 그때는 임원으로 승진할지도 모른다고 꿈에 부풀었는데, 임원은 고사하고 또다시 힘든 부서로 이동했다.

도봉산에 갔더니, 산이 한마디 했다. 용서하면서 살라고. 그 후로 도봉산을 즐겨 찾았다.

도봉산이 익숙해지자 테마가 있는 산행을 하고 싶었다. 그 당시에 은행 지점의 주요 거래처가 부도가 나고, 내가 자신 있게 취급했던 대출이 연체하기 시작했다.

게다가 은행 지점에서 외화 환전 사고가 발생하여 경찰 조사를 받았다. 외국인 3명이 은행 창구에서 소위 '외화 밑장 빼기'를 한 것이다. 직원이 신고하여 경찰이 출동했고, 강남 경찰서에서 조사를 받았다. 이를 해결하는 데 2주가 걸렸다.

이때 시작한 것이 백두대간(白頭大幹) 종주였다. 한반도의 뼈대를 이루는 산줄기가 백두산에서 시작하여 남쪽 지리산까지 이어진다. 총 길이는 1,625킬로미터이다.

남한 구간은 지리산에서 시작하여 강원도 설악산의 향로봉까지 690킬로미터이다. 전문 산악인이 쉬지 않고 종주하면 57일이 걸린다. 일반인이 1주일에 한 번 가면 50주가 걸리고, 한 달에 한 번 가면 4년이 걸린다.

지리산부터 시작했다. 혼자 백두대간을 시작하니 두렵기도 했다. 모든 길이 처음이고, 나 혼자였다. 12킬로그램의 배낭을 매고 능선을 걸을 때는 아무 생각도 나지 않고 행복했다. 바람 소리, 새 소리, 물 소리가 마음까지 씻어 주었다.

백두대간이 한마디 했다. 남에게 베풀며 살라고. 동서울 버스 터미널 - 택시 - 민박 - 등산 - 하산 - 택시 - 지방 버스 터미널 - 동서울 버스 터미널을 반복했다.

산은 어려운 일이 있을 때마다 나를 위로해 주었다. 등산에서 만나는 자연의 모습은 마음을 풍요롭게 해 주었다. 거대한 자연은 나의 걱정거리가 별것 아니라고 말해 주었다. 능선을 걷다 보면, 온몸이 충만해지고 마음이 뿌듯하다. 걱정거리가 조금씩 줄어들다가 생각조차 나지 않았다. 외부 세상과 내면의 세상이 서로 연결되어 있다는 것을 느꼈다.

미국 국립공원의 아버지로 불리는 존 뮤어(John Muir)가 나의 마음을 그대로 이야기했다.

"산에 올라라. 좋은 소식이 들려올 것이다. 햇볕이 나무 안으로 흘러드는 것처럼, 자연의 평온이 당신 안으로 흘러들어 올 것이다. 바람은 신선함을, 폭풍은 에너지를 당신 내면에 불어넣어 줄 것이고, 모든 걱정은 나뭇잎처럼 떨어져 나갈 것이다."

산은 나에게 해답을 주었다. 처음에는 무언가를 찾기 위해 산에 올랐다. 하지만 그 길에서 오히려 나 자신을 만날 수 있었다. 등산길의 침묵은 잊고 있던 내면의 목소리를 듣게 하고, 자신을 돌아보게 해 주었다. 한마디로 고독한 수행이었다.

산에서 답을 얻는 것은 자신의 한계를 마주하기 때문일 것이다. 자신의 한계 앞에서 인간은 모두 비슷하다는 사실을 깨닫고 가면을 벗게 된다. 산은 나에게 '마음 깊은 곳에 숨어 있던 참모습으로 살라'고 말한다. 내가 매번 다른 걱정거리를 내밀어도 산은 매번 그것에 맞는 해답을 준다.

등산은 외형상 의식주(衣食住)의 이동이다. 인간 생활의 3대 요소인 옷, 음식, 집을 이동시키는 것이다. 그러고 보면 등산이라는 행위 자체가 인생의 축소판이라 할 수 있다. 가장 원시적인 이동 과정에서 우리는 마음의 평화를 느낄 수 있다.

오스트레일리아의 산악인 조지 핀치(George Finch)는 등산을 인생에 비유했다.

"등산에서 높은 목표를 세우고 그것을 향해서 스스로 노력하며, 역경을 이겨내는 과정은 인생과 같다."

희한한 일인데 산은 자신의 의미를 찾게 한다. 높은 산에 오르면, 자신의 존재에 대한 강한 의문을 갖는다. 다음과 같은 질문을 스스로 하게 된다.

'나에게 중요한 것은 뭘까?'
'지금 나는 무엇을 해야 하나?'
'어떻게 사는 게 잘사는 걸까?'

왜 이런 질문을 하게 되는지 생각해 보았다. 등산하면서 이런저런 어려움을 겪다가 바위 틈에 자란 작은 풀들, 봄에 활짝 핀 꽃들을 만나는 순간, 주위의 모든 것이 귀하다는 사실을 깨닫게 된다. 이런 경험은 갑자기 자신의 의미를 묻게 한다. 단순히 생존에 그치지 않고, 더 의미 있는 삶은 무엇인지 고민하게 한다.

자기 존재의 의미를 찾고, 삶에 의미를 부여하면 두려움이 사라진다. 없던 용기도 생긴다. 새로운 변화에 도전할 에너지가 솟아난다. 익숙한 현재 상황에서 편안하게 안주하려는 나태함이나 타성과는 정반대다.

등산을 통해 철학을 배운다. 미국에서는 등산을 마운티니어링(Mountaineering)이라고 하고, 유럽에서는 알피니즘(Alpinism)이라고 한다. 마운티니어링은 등산의 기술을 강조한다. 엔지니어링처럼 '-neering'을 붙였다.

유럽은 알피니즘이라고 하면서 '-ism'을 붙였다. 등산을 사상이나 철학으로 본 것이다. 등산을 통해서 자신을 찾고 삶의 관점을 얻는다는 뜻이다.

등산의 발전 과정에서도 교훈을 얻을 수 있다. 등산이 처음 시작될 당시에는 등정주의(登頂主義)가 지배적이었다. 등정주의는 어떻게든 산의 정상에 오르기만 하면 된다는 태도이다. 정상을 사냥한다는 의미의 Peak Hunting이다.

반면에 등로주의(登路主義)는 등산의 목적을 등정에 이르는 과정 그 자체에 목적을 둔다. 따라서 정상을 정복했다는 결과보다 그 과정에서 어려움을 극복하고 새로운 루트를 개발하는 것이 목적이다.

어떤 사람은 인생의 의미를 등정주의에 둘 수도 있고, 다른 사람은 등로주의에 둘 수도 있다. 과정 자체에 중점을 두면, 인생에서 중요한 것들이 달라진다.

본격적으로 등산을 하면서 코오롱 등산 학교를 2번 다녔다. 여기서 등산을 하기 위해서는 반드시 알아야 하는 기본 지식들을 두루 배웠다. 등산 필수 장비 10개, 저체온증의 위험, 등산복 구입 방법, 등산화 구입 방법, 보행 방법, 호흡법, 스틱 사용법, 등산 음식, 독도법, 조난 대처법 등이 그것이다.

이 과정을 통해서 등산의 격언을 배운 것은 큰 소득이었다.

- 등산이란 1%의 불운에 대비하는 것이다.
- 사고의 3분의 2는 하산 중에 발생한다.
- 손과 발이 시려우면 모자를 써라.
- 배가 고프기 전에 먹어라.
- 힘의 40%로 오르고, 30%로 내려오고, 30%는 비축해라.
- 술은 운동 능력, 지구력, 판단력, 균형 감각을 떨어뜨리고, 오직 한 가지, 자신감만 높인다.
- 등산 준비는 내가 선택한 범위 내에서 최악의 상황에서 1박을 버티는 것이다.
- 조난은 예정된 시간 내에 예정된 목적지에 도착하지 못하는 것이다.
- 등산이란 산이 지닌 난관을 극복하면서 즐거움을 얻는 것이다.
- 위험을 감수하고 에베레스트에 오르는 것은 산이 거기에 있기 때문이다.

(영국의 산악인 조지 맬러리)

독서로
고수를
만나자

필자가 독서를 본격적으로 하게 된 것은 등산 때문이었다. 추운 겨울에 도봉산의 주봉 능선을 따라 걷고 있었다. 강한 바람을 맞으며 이동하는데 갑자기 어떤 생각이 떠올랐다. 내가 육체에 너무 많은 시간을 쏟고 있는 것은 아닌가? 몸은 이제 충분히 단련된 것은 아닌가? 새로운 것을 해봐야 하는 것은 아닐까?

문득 독서가 생각이 났다. 글로벌 컨설팅 회사에 다니는 선배의 말이 떠올랐다. 그 선배는 컨설팅 회사를 옮길 때, 석 달간 도서관에 가서 책을 100권 정도 읽는다고 했다. 업무가 바뀔 때도 도서관에 가서 관련 책을 쌓아 놓고 읽는다고 했다. 책을 읽다 보면 방향이 잡힌다는 것이다.

동네 도서관에 가서 책을 빌렸다. 우선 관심이 있는 분야의 책을 골랐다. 경제, 경영 분야의 책이 눈에 들어왔다. 은행의 업무와 관련된 책들이었다. 이를테면, 영업, 마케팅, 전략, 경영 성공 사례, 비즈니스 모델 등과 관련된 책들이었다. 그런데 동네 도서관에는 신간 서적이 없었다.

책을 사기로 했다. 광화문의 유명 서점으로 갔다. 베스트셀러 코너에서 신간 서적을 고르고, 분야별 매대에서 눈에 띄는 책을 골랐다. 구입한 책을 읽으면서 저자가 책에서 언급한 책들을 메모했다. 나중에는 메모한 책을 구입했다. 그러다가 신문의 주말 섹션에 소개되는 책을 사기 시작했다. 이렇게 책을 폭풍 구매하다 보니, 읽지 못한 책들이 쌓여 갔다. 주말이면 책을 10권 짊어지고 도서관에 가서 읽었다. 내가 돈을 주고 직접 산 책이니 읽지 않을 수가 없었다.

책을 제법 많이 읽으니 재미가 생겼다. 모르는 것을 알아 간다는 것은 큰 기쁨이었다. 이때부터 관심 분야별로 책을 사기 시작했다. 역사, 심리, 철학, 종교 분야의 책들을 샀다. 이 분야의 책들은 읽기가 쉽지 않았다. 읽지 못한 책을 중복해서 사기도 했다. 나중에 보니 같은 책이 3권이나 있었다. 그러나 아깝지 않았다. 이런 책은 반드시 읽게 되었다.

문득 책을 저자별로 사야겠다는 생각이 들었다. 특정 저자의 생각을 전부 알고 싶었다. 좋아하던 저자의 책을 검색해서 전부 주문했다. 저자의 생각을 알아 가는 것이 재미있었다. 저자의 생각이 발전해 가는 과정을 보면서 모든 것에는 숙성 과정이 필요하다고 생각했다.

몇 년간 주말마다 책을 읽으니 자신감이 생겼다. 누구를 만나도 대화의 주제를 제시할 수 있었다. 지식의 힘이었다. 여러 분야의 책을 읽으면서 책에서 만나는 고수들은 대부분 비슷하다는 것을 알 수 있었다. 분야는 달라도 고수들의 결론은 비슷했다. 산에 오르는 길이 다를 뿐이지, 정상에 가면 모두 만나는 것과도 같았다. 진리라는 게 이런 것이 아닌가 생각했다.

그 즈음에 은행의 인재개발부에서 경영전문대학원 석사 과정을 공모했다. 선발 기준은 경영 성과와 담당 임원의 추천이었다. 금융 위기가 발생했던 2008년, 나의 담당 부서가 경영 평가 최우수상을 받아서 이 부문은 매우 유리했다. 담당 임원이 흔쾌히 추천해 주었고, 인재개발부 담당 임원에게 전화로 추천까지 해주셔서 내가 선발되었다.

경영전문대학원은 금요일 오후와 토요일 종일 과정으로 구성되었다. 2년간 24개 과목을 들을 수 있었다. 기업 경영과 관련된 거의 모든 내용을 강의했고, 경영 대학 최고의 교수진으로 구성되었다.

입학생들 대부분이 현직에 있는 부서장, 임원과 대표 이사였고, 기업 오너의 2세 경영자도 많았다. 젊은 동료 학생들에게서 새로운 생각과 에너지를 배울 수 있는 좋은 기회였다.

대학원 수업을 빠지지 않고 거의 다 들었다. 수업이 재미있고 유용했기 때문이다. 당시 40대 중반으로 부서장을 맡고 있었는데, 은행에서 마주하는 현실 경영과 수업 내용이 잘 매치되었다. 이론이 현실에 적용되는 것을 보면서 이론의 중요성을 새삼 깨달았다.

경영전문대학원은 현직에서 일을 하면서 가는 것이 효과적이라고 생각했다. 주중에 일하고 주말에 공부하면서 정신적으로나 육체적으로 힘들었다. 그래서 이 과정이 끝나면 무엇이든 잘할 수 있다고 생각했다. 주경야독(晝耕夜讀)이 이래서 어렵다고 느꼈다. 영업상 음주를 하고 집에 와서 대학원 과제를 하는 것은 정말 고된 일이었다.

경영전문대학원을 마치고 나서는 경영 이외의 분야에 관심을 갖게 되었다. 경영학 전반에 대해서 어느 정도 알게 되어 다른 분야에 관심을 갖게 된 것이다. 한 분야를 어느정도 깊게 공부하면 다른 분야에 대한 호기심이 생겨나는 것 같다. 알면 알수록 부족하다는 것을 깨닫고 책을 읽게 되었다.

그 후로 학문의 위계 구조를 생각하며 책을 읽게 되었다. 사회나 인간의 발전 과정의 위계다. 정치·외교, 경제·경영, 인문·사회, 역사,

철학, 종교의 순서였다. 이 분야의 대표적인 저자와 그들의 책을 찾았다. 분야별 최고 저자들의 역저를 읽으면서 감탄을 연발했다. 그 당시에 저자들은 어떻게 그런 생각을 했을까? 그들의 저서가 인류의 발전을 이끌어 왔다는 것은 분명했다.

독서를 하는 이유는 그로 인해 나와 내 삶이 바뀌기 때문이다. 고수들이 쓴 책에는 그들이 얻은 지식과 깨달음, 감동이 고스란히 담겨 있다. 그들은 자신의 지식과 경험을 농축하여 지식과 정보, 지혜와 통찰, 감동과 공감을 전해 준다. 이러한 지식, 지혜, 감동이 우리를 바꾸는 힘이 된다.

독서를 하는 또 다른 이유는 인간의 지적 욕구 때문이다. 일본의 독서 덕후, 다치바나 다카시〔立花隆〕는 인간 사회의 모든 변화는 인간의 지적 욕구에서 나온 것이라고 설명했다. 그는 독서의 욕구를 실용적인 지적 욕구와 순수한 지적 욕구로 구분했다. 실용적인 독서 욕구는 어떤 목적을 달성하기 위한 독서로서, 기술, 공학, 자연과학 등이 여기에 해당된다. 순수한 지적 욕구는 '그저 알고 싶어 하는' 욕구, 새로운 것에 대한 욕구이다.

다카시는 순수한 지적 욕구의 사례로 원숭이와 인간을 비교했다. 원숭이들은 정글에서 살았다. 정글은 자연이 주는 풍족한 먹거리를 제공했다. 그중 일부 원숭이들이 풍족한 자연을 버리고, 빈약한 사바나(savanna)로 갔다. 드넓은 사바나에 무엇이 있는지 알고 싶었던 원숭이들은 인간으로 진화했고, 안락한 자연에 안주한 원숭이들은 아직도 정글에 있다.

인간도 이와 비슷한 면이 있다. 지적 욕구의 수준이 낮은 사람은 더 이상 새로운 것을 배우려 하지 않는다. 지금까지 배운 것만으로 충분히 살아갈 수 있다고 생각하고, 더 이상 배우지 않는다. 이런 경우에는 육체적 쾌락을 좇아서 음식에 집착하거나, 술에 의지하거나, 텔레비전과 유튜브 시청에 대부분의 시간을 보낸다.

반면에 지적 욕구의 수준이 높으면, 새로운 것을 알고 싶어한다. 주변에 변화가 생기면, 그 변화가 무엇인지를 알고 싶어한다. 앞으로 어떤 변화가 일어날 것인가에 관심을 갖는다. 이를 충족시켜 주는 도구 중의 하나가 '책 읽기'이다. 자신을 둘러싼 변화를 느끼고, 알고, 이해하고, 적응해 가는 사람들이 생존에 유리하다. 주위 환경을 알고 싶어하는 욕구, 자신이 존재하며 살아가고 있는 세계가 어떠한 세계인지 알고 싶어하는 욕구가 인생의 질을 결정한다.

제일 좋은 독서 방법은 무엇인가? 자신이 지금 가장 읽고 싶은 책, 가장 필요한 책을 읽는 것이다. 독서에 관한 명언은 독서를 대하는 태도를 바꾼다.

- 책은 청년에게 음식이 되고, 노인에게는 오락이 된다. 부자일 때는 지식이 되고, 고통스러울 때는 위안이 된다. (키케로)
- 독서는 기존의 지식을 합성해 새로운 지식을 창출하는 것이다. (게리 하멜)
- 독서란 자기 머리가 남의 머리로 생각하는 것이다. (쇼펜하우어)
- 인간은 태어날 때부터 앎의 욕구를 가지고 있다. (아리스토텔레스)
- 한 권의 책을 읽음으로써 자신의 삶에서 새 시대를 본 사람이 너무나 많다. (헨리 데이비드 소로)
- 『해리 포터』 시리즈에 나오는 마법을 믿지 않는다. 그러나 좋은 책을 읽는다면, 마법 같은 일을 경험할 수 있다. (조앤 롤링)
- 생각하지 않고 읽는 것은 씹지 않고 식사하는 것과 같다. (에드먼드 버크)

에드와르트 스보보다(Eduard Swoboda, 1814~1902)
<책벌레 소년>(1902)

44. 독서로 고수를 만나자

골프로
사람을
사귀자

필자가 골프를 시작하게 된 것은 술 때문이었다. 하나은행에서 기관사업부의 부장으로 근무할 때, 주로 술로 영업을 했다. 좋은 음식을 대접하고 술을 같이 마시면 거래처와 쉽게 친해졌다. 술 영업이 효과가 좋았던 시절이었다.

그런데 문제가 발생했다. 건강에 위험 신호가 나타난 것이었다. 얼굴에 작은 물사마귀가 생기더니, 꽤 큰 것까지 50여 개가 되었다. 간에 무리가 간 것이다. 건강 검진 결과가 좋지 않았다. 지방간, 혈압, 고지혈이 기준치를 너무 많이 초과했고, 특히 고지혈은 정상 수치의 2배가 넘었다.

더욱 좋지 않은 것은 두통이었다. 머리가 쪼개질 정도로 아파서 일을 할 수 없었다. 신촌 세브란스 병원의 신경외과에 갔다. 뇌졸중으로 쓰러질 것 같다고 하니 MRI를 찍어 보자고 했다. 검사 결과, 뇌졸중 가능성은 낮다고 했다. 의사는 3개월치 신경 치료약 복용과 운동을 권했다.

충격을 받았으니 조치를 취해야 했다. 내분비 내과에서 고지혈증(高脂血症, hyperlipidemia) 진단을 받고 약을 먹기 시작했다. 물사마귀는 성형외과에서 제거하면 되었으나, 그냥 두기로 했다. 물사마귀를 일종의 훈장으로 생각했기 때문이다. 몸 바쳐 열심히 일한 증거로 인정해 주길 바란 것인데, 그럴 필요가 없었다. 우선 안마 의자를 샀다. 그 당시에는 일본의 파나소닉 제품이 유일했다. 우리 집에서 가장 비싼 가구였다.

술을 대신할 영업 도구가 필요했다. 당시는 골프가 고급 스포츠로 간주되어 영업에 활용되기 시작한 시기였다. 부킹(booking)이 어렵고 비용도 비쌌지만 효과가 좋았다. 고객과 함께 있는 시간이 길었기 때문에 관계를 형성하기 쉬웠다.

고객을 집에서 픽업하여 골프를 치고 다시 집에 데려다 주는 데 걸리는 시간은 대략 10시간이다. 5시간 운동하고, 두 끼 식사를 같이하고, 운전하는 시간이다. 고객과 친해지는 데 10시간이면 충분했다. 더 이상 술을 많이 마시지 않아도 되었다.

골프가 영업이 되려면 골프 실력을 어느 정도는 갖추어야 했다. 제대로 된 보기 플레이가 필요했다. 돈과 시간을 투자하기로 했다.

우선 골프 관련 책을 10권 샀다. 그림이나 사진이 나와 있는 책이 도움이 되었다.

책만으로는 당연히 부족했고, 실외 연습장에서 골프 레슨을 받았다. 책을 보고 질문을 준비했다. 이 방법으로 레슨을 받은 것이 도움이 되었다. 레슨을 많이도 받았다. 실전 라운딩을 끝내고 집으로 갈 때는 연습장으로 가서 원 포인트 레슨을 받았다. 그날 라운딩에서 실수의 원인을 찾고 이해하고 해결했다.

골프 이론과 실제 라운딩이 결합되면서 골프 실력이 늘었다. 그러자 골프를 즐길 수 있었다. 골프를 치는 동안 유머로 분위기를 즐겁게 만들고, 다양한 대화 주제로 골프 경기를 의미 있게 만들었다. 업무 관련 이야기는 5분이면 충분했다.

이제 골프는 사람을 사귀는 도구가 되었다. 고객과의 라운딩에서 그의 장점을 배울 수 있었다. 고객은 누구나 자신만의 스토리가 있었다. 살아 온 과정 중에 역경과 극복이 있었고, 누구나 장점이 하나씩 있었다. 열심히 살아 온 사람에게는 핵심 역량(core competence)이 있었다. 골프는 열심히 살아온 고객의 핵심 역량을 알 수 있는 좋은 기회였다.

골프는 어렵기 때문에 지속적인 변화가 필요하다. 삼성의 이병철 회장도 정복 못한 것이 골프와 영어였다. 골프가 어려운 이유는 기술과 멘탈이 동시에 필요하기 때문이다.

어려운 이유는 다양하다. 골프 연습장과 골프 현장은 다르고, 골프 클럽이 다양하고, 한 번도 같은 자리에서 샷을 할 수 없고, 그날의 컨디션이 다르고, 동반자에 의해 좌우되기 때문이다.

준비를 철저히 하고 라운드에 나섰지만 망가진 골프가 한두 번이 아니다. 실제 라운딩 전에 인근 연습장에 가서 연습하고 골프 치면 더 안 되었다. 하루 전날 어프로치만 연습하라고 했지만, 결국 드라이버 연습하다가 몸을 혹사시켰다. 골프 클럽도 얼마나 자주 바꿨는지 모른다. 오죽하면 골프와 자식은 마음대로 안 된다고 했겠는가.

골프 스윙은 평생 동안 교정이 필요하다. 이는 프로 선수들에게도 마찬가지다. 하물며 아마추어들은 말할 것도 없다. 잘되던 골프가 어느 날 갑자기 안 되고, 레슨 받고 연습하면 조금 되다가 또다시 과거로 돌아가는 악순환이 이어지는 경우가 많다.

고덕호 해설 위원은 이런 문제를 기본기의 부재라고 설명한다. 그가 말하는 골프의 기본기는 PGA이다. Posture(자세 및 셋업), Grip(그립), Alignment(얼라인먼트, 겨냥)이다. 특히 그립이 중요하다. 스윙은 그립에서 시작되고, 손은 클럽과 접촉하는 유일한 신체 부분이기 때문이다. 20년을 같이 골프 친 분들 중에 지금도 골프 실력이 비슷한 분들이 있다. 그분들은 아직도 20년 전과 PGA가 같다.

골프가 원하는 대로 되지 않는다면 기본기로 돌아가야 한다.

"골프에서 안 좋은 기억은 각인된다."

유명한 프로 골퍼 잭 니클라우스(Jack Nicklaus)가 한 말이다. 그가 위대한 이유는 안 좋은 기억을 다 잊어버리기 때문이었다. 자신감을 얻기 위해 100번의 좋은 샷이 필요하고, 한 번의 나쁜 샷으로 자신감을 잃는다. 프로 선수가 경기를 하면서 3가지를 생각하면 예선 탈락하고, 2가지를 생각하면 본선에 진출하고, 1가지를 생각하면 톱 10에 들고, 아무 생각 없이 치면 우승한다.

체력도 중요하다. 체력이 떨어지면 멘탈에 악영향을 주기 때문이다. 코리안 탱크, 최경주 프로가 미국 시니어 투어에서 우승하며 아직도 활동하는 이유는 체력 관리 덕분이다. 매일 스쿼트 120개, 팔굽혀 펴기 25개, 악력기를 활용한 손 근력 운동 20개를 한다. 대회에 나가서 5~6일 동안 카트를 타지 않아도 힘들지 않다고 한다. 2018년 갑상샘 종양 제거 수술을 받은 이후 술과 탄산 음료도 끊었다. 이처럼 체력 훈련과 자기 관리로 성적이 오르는 한국의 프로 선수들이 증가하고 있다. 미국 시니어 투어에서 가장 많이 우승한 베른하르트 랑어(Bernhard Langer)의 비결도 체력 훈련이다.

방법은 있다. 장활영 해설위원은 아마추어 골퍼에게 5가지를 제시했다.

"백스윙을 천천히 하고, 체중을 이동하면서, 머리를 움직이지 말고, 볼을 끝까지 보고, 피니시를 잘하자."

우선 이것부터 실행하자.

골프는 어렵지만, 다음과 같은 유머는 우리의 긴장을 풀어 준다.

- 골프하고 정치는 고개 들면 진다.
- 볼이 안 맞으면 미국 사람은 코치를 찾아가고, 일본 사람은 연습장으로 가고, 한국 사람은 골프샵으로 간다.
- 골프 잘 치면, '일 안 하고 골프만 쳤냐'고 하고, 골프를 못 치면, '일도 잘 못하는데 골프도 못 친다'고 한다.
- 드라이버의 이름은 '이게 아닌데', 아이언은 '왜 그러지', 퍼터는 '미치겠네'.
- 내기 골프에서 상대방의 타수를 늘리는 것은 쉽다. 무조건 칭찬하라.
- 60타 골퍼는 나라를 먹여 살리고, 70타 골퍼는 가정을 먹여 살리고, 80타 골퍼는 골프장을 먹여 살리고, 90타 골퍼는 친구를 먹여 살리고, 100타 골퍼는 골프공 회사를 먹여 살린다.
- 골프 100타 치는 사람은 골프를 소홀히, 90타는 직장을 소홀히, 80타는 가정을 소홀히, 70타는 골프 이외의 모든 것을 소홀히 한다.
- 고수는 본 대로 가고, 중수는 친 대로 가고, 하수는 걱정한 대로 간다.
- 카누에서는 대포를 쏠 수 없다.
- 두 노인이 골프를 치며 이렇게 말한다.
"노안이라 내 볼이 어디로 갔는지 안 보여. 내 볼 봤어?"
"그래, 봤어. 그런데 기억이 안 나."
- 골프 끝나고 밥 먹을 때 후회하는 것이 있다.
그때 '멀리건(mulligan)' 줄 걸.

돈 관리로
마음의 평화를
얻자

    필자가 돈에 관심을 갖게 된 것은 일찍부터 은퇴를 고민했기 때문이다. 20년 전에 퇴직을 생각했다. 은행 업무가 나에게 맞지 않다고 느꼈다. 30대 중반에 퇴직을 하려고 하니 두 아들이 눈에 들어왔다. 퇴직하면 당장 자녀 교육이 어려웠다. 집도 없고 현금도 준비되지 않은 상태에서 퇴직하는 것은 너무 무책임했다.

    퇴직을 미루는 대신에 은퇴 후에 하고 싶은 일을 준비하기로 했다. 나는 청소년 상담을 위해 대학원 진학을 선택했지만, 받아 주는 곳이 없었다. 상담 심리학 석사 과정은 중고교 교사들을 위한 재교육 과정인데, 은행 지점장이 왜 오려고 하느냐는 것이었다. 나의 꿈과 비전을 장황하게 설명해도 통하지 않았다.

　상담 심리학과 학장님들에게 이메일을 보내고 자기소개서를 정성껏 작성하여 몇 번 도전한 끝에 간신히 입학할 수 있었다. 3년 만에 입학하고 보니, 무엇이든 두드리면 열린다는 말을 실감했다. 야간 과정이라 힘들었지만 하고 싶은 것을 배우면서 즐거웠다.

　그런데 걱정이 생겼다. 대학원 졸업 후에, 중고교 학생들을 상담해도 금전적으로 자유롭지 못할 것 같았다. 상담료 수입은 많지 않았고, 일을 할 수 있을지도 불투명했다. 꿈과 현실의 괴리가 컸다. 최악의 경우를 생각할 수밖에 없었다.

　내가 돈을 벌지 못해도 가정을 지켜 낼 보험 같은 것이 필요했다. 아내에게 부동산 공인중개사 공부를 하는 것이 어떻냐고 물었다. 집사람 이름으로 개업을 하고, 내가 영업을 담당하면 생계는 유지할 수 있다고 생각했다.

　아내는 2년에 걸쳐 공부했고 우수한 성적으로 합격했다. 본인도 오래전부터 부동산에 관심이 있었고, 간절한 마음으로 공부하여 합격한 것이다.

　공부는 실력을 키웠다. 집사람에게 부동산을 보는 눈이 생겼다. 재건축과 재개발 계획, 전세와 실물 가격의 관계, 수요와 공급 법칙 등에 관하여 공부했다.

　당시 우리 부부는 집이 없었기 때문에, 사는 집 한 채는 필요했다.

IMF가 끝나 갈 시기라서 부동산 재건축에 대한 정부의 지원책이 많았다. 부동산 공부를 하면서 민법, 공법, 세법을 배워서 부동산 거래에 대한 두려움이 없었다. 공부의 힘이었다.

상담 심리학 석사를 공부하면서 퇴직이 능사는 아니라고 생각했다. 같이 공부하는 선생님들과 대화를 하면서 직장 생활의 경험이 상담에 더 중요하다는 확신이 들었다. 학생들의 진학 지도가 교사들의 전문 분야라면, 직장 진로 상담, 직장 생활 상담, 직장 스트레스 상담, 직장 갈등 상담은 내가 더 잘할 수 있을 것 같았다. 직장을 계속 다니는 것이 경쟁력을 높이는 것이었다.

이렇게 미래를 준비하면서 자산 관리에 관심을 갖기 시작했다. 은행 고객 중에는 고액 자산가들이 많이 있다. 은행에서 근무하면서 그들이 어떻게 자산을 축적했고, 어떻게 관리하는가를 볼 수 있었다.

내가 만난 고액 자산가들은 대부분 사업가들이다. 사업을 시작하고, 많은 고난과 역경을 이겨내고, 자산을 늘렸다. 사기를 당하고, 배신을 당하고, 부도 위기를 여러 번 넘기고 재산을 형성했다. 이들을 보면서 직장 생활이 제일 편하다고 생각했다. 내가 직장에 직접 돈을 댄 적이 없다. 리스크가 전혀 없이 다녔다. 노동력을 제공하고 월급을 받는 구조다. 그렇기 때문에 사업가만큼 간절하지는 않다.

그때 생각한 것이 직장 생활도 제대로 못하면 사업은 꿈도 꾸지 말아야 한다는 것이었다. 사업에서는 항상 문제가 발생한다. 사업가들의 일상은 매일 그 문제를 해결하는 것이다. 그 문제의 종류는 다양하다. 안정된 직장에서 오래 근무한 직장인들, 갑의 위치에서 오래 근무한 사람들은 사업을 하면 어려움이 많다.

지금은 초고령 사회이기 때문에 돈 관리가 더욱 중요하다. 우리나라는 2000년에 65세 인구 비율이 7.2%로 고령화 사회, 2018년에 14.3%로 고령 사회가 되었는데, 2026년에는 20.8%로 초고령 사회로 진입할 것으로 예상된다. Aging Society에서, Aged Society를 거쳐서, Super Aged Society로 변화하고 있다. 이른바 100세 시대가 된 것이다.

인생의 중년까지는 무형 자산(無形資産)에 투자해야 한다. 무형 자산은 눈에 보이지 않는 자산으로, 영어로 Intangible Asset이다. 오랜 기간 사용해도 가치가 변하지 않는 자산이다. 업무 능력, 자격증, 문제 해결 능력, 대인 관계 능력, 창의력, 소프트 파워 같은 것들이다. 전문성이 필요하다.

기업의 재무 제표에서 무형 자산은 영업권, 특허권, 상표권, 라이선스, 소프트웨어, 저작권, 개발비 등이다. 기업의 무형 자산도 눈에 보이지 않는다. 어떤 CEO는 기업의 무형 자산에 직원의 업무 능력, 체력을 포함시키기도 한다.

중년에 무형 자산을 구축할 경우, 퇴직이 걱정은 되지만 그래도 두렵지는 않다. 무형 자산은 돈을 벌게 해 주는 기초가 된다. 자신만이 구축한 무형 자산은 어디서나 사용할 수 있다.

워런 버핏은 '자신에게 투자하라'고 했다. 자신에게 투자하는 것이 가장 탁월한 투자라는 것이다. 개인의 역사는 자신이 만들어 가야 한다. 직장은 궁극적으로 자기 것이 아니다. 자기 것이 아니면 나와야 한다.

은퇴 시점이 되면 자산 관리도 달라져야 한다. 위험을 관리해야 한다. 은퇴 시점에 직장인들은 가장 돈이 많다. 이 돈으로 투자해서 벌려고 하다가 낭패를 보기 쉽다. 잘 모르기 때문이다.

주식 투자를 예로 들면, 기업 탐방은 고사하고, 증권사 리포트도 읽지 않고, 재무 제표를 보지도 않고 투자하는 경우도 많다. 전문가에게 '이 주식 어때?'라고 묻기도 한다. 그러나 적어도 '이 종목을 알아보니 이런 장점, 저런 단점이 있는데 이게 맞아?' 이런 정도의 공부는 해야 한다.

나이 들어서는 대출만 없으면 산다. 어떤 퇴직자는 30여 년 동안 하던 일이 지겹다고 새로운 일을 시작한다. 그것도 대출을 받아서 일을 벌인다. 새로운 일은 초보자를 의미한다. 초보자는 돈을 벌 수 없다. 초보자는 대부분 돈을 잃는다.

은퇴 시점에는 욕심을 버려야 한다. 마음이 편해야 한다. 'Peace of

mind(마음의 평화)'가 중요하다. 대출은 하나님도 갚아 주지 않는다.

돈을 잃지 말아야 한다. 유명한 야구 해설 위원이 투자 실패로 자살하고, 웃음 박사도 사기당하고 자살했다. 마키아벨리가 결정적인 말을 남겼다.

"부모의 죽음은 세월이 지나면 잊어도, 돈을 잃은 것은 세월이 지나도 잊지 못한다."

주변에 사기당한 사람을 많이 본다. 몇 배의 수익이 난다고 유혹한다. 모두 잘 아는 사람에게 당했다.

사기 안 당하는 것도 실력이다. 자신의 피 같은 돈을 관리하기 위해서는 욕심을 버리고, 공부해야 하고, 금융을 잘 아는 사람을 곁에 두어야 한다.

돈에 관한 명언이 지혜를 준다.

- 세상에서 제일 어려운 일은 돈을 버는 것이다.
- 돈을 좋아할 수는 있지만 사랑할 수는 없다.
- 인생은 돈, 시간, 건강의 함수이다.
- 어떤 사람은 돈으로 시간을 사고, 어떤 사람은 시간으로 돈을 산다.
- 남을 힘들게 하면서 돈 벌지 말자.
- 돈을 벌어서 경험하는 데 써라.
- 돈으로 막지 못하는 것은 재채기뿐이다.
- 주식은 기관, 외국인과 싸워야 하지만, 부동산은 개인들 간의 싸움이다.

- 주식은 5년, 부동산은 10년.
- 주식과 퍼팅은 자기가 판단해야 한다.
- 투자는 철저한 분석 하에서 원금의 안전과 적절한 수익을 보장하는 것이다. 이러한 조건을 충족하지 못하는 행위는 투기다.
  (벤저민 그레이엄)
- 과거를 기억할 줄 모르는 사람은 그것을 반복하게 되어 있다.
  (조지 산타야나)
- 그림으로 표현할 수 없는 아이디어에는 투자하지 말라.
  (피터 린치)
- 글을 모르는 문맹은 생활을 불편하게 하지만, 금융 문맹은 생존을 불가능하게 만든다.
  (앨런 그린스펀)
- 나는 이제야 깨달았다. 평생 살아갈 만큼 충분한 부를 축적하게 되면, 돈과 관련 없는 중요한 것들을 추구해야 한다는 것을.
  (죽음을 앞둔 스티브 잡스의 마지막 메시지)

미래를 예측하는 가장 좋은 방법은
미래를 창조하는 것이다.
(The best way to predict
the future is to create it.)

- 현대 경영학의 아버지,
피터 드러커(Peter Drucker)

제8장
완성

Change
Chance

리더가
변화를
시작한다

변화관리에는 세 개의 주체가 있다. 리더, 직원, 문화다. 리더는 변화를 시작하고, 직원은 변화를 실행하고, 리더와 직원이 만든 기업문화는 변화를 유지한다. 삼위일체(三位 體)처럼 3개의 주체가 하나의 전체를 이룬다.

세 개의 주체가 서로 분리되어 있으면서도 연결되어 있다. 그리하여 변화하는 환경에서 서로 영향을 주고받으면서 외부의 변화에 대응해 간다. 조직에 변화가 필요한 이유는 기업을 둘러싼 환경이 변하기 때문이다. 누군가는 이 변화를 읽어 내고 변화에 대응해야 한다. 변화를 시작할 의무가 있는 사람은 리더이다.

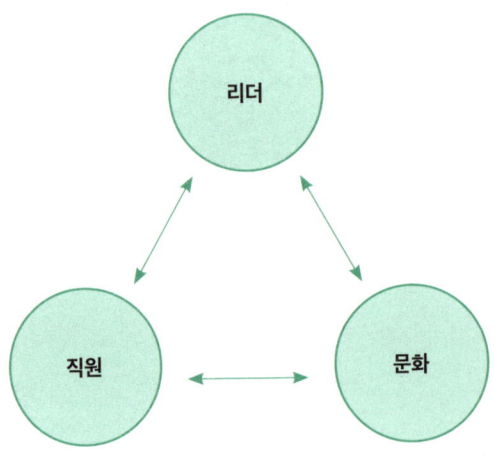

리더는 변화의 방향 설정, 예산 집행 권한, 인적 자원 지원, 부서간 협력 등을 주도할 수 있는 권한을 갖고 있다. 리더가 제시하는 변화의 방향을 통해 직원들은 변화를 이해하고, 리더의 권위와 자원 배분 권한을 인정하며, 리더의 협의와 조정 아래 변화에 참여한다.

리더가 변화를 시작하지 않으면 방향을 잃고 자원 부족, 저항 증가, 협력 부족 등의 문제로 성공하기 어렵다. 따라서 리더는 조직 변화의 시작점이자 성공의 중심이다.

그러면 리더는 무엇에서 변화의 필요성을 찾아야 할까?

우선 기업의 외부 환경 변화를 보아야 한다. 기술, 경쟁자, 고객, 정부의 관점에서 변화를 읽어 내야 한다.

신기술의 등장은 개별 기업은 물론 산업계 전체에 영향을 준다. 기업에 영향을 주는 최신 기술이 무엇인가에 촉각을 세워야 한다. 신기술의 등장이나 기술의 발전은 기업의 현재 제품과 서비스에 변화가 필요하다는 신호이다. 최근의 인공 지능(AI)과 디지털 기술은 기업의 비즈니스 모델을 근본적으로 변화시키고 있다. 기업은 자신과 시장 사이에 기술 격차가 있는지, 있다면 그 격차가 어느 정도인지를 모니터링 해야 한다.

글로벌 시대에 경쟁자는 지속적으로 등장한다. 새로운 경쟁자는 자신이 차지하고 있는 시장의 파이를 어떻게든 빼앗을 것이다. 경쟁자의 신제품 출시, 서비스 개선, 시장 점유율 확대 등은 조직에 위협이다. 새로운 시장 진입자나 기존 경쟁자의 전략 변화에 따라 기업도 대응해야 한다.

고객의 요구는 항상 변한다. 고객은 자신의 마음에 안 들면 기업을 언제든 떠난다. 자신의 제품이나 서비스가 고객의 니즈를 충족하고 있는가를 지속적으로 관찰해야 한다. 고객의 기대나 선호도가 변하면 기업도 변화해야 한다. 소비자 행동의 변화는 기업의 전략에 직접적인 영향을 미친다.

기업은 정부의 정책에 영향을 받는다. 정부의 규제, 정책, 세금 제도는 기업에 영향을 미친다. 정부의 새로운 산업 정책이나 지원 프로그램 도입은 변화의 기회가 된다. 글로벌 무역 정책이나 관세 변화 등 국제적 요인도 조직의 전략에 영향을 미친다.

리더는 내부 요소를 통해서도 변화를 감지해야 한다. 기업 내부의 변화는 직접적·내부적 문제라서 더 빠르게 알 수 있다. 리더는 기업 내부의 경영 성과, 협업, 직원 관점에서 변화를 읽을 수 있다.

경영 성과는 재무제표의 변화에서 찾을 수 있다. 재무제표에 나타난 성과 지표의 하락은 변화를 시작해야 하는 투명한 증거이다. 매출액, 이익률, 시장 점유율, 비용 대비 효율성, 현금의 흐름 등, 주요 경영 지표가 정체되거나 하락할 경우에 변화가 필요하다. 운영 비용, 생산 비용 등이 과도하게 발생하여 수익성이 저하된다면 긴급한 변화가 필요하다. 리더는 재무제표상의 구체적인 변화에 민감해야 한다.

협업의 수준으로 변화의 필요성을 가늠할 수 있다. 부서 간 협업이 원활하지 못하면, 조직이 변화를 시작할 때다. 부서 간의 갈등이 지속된다면, 조직의 시스템에 문제가 발생한 것이다. 조직 내에 커뮤니케이션의 문제가 발생하여 정보가 원활히 공유되지 않는 것이다.

부서 간 커뮤니케이션이 원활히 공유되지 않는 증상은 여러가지다. 부서 간의 목표 충돌, 업무 중복, 경쟁적인 행동이 나타나는 경우 등이다.

또한 조직 전체의 목표보다는 부서별 목표를 우선시하고, 프로젝트 목표가 자주 수정되고, 동일한 문제나 요청이 여러 번 반복되고, 정보의 전달 속도가 느리고, 직원들이 업무 우선 순위를 혼동하는 경우 등이다. 협업이 원활하지 않으면 의사 결정 과정이 복잡해지고, 결과적으로 변화에 대한 민첩성이 저하된다.

직원들의 직무 만족도와 참여도에서 변화의 필요성을 발견할 수 있다. 직원들이 업무에 만족하지 못하거나 조직의 방향과 목표에 공감하지 못하면 업무 참여도가 낮아진다. 동기 부여가 떨어지기 때문에 업무 제안이나 아이디어가 줄어든다. 특히 고객 접점에 있는 직원들의 제안이 받아들여지지 않고 있다면, 이미 경고등이 들어온 상태다.

핵심 인재의 유출과 직원의 이직률 증가는 변화가 필요한 신호다. 조직의 핵심 인재가 잦은 빈도로 회사를 떠나고, 직원들의 평균 재직 기간이 지속적으로 줄어드는 경우다. 이직 인터뷰에서 회사 정책, 문화, 리더십 스타일에 대한 부정적 피드백이 반복적으로 나타나면 조직에 문제가 이미 회사 전체에 퍼진 것이다.

직원들의 역량 수준이 눈에 띄게 떨어지면 변화가 필요하다. 새로운 기술 도입이나 업무 방식 변화에 대해 직원들이 부담을 느끼고, 이를 따라잡기 위한 학습 의지가 낮은 경우다.

또한 고객의 요구를 업무적으로 충족시키지 못하고, 경쟁사에 비해 업무 능력이 뒤처지는 경우이다. 직원들이 빠르게 변화하는 시장 환경과 기술 발전에 적응하지 못하면, 조직의 경쟁력은 약화된다.

직원들의 심리적 안정감이 낮으면 변화를 시작해야 한다. 실수한 직원이 비난 받거나, 문제 해결보다는 책임 소재를 따지는 문화가 자리 잡은 경우에 직원들은 업무에 몰입하지 않는다.

또한 직원들이 자신의 의견을 자유롭게 표현하지 못하고, 회의에서 직원들이 발언을 주저하는 경우에 조직의 경쟁력은 약화된다. 직원들이 상사의 의견에 맞추려는 경향이 있는 경우도 마찬가지 결과를 불러온다.

조직 내부의 변수로 변화를 감지하지 않으면, 외부 변수에 대응하기는 것은 더욱 어렵다.

변화의 필요성을 발견한 리더가 해야 할 일은 무엇인가?

리더가 변화의 목적과 방향을 제시하는 것이다. 변화의 목적이 조직의 성장과 직원들에게 무슨 의미가 있는지를 밝히는 것이다. 변화의 의미를 제시하고, 변화의 미래를 보여 주어야 한다.

변화가 성과를 내기 위해서는 리더의 커뮤니케이션이 필수적이다. 직원들이 변화에 참여하고, 협력하고, 성과를 내기 위해서는 리더의 소통 능력이 무엇보다 중요하다. 변화에 수용적인 리더(adaptive leader)는 직원들의 다양한 질문에 진솔한 마음으로 답변하고 대화해야 한다. 변화에 성공한 리더는 소통의 달인들이다.

이와 같은 방향 제시와 소통을 위해서는 리더의 학습 지향성이 요구된다. 학습 지향성은 무엇인가를 배우려는 태도다. 이런 리더의 특징은 지적인 호기심과 성장 마인드셋에 있다. 지적 호기심은 기존의 지식에 안주하지 않고, 지속적으로 새로운 지식과 아이디어를 얻으려는 태도이다. 성장 마인드셋은 자신의 능력과 역량이 학습과 노력을 통해 발전할 수 있다고 믿는 자세다. 이 두 가지는 리더가 끊임없이 "왜?", "어떻게?"라는 질문을 던지며 문제 상황을 이해하게 만든다.

이런 리더는 새로운 트렌드와 기술을 적극적으로 배우려고 한다. 실패와 도전을 성장의 기회로 보고, 배움을 통해 스스로를 발전시키려고 한다.

학습 지향성을 갖춘 리더는 타인의 말을 경청한다. 문제 해결에 중심을 두기 때문에 구성원, 동료, 고객 등 다양한 이해 관계자로부터 피드백을 기꺼이 받아들인다.

피드백을 비판으로 받아들이지 않고, 더 나은 선택을 위한 유용한 정보로 간주한다. 타인의 말을 경청한다는 것은 리더가 자신의 행동, 결정, 리더십 스타일을 스스로 평가하고, 개선점을 찾아내려고 노력한다는 것이다.

리더의 학습 지향성은 자신의 약점을 인정하고, 그것을 채우려는 노력이다. 오늘날 급변하는 환경에서 리더들은 조직 변화를 성공시키기 위해서는 직원들이 제공하는 정보와 아이디어에 의존해야 한다.

학습 지향적 리더는 자신이 모든 것을 알지 못한다는 사실을 인정하기 때문에 새로운 아이디어와 관점을 받아들이려고 한다. 이런 리더의 모습을 경험한 직원들은 마음의 문을 열고, 변화 프로그램에 적극적으로 참여한다.

기업은 리더에게 비용과 시간을 제공한다. 이러한 혜택을 주는 이유는, 외부의 변화를 읽고, 내부의 커뮤니케이션을 통해서 변화를 주도하라는 것이다.

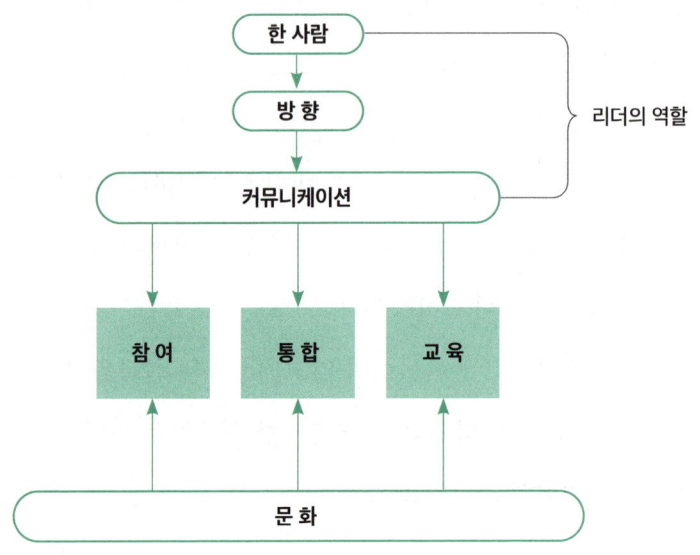

직원이
변화를
실행한다

조직의 변화는 직원들에게 의존할 수밖에 없다. 직원은 조직 구성원 중에서 그 수가 제일 많고, 변화를 실질적으로 실행하는 주체이기 때문이다.

직원들은 조직 변화의 영향을 직접적으로 받는다. 변화의 당사자인 직원들이 변화에 참여하지 않으면 변화는 성공하기 어렵다. 조직의 변화는 대부분 실행 초기 단계에서 실패한다. 직원이 변화를 이해하지 못하고 동의하지 않으면, 변화가 동력을 잃는다. 이런 현상은 변화 리더들이 직원들의 참여를 이끌어 내지 못했기 때문이다.

변화가 성공하기 위해서는 직원들이 변화 준비, 실행, 정착 단계에서 실질적인 역할을 해야 한다. 변화 준비 단계에서 직원은 변화에 대한 정보를 바탕으로 변화의 필요성과 방향성을 이해해야 한다. 조직의 변화가 자신의 업무에 어떤 영향을 미칠지, 그리고 자신이 어떻게 기여할 수 있을지를 이해해야 변화를 준비한다.

실행 단계에서 직원들은 변화된 제도나 기술을 실제로 사용하고, 실질적으로 업무에 적용한다. 기존의 방식에서 벗어나 새로운 방법으로 자신의 업무에 적용하는 것이다. 직원은 새로운 변화를 동료들과 협력하여 새로운 업무 방식을 사용하고, 변화를 단계적으로 적용하면서 문제를 식별하고 수정한다.

변화의 실행 과정에서 대부분 예기치 않은 문제가 발생한다. 이때 직원은 문제를 해결하는 주도적인 역할을 한다. 변화된 시스템 또는 프로세스의 오류를 발견하고, 이를 분석하여 조직에 개선안을 제시한다. 직원들이 서로 협력하거나, 관련 부서에 지원을 요청하여 문제를 해결한다. 이 시점에 직원들에게 추가적인 교육과 학습 기회를 제공함으로써 변화의 동력을 유지해야 한다.

직원의 중요한 역할 중 하나는 변화를 조직의 새로운 표준으로 정착시키는 것이다. 직원은 변화된 프로세스, 정책, 기술을 일상 업무에 통합하는 역할을 한다. 변화 초기에는 시행착오가 있을 수 있지만, 이를 지속적으로 개선하여 변화된 방식이 조직 문화로 자리매김하게 해야 한다. 직원들이 변화된 방식으로 업무를 꾸준히 수행하고 지속적으로 개선점을 해결할 때, 그 방식은 조직 내에 안정적으로 정착된다.

이 과정에서 직원들은 어려움을 극복하고 변화의 홍보자로서의 역할을 수행하게 된다. 이들이 서로 변화를 장려하고 변화의 긍정적인 영향을 설명할 때, 비로소 변화가 조직 내에서 제대로 자리를 잡을 수 있는 것이다.

조직 변화를 실행하는 과정에서 70%가 실패하는 주요 원인은 직원들의 변화 의지(Commitment to Change)가 부족하기 때문이다.

직원의 변화 의지는 조직의 변화에 대한 저항을 줄이고 변화 준비도를 높이는 척도이다. 이 변화 의지는 정서적 변화 의지, 규범적 변화 의지, 유지적 변화 의지로 나뉜다.

정서적 변화 의지(Affective Commitment to Change)는 변화에 대한 긍정적 감정으로, 조직의 변화가 가치 있다고 믿고 조직의 변화를 실질적으로 원하는 것이다. 조직과 정서적으로 가까워서 변화를 적극적으로 지지하고 거기에 주도적으로 참여한다.

규범적 변화 의지(Normative Commitment to Change)는 조직의 변화에 의무감으로 참여하는 것이다. 조직의 변화를 당연히 참여해야 하는 압력으로 인식하는 것이다. 직원이기 때문에 조직이 추진하는 변화에 당연히 참여해야 한다고 생각하여 동참한다.

유지적 변화 의지(Continuance Commitment to Change)는 변화를 지지

하지 않을 경우에 자신에게 손해가 발생한다고 생각하여 변화에 참여하는 것이다. 조직 변화에 저항하거나 참여하지 않으면 자신에게 잠재적 비용이 발생하므로 변화를 지지하는 척한다. 직원들에게 적어도 이 세 가지의 변화 의지가 있어야 변화를 이끌 수 있다.

직원들의 변화 의지는 변화에 대한 개방성이다. 그중에서 중요한 것은 다양성에 대한 개방성(Openness to Diversity)이다. 이것은 사회적·문화적·인종적 차이를 개방적인 태도로 바라보고 인정하는 것이다. 변화의 과정에서 나타나는 지식 다양성, 경험 다양성, 교육 다양성을 인정하고 받아들이는 것이다.

개인 차원에서 변화에 대한 직원들의 개방성은 커뮤니케이션을 촉진한다. 고정관념에 사로잡히지 않고 변화를 다양한 관점에서 바라보게 하기 때문이다. 이런 직원들은 다양성의 가치를 높게 평가하기에 편견은 줄어들고, 상호 교류는 활발하다.

조직 차원에서, 다양성에 대해 열린 조직은 직원들의 배경과 상관없이 공평하게 평가하고, 공정하게 지원한다는 신호를 보낸다. 이런 시그널은 직원들에게 변화에 긍정적인 인식을 갖게 하고, 변화에 적극적인 행동을 유도한다.

그러므로 개인과 조직이 갖는 다양성에 대한 개방적인 태도는 유연성, 창의성, 학습 지향성, 문제 해결 능력으로 이어진다. 조직이 다양성에 가치를 부여함으로써 '차별', '분리'와 같은 변화의 장애물을 극복할 수 있다. 다양성이 갖는 '차이의 장점'을 활용하여 변화하는 환경에 대응해야 한다.

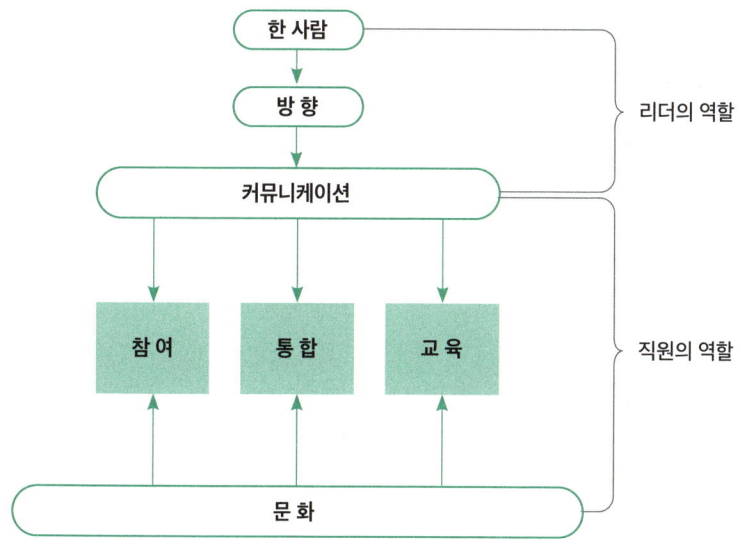

문화가
변화를
유지한다

    기업문화는 리더와 직원이 함께 만든 결과물이다. 기업문화는 리더의 말이다. 리더가 회의할 때 하는 말, 업무할 때 하는 말, 직원과 식사할 때 하는 말이 곧 기업문화이다.

    리더의 회의 진행 방식이 기업문화다. 회의 진행 방식이 '과정과 결과 중에서 어디에 중점을 두는가.', '질문을 하는가?', '지시를 내리는가?', '혼자 결정하는가?', '함께 결정하는가?' 이런 것들이 직원들의 업무 방식에도 영향을 미친다.

    기업문화는 직원들의 말이다. 각종 회의를 마치고 직원들끼리 나누는 대화, 업무 중에 주고받는 직원들의 대화, 식사를 하거나 동료들과 술 마시면서 나누는 직원들의 말이 기업문화이다.

직원들의 승진 방법도 기업문화이다. 선배들의 승진 방법, 동료들의 승진 방법이 기업문화이다. 영업 실적이 승진의 기준이면 영업이 기업문화가 된다. 업무 능력이 승진의 기준이면 경영 성과가 기업문화가 된다. 대표이사와의 인연이 승진이 기준이면, 인연을 만들려는 노력이 기업문화가 된다. 상사에 대한 아첨이 기준이면, 아부나 의전이 기업문화가 된다. 학력, 지연, 근무 부서가 승진에 영향을 주면, 그것을 좇는 기업문화가 형성된다.

이렇게 만들어진 기업문화는 쉽게 바뀌지 않는다. 오랫동안 기업의 핵심 주체인 리더와 직원이 함께 만들었기 때문이다. 기업문화의 실체는 눈에 보이지는 않지만, 직원들의 마음속에 자리잡고, 업무의 기준이 되어 살아 있다. 기업문화는 다양한 계층의 직원들에게 퍼져 있기 때문에 쉽게 바뀌지 않는다.

기업문화는 일단 형성되고 나면 관성(慣性)이 생긴다. 관성은 현재 상태를 지속하려는 힘이다. 관성이 생긴 기업문화에 익숙해진 직원들은 기득권층이 되고, 이러한 문화는 이들에 의해 더욱 강화된다.

그러므로 올바른 기업문화를 정착시키는 것이 중요하다. 기업 내부에 문화로 정착되어야 변화가 유지되기 때문이다. 변화관리의 개척자인 커트 레빈의 3단계 변화관리 모델을 떠올려 보자.

1단계 '해빙(Unfreezing)'은 리더가 변화를 계획하고, 직원들이 변화의 필요성을 이해하여 변화를 준비하는 단계이다. 2단계 '이동(Moving)'은 리더와 직원이 다양한 방법으로 원하는 변화를 실행하는 단계이다. 3단계 '재동결(Refreezing)'은 리더와 직원이 만든 새로운 변화가 기업 내에 자리잡도록 지원하고 강화시키는 단계이다. 이 재동결을 통해서 변화의 결과가 비로소 기업문화로 정착된다.

조직 내에 자리 잡은 기업문화는 변화를 유지하는 에너지가 된다. 새로 입사한 직원들은 이 에너지에 의해 조직 문화에 동화되고, 직원들이 바뀌어도 문화는 유지된다. 기업의 스타 플레이어들이 이직해도 기업의 실력을 유지할 수 있는 것은 기업문화 덕분이다. 능력이 부족한 직원도 기업문화가 바람직하면 긍정적인 방향으로 바뀐다. 기업문화는 급변하는 경영 환경에서 성패를 가르는 핵심 경쟁력이다.

기업문화의 대가(大家)인 에드거 샤인에 따르면, 기업문화는 경영 성과도 좌우한다. 생존한 기업의 역사는 외부 환경에 적응하고, 외부 변화를 조직 내부 변화로 이끌어 내서 지속적으로 변화시킨 결과이기 때문이다. 기업문화는 외부의 변화를 수용하고, 기업 내부에서 변화를 통합하는 두 가지 문제를 모두 해결해 준다.

이를 잘 보여 주는 사례가 있다. 마이크로소프트는 '도전하지 않는 기업은 미래가 없다'는 기업문화를 바탕으로 성장해 왔다. 개인용 컴퓨터인 MS Window에서 시작하여, 기업형 Cloud 컴퓨팅 서비스를 제공하고, 최근에는 AI에 선제적으로 투자하여 인공 지능 산업을 주도하고 있다.

기술의 변화와 경영의 변화가 발생할 때마다, MS에 돌파구가 되어 준 것은 기업문화였다. 실패를 두려워하지 않고 끊임없이 도전하는 조직의 문화가 새로운 변화를 이끈 것이다. MS처럼 덩치가 큰 기업이 빠른 속도로 새로운 사업을 준비할 수 있던 것도 열린 기업문화 덕분이다. 개인형 컴퓨터에서 기업형 클라우드 컴퓨팅으로 확장하고 AI 시대를 선두에서 열게 된 것은 리더와 직원이 만든 기업문화였다.

리더는 직원들에게 클라우드 컴퓨팅이나 AI에 집중할 수 있도록 문제점들을 해결해 주었고, 직원들은 이런 환경에서 성장 마인드셋을 갖고 도전한 결과다. MS의 기업문화가 직원들을 창의력이 풍부한 사업가로 만들었다. 기업이 스스로 변화하게 만드는 원동력은 바로 기업문화이다.

변화가 가능한 기업문화는 어떻게 만들 수 있을까? 우선 직원들을 자기 기업의 팬으로 만드는 것이다. 직원을 관리 대상이 아니라 1차 고객으로 보는 것이다.

직원들만큼 자신의 기업을 애정 어린 눈으로 보는 사람은 없다. 그들이 가족과 친구에게 '우리 회사 좋아요.'라고 말하게 만들어야 바람직한 기업문화가 확산된다.

리더는 직원들에게 변화를 시도할 수 있는 운동장을 만들어 주어야 한다. 변화의 방해물이 없는가를 살피고, 시간적, 공간적 제약을 해결해 주는 것이다. 이런 환경에서 직원들이 자율적으로 참여하고, 기업문화는 자연스럽게 형성된다.

직원의 자율성을 해치는 가장 나쁜 방법은 '아이디어 2개씩 제출하라.'와 같은 방식이다. 인간의 마음을 움직이는 것은 Push가 아니라 Pull의 방식이다. 강압적인 Push 방식은 오히려 기업문화를 해친다. 기업의 방향과 정책에 구성원들의 자발적인 동의와 이해가 더해질 때, 바람직한 기업문화가 형성된다.

또한 기업이 시대정신(Zeitgeist: Spirit of the Age)을 반영할 때, 기업문화가 견고해진다. 젊은 세대는 의미를 추구한다. 일이 자신의 성장과 연결될 때, 일에서 의미를 발견한다. 직원이 자신의 일에 의미를 부여할 때, 동기 부여가 되어 업무 몰입도가 높아진다. 조직에 충성하라고 강조하기보다는 일을 통해 성장과 보람을 느끼게 해주어야 한다. 이것이 조직 충성도로 이어져서 문화가 된다.

젊은 세대는 Fun을 추구한다. 젊은 세대는 지시를 받는 일보다 자신이 주도하는 일에서 재미를 느끼며 즐거움을 찾는다. 그러므로 기업은 직원들의 업무에 자율성을 부여하고 창의적 공간을 제공해야 한다. 오늘날의 시대정신은 직원들이 일 자체에서 보람과 재미를 함께 느끼게 하는 것이다.

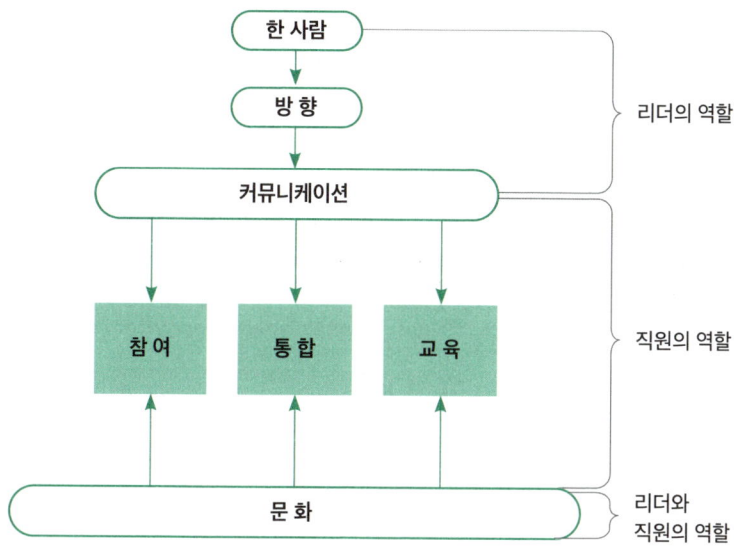

📚 참고문헌

1장

1-1 실패 70%, 개인 차원

Ewenstein, B., Smith, W., & Sologar, A. (2015). Changing change management. McKinsey Digital, 1-4.
https://www.mckinsey.com/business-functions/people-and-organizational performance/our-insights/the-ceos-role-in-leading-transformation(Mckinsey &Company)
Beer, M., & Nohria, N..2000. 「Cracking the code of change」.『HBR's 10 must reads on change』. 78(3).
Speculand, R..2006.『Strategy implementation: we got the people factor wrong! How to lead your saboteurs, groupies, double agents and mavericks』. Human Resource Management International Digest.
Kotter, J. P., & Schlesinger, L. A. (1979). Choosing strategies for change.
Lines, R., Selart, M., Espedal, B., & Johansen, S. T. (2005). The production of trust during organizational change. Journal of Change Management, 5(2), 221-245.
Oreg, S., Vakola, M., & Armenakis, A. (2011). Change recipients' reactions to organizational change: A 60-year review of quantitative studies. The Journal of applied behavioral science, 47(4), 461-524.
Oreg, S. (2003). Resistance to change: Developing an individual differences measure. Journal of applied psychology, 88(4), 680.
Oreg, S. (2006). Personality, context, and resistance to organizational change. European journal of work and organizational psychology, 15(1), 73-101.
Erwin, D. G., & Garman, A. N. (2010). Resistance to organizational change: linking research and practice. Leadership & Organization Development Journal, 31(1), 39-56.

1-2 조직 차원

Gersick, C. J. (1991). Revolutionary change theories: A multilevel exploration of the punctuated equilibrium paradigm. Academy of management review, 16(1), 10-36.
Mathieu, J. E., Heffner, T. S., Goodwin, G. F., Salas, E., & Cannon-Bowers, J. A. (2000). The influence of shared mental models on team process and performance. Journal of applied psychology, 85(2), 273.
Traini, H. Q., Yopp, A. M., & Roberts, R. (2020). The Success Trap: A Case Study of Early Career Agricultural Education Teachers' Conceptualizations of Work-Life Balance. Journal of Agricultural Education, 61(4), 175-188.

1-3 심리

Matthijs Bal, P., Chiaburu, D. S., & Jansen, P. G. (2010). Psychological contract breach and work performance: is social exchange a buffer or an intensifier?. Journal of Managerial Psychology, 25(3), 252-273.
Turnley, W. H., Bolino, M. C., Lester, S. W., & Bloodgood, J. M. (2003). The impact of psychological contract fulfillment on the performance of in-role and organizational citizenship behaviors. Journal of management, 29(2), 187-206.

1-5 친부 살인

조영남 (2019). 중국 집단지도 체제의 제도 분석: 권력기구의 운영과 구성을 중심으로. 국제지역연구, 28(3), 183-210

1-7 cynicism

Wanous, J. P., Reichers, A. E., & Austin, J. T. (2000). Cynicism about organizational change: Measurement, antecedents, and correlates. Group & organization management, 25(2), 132-153.
Aslam, U., Ilyas, M., & Imran, M. K. (2016). Detrimental effects of cynicism on organizational change: an interactive model of organizational cynicism (a study of employees in public sector organizations). Journal of Organizational Change Management, 29(4), 580-598.
Naus, F., Van Iterson, A., & Roe, R. (2007). Organizational cynicism: Extending the exit, voice, loyalty, and neglect model of employees' responses to adverse conditions in the workplace. Human relations, 60(5), 683-718.
Arthur,C.(2013,Nov.4). BlackBerry fires CEO Thorsten Heins as $4.7bn Fairfax rescue bid collapses.The Guardian. https://www.theguardian.com/technology/2013/nov/04/blackberry-fires-ceo-thorsten-heins-fairfax-bid-collapses
Choi, M. (2011). Employees' attitudes toward organizational change: A literature review. Human resource management, 50(4), 479-500.

1-8 startups

Martin, R. (1993). Changing the mind of the corporation. Harvard Business Review, 71(6), 81-89.

Blank, S. (2018). Why the lean start-up changes everything.Harvard Business Review.
Blank, S. (2020). The four steps to the epiphany: successful strategies for products that win. John Wiley & Sons.
Osterwalder, A., & Pigneur, Y. (2010). Business model generation: a handbook for visionaries, game changers, and challengers (Vol. 1). John Wiley & Sons.
Osterwalder, A., & Pigneur, Y.(2024).The business Model Canvas. https://www.strategyzer.com/library/the-business-model-canvas
Cantamessa, M., Gatteschi, V., Perboli, G., & Rosano, M. (2018). Startups' roads to failure. Sustainability, 10(7), 2346.

1-9 뇌

Kiran, C. S., & Tripathi, P. (2018). Leadership development through change management: a neuroscience perspective. NHRD Network Journal, 11(4), 42-48.
Lewis, M. (2017). Addiction and the brain: development, not disease. Neuroethics, 10, 7-18.
앙투안 드 생텍쥐페리. (2020). 어린왕자(Le Petit Prince). 코너스톤.
헨리 체스브로. (2021). 오픈 이노베이션(Open Innovation).엠와이소셜컴퍼니.
정용,정재승,김대수. (2014). 1.4킬로그램의 우주,뇌. 사이언스북스.
강봉균 외. (2016). 뇌 Brain. 휴머니스트.
조나 레러. (2016). 뇌는 어떻게 결정하는가. 21세기북스.
존 레스티. (2016). 뇌, 1.4킬로그램의 사용법. 북이십일.
샌드라 블레이크슬리 외. (2011). 뇌 속의 신체지도. 이다미디어.
장 디디에 뱅상. (2011). 뇌 한복판으로 떠나는 여행. 북하우스.
리타 카터. (2007). 뇌: 매핑 마인드. 말글빛냄.
제프 호킨스 외. (2010). 생각하는 뇌, 생각하는 기계. 멘토르.
안토니오 다마지오. (2007). 스피노자의 뇌. 사이언스북스.
멜 로빈스. (2017). 5초의 법칙. 한빛비즈.
임창환. (2024). 뇌를 알면 팔린다.SERICEO.
삼성경제연구소(SERICEO). (2007~2024년).멀티캠퍼스.
김정진, & 박경규. (2008). 조직변화에 대한 개인특성과 심리적 저항 및 조직몰입의 관계. 한국심리학회지: 산업 및 조직, 21(3), 429-450.
김희웅, 이선영, & 이동우. (2006). 정보시스템 구축시 변화에 대한 저항의 원인 연구. Entrue Journal of Information Technology, 5(2), 7-20.

2장

2-1 30% 성공

Dannemiller, K. D., & Jacobs, R. W. (1992). Changing the way organizations change: A revolution of common sense. The Journal of Applied Behavioral Science, 28(4), 480-498.
Burnes, B., & Cooke, B. (2013). Kurt Lewin's Field Theory: A Review and Re-evaluation. International journal of management reviews, 15(4), 408-425.
Ryan, R. M., & Deci, E. L. (2000). Intrinsic and extrinsic motivations: Classic definitions and new directions. Contemporary educational psychology, 25(1), 54-67.
Eaton, M. (2010). Why change programs fail. Human Resource Management International Digest, 18(2), 37-42.
Steers, R. M., Mowday, R. T., & Shapiro, D. L. (2004). The future of work motivation theory. Academy of Management review, 29(3), 379-387.
McEwen, B. S. (2007). Physiology and neurobiology of stress and adaptation: central role of the brain. Physiological reviews, 87(3), 873-904.

2-2 한 사람

Goleman, D. (2001). Emotional intelligence: Issues in paradigm building. The emotionally intelligent workplace, 13, 26.
Stewart, J. (2006). Transformational leadership: An evolving concept examined through the works of Burns, Bass, Avolio, and Leithwood. Canadian journal of educational administration and policy, (54).
Bonnet, D. (2016). A portfolio strategy to execute your digital transformation. Capgemini Consulting. Retrieved from www. capgemini-consulting. com.

2-3 vision

Gill, R. (2002). Change management--or change leadership?. Journal of change management, 3(4), 307-318.
Kotter, J. P. (1997) . Leading by Vision and Strategy. Executive Excellence. October, 15-16.
Haque, M. D., TitiAmayah, A., & Liu, L. (2016). The role of vision in organizational readiness for change and

growth. Leadership & Organization Development Journal, 37(7), 983-999.
Annique Un, C., & Montoro-Sanchez, A. (2010). Innovative capability development for entrepreneurship: A theoretical framework. Journal of Organizational Change Management, 23(4), 413-434.
Kearney, C., Hisrich, R. D., & Roche, F. W. (2010). Change management through entrepreneurship in public sector enterprises. Journal of Developmental Entrepreneurship, 15(04), 415-437.

2-4 communication

Peter F. Drucker et al.(2022). HBR at 100 : the most influential and innovative articles from Harvard Business Review's first century . Harvard Business School Publishing Corporation.
Rogers, C. R., & Roethlisberger, F. J. (1991). Barriers and gateways to communication. Harvard Business Review, 69(6), 105-111.
Willner, R. (2011). Micro-politics: An Underestimated Field of Qualitative Research in Political Science. German Policy Studies/Politikfeldanalyse, 7(3).

2-5 참여

Coch, L., & French Jr, J. R. (1948). Overcoming resistance to change. Human relations, 1(4), 512-532.
Oreg, S., Vakola, M., & Armenakis, A. (2011). Change recipients' reactions to organizational change: A 60-year review of quantitative studies. The Journal of applied behavioral science, 47(4), 461-524.
Kotter, J. P., & Schlesinger, L. A. (1989). Choosing strategies for change (pp. 294-306). Macmillan Education UK.
Owen, H. (2008). Open space technology: A user's guide. Berrett-Koehler Publishers.

2-6 통합

Cropanzano, R., & Mitchell, M. S. (2005). Social exchange theory: An interdisciplinary review. Journal of management, 31(6), 874-900.
Fisher, R. J. (2006). Intergroup conflict. The handbook of conflict resolution: Theory and practice, 176.

2-7 교육

Grant, A. M. (2014). The efficacy of executive coaching in times of organisational change. Journal of Change Management, 14(2), 258-280.
Oakland, J. S., & Tanner, S. (2007). Successful change management. Total quality management & business excellence, 18(1-2), 1-19.

2-8 문화

Kotter, J.P., & Heskett, J.L.(1992).Corporate Culture and Performance. NY: Macmillan.
Drucker, P. F.(1993). The rise of the knowledge society. The Wilson Quarterly. 17(2).
Schein, E. H.(2010). Organizational culture and leadership (Vol. 2). NY: John Wiley & Sons.
Cameron, K. S., & Quinn, R. E.(2011). Diagnosing and changing organizational culture: Based on the competing values framework.. NY: John Wiley & Sons.
Argyris, C., & Schön, D. A. (1989). Participatory action research and action science compared: A commentary. American behavioral scientist, 32(5), 612-623.

2-9 환경만 바꿔라

조너선 헤이트. (2010). 행복의 가설. 물푸레.
칩 히스 외. (2011). 스위치. 웅진씽크빅.
대니얼 골먼. (2003). 감성의 리더십. 청림출판.
로버트 치알디니. (2004). 설득의 심리학1,2,3. 21세기 북스.
리처드 탈러 외. (2011). 넛지. 리더스북.
짐 콜린스. (2002). 좋은 기업을 넘어 위대한 조직으로. 김영사.

2-14 가장 단순한 변화관리 3단계 모델

Robbins, S. P., & Judge, T. A. (2014). Organizational behavior (16th Global Eds.) Pearson Education. (98 page.)

3장

Kotter, J. P. (2007). Leading change: Why transformation efforts fail.Harvard Business Review.
Kotter, J. P. (2008). A sense of urgency. Harvard Business Press.
Burnes, B. (2020). The origins of Lewin's three-step model of change. The Journal of Applied Behavioral Science, 56(1), 32-59.

Kotter, J. P., & Rathgeber, H. (2006). Our iceberg is melting: Changing and succeeding under any conditions. Pan Macmillan.
Kotter, J. P., Akhtar, V., & Gupta, G. (2021). Change: How organizations achieve hard-to-imagine results in uncertain and volatile times. John Wiley & Sons.
Greiner, L. E. (1998). Evolution and revolution as organizations grow. Harvard business review, 76(3), 55-64.
Burke, W. W., & Litwin, G. H. (1992). A causal model of organizational performance and change. Journal of management, 18(3), 523-545.
Tushman, M., & Nadler, D. (1986). Organizing for innovation. California management review, 28(3), 74-92.
Benn, S., Dunphy, D., & Griffiths, A. (2006). Enabling change for corporate sustainability: An integrated perspective. Australasian Journal of Environmental Management, 13(3), 156-165.
Kim, Y. H., Sting, F. J., & Loch, C. H. (2014). Top-down, bottom-up, or both? Toward an integrative perspective on operations strategy formation. Journal of Operations Management, 32(7-8), 462-474.
Heyden, M. L., Fourné, S. P., Koene, B. A., Werkman, R., & Ansari, S. (2017). Rethinking 'top-down' and 'bottom-up' roles of top and middle managers in organizational change: Implications for employee support. Journal of management studies, 54(7), 961-985.
Smeds, R., Haho, P., & Alvesalo, J. (2003). Bottom-up or top-down? Evolutionary change management in NPD processes. International Journal of Technology Management, 26(8), 887-902.
Kim, W. C., & Mauborgne, R. (2014). Blue ocean strategy, expanded edition: How to create uncontested market space and make the competition irrelevant. Harvard business review Press.
Kim, W. C., & Mauborgne, R. (2017). Blue ocean shift: Beyond competing-proven steps to inspire confidence and seize new growth. Hachette Books.
Kim, W. C., & Mauborgne, R. A. (2023). Beyond Disruption: Innovate and Achieve Growth without Displacing Industries, Companies, or Jobs. Harvard Business Press.
Pierce, J. L., Kostova, T., & Dirks, K. T. (2003). The state of psychological ownership: Integrating and extending a century of research. Review of general psychology, 7(1), 84-107.
Porter, M. E., Christensen, C. M., Kim, W. C., & Mauborgne, R. A. (2022). HBR at 100: The Most Influential and Innovative Articles from Harvard Business Review's First Century. Harvard Business Press.
Kotter, J. P., Brown, T., Martin, R. L., & Rigby, D. K. (2021). HBR's 10 Must Reads on Change Management, Vol. 2 (with bonus article" Accelerate!" by John P. Kotter). Harvard Business Press.
Goleman, D., Kim, W. C., Mauborgne, R. A., & Christensen, C. M. (2015). HBR's 10 Must Reads 2015: The Definitive Management Ideas of the Year from Harvard Business Review (with bonus McKinsey Award-Winning article" The Focused Leader")(HBR's 10 Must Reads). Harvard Business Review Press.

구입 외국 도서

Burke, W. W. (2023). Organization change: Theory and practice. Sage publications.
Jones, G. R. (2013). Organizational theory, design, and change. Pearson.
Hayes, J. (2022). The theory and practice of change management. Basingstoke: Palgrave.
Cameron, E., & Green, M. (2019). Making sense of change management: A complete guide to the models, tools and techniques of organizational change. Kogan Page Publishers.
Lauer, T. (2021). Change management. Springer.
Hodges, J. (2016). Managing and leading people through organizational change: The theory and practice of sustaining change through people. Kogan Page Publishers.
Gibbons, P. (2015). The science of successful organizational change: How leaders set strategy, change behavior, and create an agile culture. FT Press.
Kreutzer, R. T., Neugebauer, T., & Pattloch, A. (2017). Digital business leadership. Digital Transformation-Geschäftsmodell-Innovation-agile Organisation-Change-Management.
Helms-Mills, J., Dye, K., & Mills, A. J. (2008). Understanding organizational change. Routledge.
Palmer, I., Dunford, R., & Buchanan, D. (2016). Managing Organizational Change: A Multiple Perspectives Approach . McGraw Hill.
Rei, M. (2012). Change Management: A Balanced and Blended Approach. Norderstedt.
Deszca, G., Ingols, C., & Cawsey, T. F. (2019). Organizational change: An action-oriented toolkit. Sage Publications.
Zukof, K. (2021). The Hard and Soft Sides of Change Management: Tools for Managing Process and People. American Society for Training and Development.
Anderson, D., & Anderson, L. A. (2010). Beyond change management: How to achieve breakthrough results through conscious change leadership (Vol. 36). John Wiley & Sons.

국내 도서

존 코터 외. (2009). 성과를 이끌어 내는 사람 중심의 변화관리 노하우. 21세기북스.

배종훈. (2020). 변화관리론 강의 교재. 서울대학교 경영전문대학원.
말콤 그래드웰. (2023). 티핑 포인트. 김영사.
노나카 이쿠지로, 곤노 노보루. (2009). 노나카의 지식경영. 21세기북스.
잭 웰치. (2001). 잭 웰치, 끝없는 도전과 용기. 청림출판.
노엘 티키, 스트랫포드 셔먼. (1995). GE 혁명, 당신의 운명을 지배하라. 21세기북스.
윤석철. (2011). 삶의 정도. 위즈덤하우스.
존 코터 외. (2018). 경쟁력 있는 조직을 만드는 변화관리. 매일경제신문.
배종훈. (2024). 다시 경영을 읽다. 서울대학교출판문화원.

4장

4-1, 2 임진왜란, 이순신

대니얼 골먼. (2003). 감성의 리더십. 청림출판.
이순신역사연구회. (2014). 이순신과 임진왜란 1,2,3,4. 비봉출판사.
김종대. (2019). 이순신, 신은 이미 준비를 마치셨습니다. 가디언.
유성룡, 이재호 옮김. (2012). 징비록. 위즈덤하우스.
류성룡, 역해자 오세진 외. (2017). 징비록. 홍익출판사.
윤영수. (2005). 불패의 리더 이순신, 그는 어떻게 이겼을까. 웅진씽크빅.
박영규. (2004). 한권으로 읽는 조선왕조실록. 웅진씽크빅.
박성순. (2013). 한 권으로 읽는 성웅 이순신. 해남.
유길만. (2005). 이순신과 도요토미 히데요시. 경향미디어.
설민석. (2016). 설민석의 조선왕조실록. 세계사.
정병석. (2016). 조선은 왜 무너졌는가. 시공사.
송호정 외. (2016). 아틀라스 한국사. 사계절출판사.
송웅창, 역주 구범진 외. (2020). 명나라의 임진전쟁 1,2,3,4. 국립진주박물관.
이순신, 편저 김경수. (2018). 난중일기. 돌을새김.
박시백. (2017). 박시백의 조선왕조실록, 선조실록, 인조실록. 휴머니스트.
김시덕. (2012). 그들이 본 임진왜란. 학고재.

4-3 병자호란

한명기. (2018). 병자호란 1,2. 푸른역사.
구범진. (2019). 병자호란, 홍타이지의 전쟁. 까치글방.
구범진. (2014). 청나라, 키메라의 제국. 민음사.
국사편찬위원회. (2013). 한국사, 서세동점과 문호개방. 탐구당.
김훈. (2007). 남한산성. 학고재.

4-4 메이지유신

박훈. (2019). 메이지 유신은 어떻게 가능했는가. 민음사.
박훈. (2023). 메이지유신을 설계한 최후의 사무라이들. 21세기북스.
마리우스 잰슨. (2018). 사카모토 료마와 메이지 유신. 푸른길.
성희엽. (2018). 조용한 혁명, 메이지유신과 일본의 건국. 소명출판.

4-5 전쟁사

이병주. (2014). 모두가 안 된다고 한 싸움을 승리로 이끈 3불 전략. 가디언.
안정효. (2005). 지압 장군을 찾아서. 들녘.
임용한. (2014). 세상의 모든 혁신은 전쟁에서 탄생했다. 교보문고.
임용한. (2012). 세상의 모든 전략은 전쟁에서 탄생했다. 교보문고.
안계환. (2014). 변화혁신, 역사에서 길을 찾다. 대림북스.
노나카 이쿠지로 외. (2009). 일본 제국은 왜 실패하였는가?. 주영사.
브라이언 페이건. (2012). 크로마뇽. 더숲.
브라이언 페이건. (2019). 고고학의 역사. 소소.
유발 하라리. (2015). 사피엔스. 김영사.

5장

5-1 니체

이진우. (2015). 니체의 인생 강의. 휴머니스트.
박찬국. (2017). 초인수업. 21세기북스.

사이토 다카시, 이정은 옮김. (2015). 곁에 두고 읽는 니체. 홍익출판사.
이진우. (2018). 니체. 북이십일 아르테.
프리드리히 니체, 정동호 옮김. (2000). 차라투스트라는 이렇게 말했다. 책세상.
프리드리히 니체, 강두식 옮김. (2016). 인간적인 너무나 인간적인. 동서문화사.

5-2 키에르케고르

샤를 르 불랑, 이창실 옮김. (2004). 키에르케고르. 동문선.
김종두. (2015). 키에르케고르의 실존사상과 현대인의 자아 이해. 새물결플러스.
키에르케고르, 강성위 옮김. (2016). 불안의 개념/죽음에 이르는 병/ 유혹자의 일기. 동서문화사.
쇠렌 키에르케고르, 임규정 옮김. (2016). 불안의 개념. 한길사.
키에르케고르, 최혁순 옮김. (2017). 키에르케고르 선집. 집문당.

5-3 헤겔

강순전. (2023). 정신현상학의 이념. 세창출판사.
김준수. (2015). 헤겔. 한길사.
백훈승. (2023). 헤겔과 변증법. 서광사.
테리 핀카드, 전대호 외 옮김. (2015). 헤겔. 도서출판 길.

5-4 존 듀이

존 듀이, 엄태동 옮김. (2024). 존 듀이의 경험과 교육. 피와이메이트.
송도순. (2021). 존듀이의 경험 중심 교육사상. 학지사.
짐 개리슨 외, 임세희 외 옮김. (2021). 존 듀이와 교육. 살림터.

5-5 주역

도올 김용옥. (2022). 도올 주역 강해. 통나무.
김경방 외, 안유경 옮김. (2013). 주역전해(상)(하). 심산출판사.
김기현. (2016). 주역, 우리 삶을 말하다. 상.하. 민음사.
김석진. (2015). 대산 주역강해, 상경, 하경. 대유학당.
강기진. (2024). 오십에 읽는 주역. 유노북스.
김승호. (2023). 주역 인문학. 다산북스.
김진희. (2012). 주역 읽기 첫걸음. 보고사.

6장

6-1 종교개혁

디트마르 피이퍼 외, 박지희 옮김. (2017). 1517 종교개혁. 21세기 북스.
한 홍. (2018). 한홍 목사의 종교개혁 히스토리. 규장.
크리스토프 슈트롬, 문명선 외 옮김. (2009). 개혁자 칼뱅. 넥서스.
장 칼뱅, 김산덕 옮김. (2017). 교회 개혁. 새물결플러스.
목회와 신학 편집부. (2010). 종교 개혁과 칼뱅. 두란노아카데미.

6-2 요한복음

조용기. (2002). 요한복음 강해(상)(하). 서울 말씀사.
알버트 반스, 정중은 옮김. (1990). 요한복음. 크리스챤서적.
김용옥. (2007). 요한복음강해. 통나무.
이재철. (2011). 요한과 더불어-첫 번째 산책. 홍성사.

6-3 바울

스탠리 포터, 임재승 외 옮김. (2019). 바울 서신 연구. 새물결플러스.
조용기. (1998). 로마서 강해. 서울말씀사.
존 폴락, 홍종락 옮김. (2022). 사도 바울. 홍성사.
최건수. (2013). 바울의 생애, 서신들과 신학. 쿰란출판사.
존 스토트, 정옥배 옮김. (1999). 로마서 강해. 한국기독교학생회출판부.
릭 워렌, 고성삼 옮김. (2005). 목적이 이끄는 삶. 도서출판 디모데.

6-4 반야심경

법륜. (2023). 법륜 스님의 반야심경 강의. 정토출판.
이중표. (2023). 니까야로 읽는 반야심경. 불광출판사.

이중표. (2023). 붓다가 깨달은 연기법. 불광출판사.
현장법사, 김진무 옮김. (2015). 반야심경. 도서출판 일빛.
계환 외. (2015). 불교의 이해와 신행. 조계종출판사.

6-5 돈오점수
심재룡. (2004). 지눌연구, 보조선과 한국 불교. 서울대학교출판부.
길희성. (2015). 지눌의 선사상. 소나무.
박태원. (2016). 돈점 진리담론-지눌과 성철을 중심으로. 세창출판사.
지눌, 경완 옮김. (2012). 권수정혜결사문. 지식을만드는지식.
김태완. (2021). 간화선 창시자의 선. 침묵의향기.

6-6 격의불교
계환. (2014). 중국불교. 민족사.
김진무. (2015). 중국불교사상사. 도서출판 운주사.
鎌田茂雄, 정순일 옮김. (2012). 中國佛敎史. 경서원.
오카베 가즈오 외, 박용진 옮김. (2023). 중국불교 연구입문. 도서출판 혜안.
미찌하다 료오슈, 계환 옮김. (2016). 중국불교사. 우리출판사.

7장

7-1 달리기
조지 쉬언, 김연수 옮김. (2012). 달리기와 존재하기. 한문화멀티미디어.
무라카미 하루키. (2020). 달리기를 말할 때, 내가 하고 싶은 이야기. 문학사상.
스콧 주렉 외, 양병찬 옮김. (2013). 잇앤런, 먹는 것이 내 몸을 규정하고 달리면서 나는 다시 태어난다. 페이퍼로드.
앰비 퍼풋, 선주성 옮김. (2003). 달리기가 가르쳐 준 15가지 삶의 즐거움. 궁리출판.
정동창. (2011). 달리면 인생이 달라진다. 도서출판 예인.
스콧 더글라스, 김문주 옮김. (2019). 나는 달리기로 마음의 병을 고쳤다. 수류책방.

7-2 등산
원종민. (2012). 산에서 읽는 등산책. 스마트비지니스.
마운티니어스. (2012). 마운티니어링. 해냄출판사.
이용대. (2017). 등산, 도전의 역사. 해냄출판사.
발터 보나티, 김영도 옮김. (2012). 내 생애의 산들. 조선매거진.
라인홀트 메스너. (2002). 산은 내게 말한다. 예담출판사.

7-3 독서
다치바나 다카시, 이언숙 옮김. (2001). 나는 이런 책을 읽어 왔다. 청어람미디어.
한정원. (2011). 지식인의 서재. 행성비.
박정진 외. (2017). 독서교육의 이론과 실제 1. 한우리북스.
롤랑 바르트, 김희영 옮김. (2002). 텍스트의 즐거움. 동문선.
에릭 메이젤, 노지양 옮김. (2019). 글쓰기의 태도. 심플라이프.

7-4 골프
벤호건. (2010). 벤호건의 모던 골프. 전원문화사.
고덕호. (2016). 고덕호 실전 골프 레슨. 삼호미디어.
골프매거진 편집부, 김해천 옮김. (2017). 내 생애 최고의 골프 레슨. 삼호미디어.
전욱휴. (2009). 전욱휴가 만난 월드 그레이트 티처. 문학수첩.

7-5 자산
벤저민 그레이엄, 박진곤 옮김. (2015). 현명한 투자자. 국일증권경제연구소.
피터 린치 외, 권성희 옮김. (2016). 피터 린치의 이기는 투자. 흐름출판.
김승호. (2020). 돈의 속성. 스노우폭스북스.
메리 버핏 외, 이은주 외 옮김. (2007). 워렌 버핏 투자 노트. 국일증권경제연구소.

8장

8-1 리더
Calarco, A., & Gurvis, J..2006. 「Flexible flyers: A leader's framework for developing adaptability」. 『Leadership in

Action: A Publication of the Center for Creative Leadership and Jossey-Bass』. 25(6).
Folke, C., Carpenter, S. R., Walker, B., Scheffer, M., Chapin, T., & Rockström, J..2010. 「Resilience thinking: integrating resilience, adaptability and transformability」.『Ecology and Society』. 15(4).
Hodges, J. .2021. 『Managing and leading people through organizational change: The theory and practice of sustaining change through people』. London: Kogan Page Publishers.
Milliken, F. J., Morrison, E. W., & Hewlin, P. F..2003. 「An exploratory study of employee silence: Issues that employees don't communicate upward and why」.『Journal of Management Studies』. 40(6).
Moorhouse consulting..2019.「Thriving in change: Courage, agility, and talent, Barometer on change 2018-19」.『Moorhouse Consulting』.
Kotter, J. P..2012. 『Leading change』. MA: Harvard business press.
Oreg, S., Vakola, M., & Armenakis, A..2011. 「Change recipients' reactions to organizational change: A 60-year review of quantitative studies」.『The Journal of Applied Behavioral Science』. 47(4).
Elliot, A. J..1999. 「Approach and avoidance motivation and achievement goals」.『Educational Psychologist』. 34(3).
Zhu, Y., & Akhtar, S..2019. 「Leader trait learning goal orientation and employee voice behavior: the mediating role of managerial openness and the moderating role of felt obligation」.『The International Journal of Human Resource Management』. 30(20).
Kaufman, B. E..2015. 「Theorising determinants of employee voice: An integrative model across disciplines and levels of analysis」.『Employee International Journal An Human Resource Management』. 25(1).
VandeWalle, D., Cron, W. L., & Slocum Jr, J. W..2001. 「The role of goal orientation following performance feedback」.『Journal of Applied Psychology』. 86(4).

8-2 직원

Oreg, S., Vakola, M., & Armenakis, A..2011. 「Change recipients' reactions to organizational change: A 60-year review of quantitative studies」.『The Journal of Applied Behavioral Science』. 47(4).
Aslam, U., Muqadas, F., & Imran, M. K..2018. 「Exploring the sources and role of knowledge sharing to overcome the challenges of organizational change implementation」.『International Journal of Organizational』.26(3).
Kreitz, P. A..2008. 「Best practices for managing organizational diversity」.『The Journal of Academic Librarianship』. 34(2).
Ragins, B. R., & Gonzalez, J. A..2003. 「Understanding Diversity in Organizations: Getting a Grip on a Slippery Construct」.『Organizational Behavior: A Management』. 121.
Kundu, S. C., & Mor, A..2016. 「Effect of diversity management on employees' organizational commitment: a study of Indian organizations」.『Journal of Strategic Human Resource Management』. 5(1).
Bogers, M., Foss, N. J., & Lyngsie, J..2018. 「The "human side" of open innovation: The role of employee diversity in firm-level openness」.『Research Policy』. 47(1).
Zahra, S. A., & George, G..2002. 「Absorptive capacity: A review, reconceptualization, and extension」.『Academy of Management Review』. 27(2).
Sawyerr, O. O., Strauss, J., & Yan, J..2005. 「Individual value structure and diversity attitudes: The moderating effects of age, gender, race, and religiosity」.『Journal of Managerial』. 20(5-6).
Hobman, E. V., Bordia, P., & Gallois, C. 2004. 「Perceived dissimilarity and work group involvement: The moderating effects of group openness to diversity」.『Group & Organization Management』. 29(5).
Allen, N. J., Stanley, D. J., Williams, H. M., & Ross, S. J..2007. 「Assessing the impact of nonresponse on work group diversity effects」.『Organizational Research Methods』. 10(2).
Ning, J., & Jing, R..2012. 「Commitment to change: Its role in the relationship between expectation of change outcome and emotional exhaustion」.『Human Resource Development Quarterly』. 23(4).
Ouedraogo, N., & Ouakouak, M. L..2018. 「Impacts of personal trust, communication, and affective commitment on change success」.『Journal of Organizational Change』. 2015(1).
Meyer, J. P., & Allen, N. J..1991. 「A three-component conceptualization of organizational commitment」.『Human Resource Management Review』. 1(1).

8-3 문화

Schein, E. H..2010. 『Organizational culture and leadership (Vol. 2)』. NY: John Wiley & Sons.
Burnes, B., & Bargal, D. (2017). Kurt Lewin: 70 years on. Journal of Change Management, 17(2), 91-100.
Sarros, J. C., Cooper, B. K., & Santora, J. C..2008. 「Building a climate for innovation through transformational leadership and organizational culture」.『Journal of Leadership & Organizational Studies』. 15(2).
Weick, K. E., & Quinn, R. E..1999. 「Organizational change and development」.『Annual Review of Psychology』. 50(1).
Calantone, R. J., Cavusgil, S. T., & Zhao, Y..2002. 「Learning orientation, firm innovation capability, and firm performance」.『Industrial Marketing Management』. 31(6).
서일범. (2022). 변화 관리 주체의 특성이 변화 품질에 미치는 영향: 다국적 기업의 본사-지사의 비교. 국내박사학위논문 건국대학교 대학원.
Senge, P. M. (1996). Leading learning organizations. Training & development, 50(12), 36-37.

Foreign Copyright:
Joonwon Lee   Mobile: 82-10-4624-6629
Address: 3F, 127, Yanghwa-ro, Mapo-gu, Seoul, Republic of Korea
         3rd Floor
Telephone: 82-2-3142-4151
E-mail: jwlee@cyber.co.kr

변화가 기회를 만든다
Change Chance

2025. 10. 31. 초 판 1쇄 인쇄
2025. 11. 12. 초 판 1쇄 발행

지은이 | 서이타
펴낸이 | 이종춘
펴낸곳 | BM (주)도서출판 성안당

주소 | 04032 서울시 마포구 양화로 127 첨단빌딩 3층(출판기획 R&D 센터)
      10881 경기도 파주시 문발로 112 파주 출판 문화도시(제작 및 물류)
전화 | 02) 3142-0036
      031) 950-6300
팩스 | 031) 955-0510
등록 | 1973. 2. 1. 제406-2005-000046호
출판사 홈페이지 | www.cyber.co.kr
ISBN | 978-89-315-8586-5 (03320)
정가 | 19,000원

이 책을 만든 사람들
책임 | 최옥현
진행 | 오영미
교정·교열 | 신현정
본문·표지 디자인 | 박주연
홍보 | 김계향, 임진성, 김주승, 최정민, 이해솜
국제부 | 이선민, 조혜란
마케팅 | 구본철, 차정욱, 오영일, 나진호, 강호묵
마케팅 지원 | 장상범
제작 | 김유석

이 책의 어느 부분도 저작권자나 BM (주)도서출판 성안당 발행인의 승인 문서 없이 일부 또는 전부를 사진 복사나 디스크 복사 및 기타 정보 재생 시스템을 비롯하여 현재 알려지거나 향후 발명될 어떤 전기적, 기계적 또는 다른 수단을 통해 복사하거나 재생하거나 이용할 수 없음.

■ 도서 A/S 안내

성안당에서 발행하는 모든 도서는 저자와 출판사, 그리고 독자가 함께 만들어 나갑니다.
좋은 책을 펴내기 위해 많은 노력을 기울이고 있습니다. 혹시라도 내용상의 오류나 오탈자 등이 발견되면 "좋은 책은 나라의 보배"로서 우리 모두가 함께 만들어 간다는 마음으로 연락주시기 바랍니다. 수정 보완하여 더 나은 책이 되도록 최선을 다하겠습니다.
성안당은 늘 독자 여러분들의 소중한 의견을 기다리고 있습니다. 좋은 의견을 보내주시는 분께는 성안당 쇼핑몰의 포인트(3,000포인트)를 적립해 드립니다.
잘못 만들어진 책이나 부록 등이 파손된 경우에는 교환해 드립니다.